ドイツ 過去の克服と人間形成

對馬達雄 編著

Deutschland－
Vergangenheitsbewältigung
und Menschenbildung

昭和堂

はしがき

「記憶文化」というドイツ語がある。ナチスドイツの崩壊後六〇年を経て定着した独自の言葉である。記憶と文化を結びつけるということ自体、日本にはおよそ馴染みがないが、ここにいう記憶とは「ナチス支配の過去を想起し心に刻むこと」である。簡略に言うと、ドイツ人が一二年間のナチス独裁制とその蛮行に加担し、あるいは沈黙した「過去」が、世代をつうじて伝承され社会に受容される、それが「記憶文化」である。実際、ドイツを旅すると、ナチズムと戦争犯罪に関する記念館や記念碑、追悼碑が数多くの場所にあることに気づかされる。

本書は、今日「記憶文化」として息づくまでになった、戦後ドイツとくに西ドイツが負わされた「過去の克服」の課題に焦点をあてた共同研究である。語義的には、「過去」は「克服」の対象たりえないのだから、本来「清算」という語をあてるべきなのだろう。しかしここでは、すでに人口に膾炙するこの言葉を用いることにした。

ドイツ戦後史の重要テーマのひとつ「過去の克服」をめぐって、これまでドイツはもとより、日本でも戦後処理にまつわる比較の対象として注目され、成果の蓄積がある。これについて、ファシズム体験と敗戦による「再出発」の機会を共有しながらも、彼我の「過去」との取り組みの違いが存在することに対する関心が背後にあるのは、指摘するまでもない。本書はドイツをフィールドにする教育研究者の共同作業の成果である。その発端は編著者對馬の『ナチズム・抵抗運動・戦後教育――「過去の克服」の原風景』にある。副題が示すように、同書ではナチ体制下の抵抗運動を主軸に、体制崩壊＝初期占領期のナチズム克服の動静が追究されている。しかし一教育研究者が取り組むには、この問題領域はあまりにも広大で深い。

そこでドイツ教育、ドイツ思想の遠藤孝夫、池田全之の二人と語らい科学研究費補助金（平成一七〜一九年度基盤研究（C）「ナチスの過去と戦後教育の展開」）を得ながら共同研究にとりかかった。さらに平成二一年度からは新たに、独自の領域を開拓しつつある研究者たち、つまりドイツ教育思想史の今井康雄、ドイツ教育学史の渡邊隆信、ドイツ家族史の小玉亮子、記憶と歴史の関連に注目する山名淳を共同研究者に加え、さらにハノーファー大学哲学部で「教育・科学の現代史センター」を主宰するマンフレート・ハイネマンを協力者に得て、本書の執筆にむけた研究作業を開始した。元々グループ発足の前提には、本書を完成させる目標があった。内容的に前書を引きつぎ、展開させた研究として本書が構想されていたということである。

「過去の克服」は、東西冷戦のはじまりとともに、いち早くナチズムの清算を謳い建国を宣言した東ドイツが、西ドイツに「過去」を押しつけたこともあり、ドイツ再統一（一九九〇年）までは戦後西ドイツがかかえつづけてきた問題である。しかも、ナチ犯罪の処罰や国内外におよぶ法制度的な補償だけでなく、ドイツ人自身に「過去」が内面化されるまでには、前述のように半世紀以上の年月を要している。ちなみに、「過去の克服」という言葉をメディア界で最初に（一九四八年）唱導したのは、自身ナチ強制収容所の生存者であった言論人オイゲン・コーゴンである。だがその実体はドイツ再建にむけた国民啓発に力点を置くものであって、「過去」を直視し対峙することを迫ってはいない。「過去」が国家的な重要課題として本格的に取り組まれるのは、やはりブラント政権の誕生（一九六九年）以降とみてよいだろう。

とはいえ、東西冷戦下の西ドイツの建国すなわちボン基本法制定（一九四九年）によるアデナウアー体制下で「過去」が放置されたわけではない。アデナウアー政治を特徴づけるものに元ナチ・エリート層の戦後社会への統合という側面がある。だがそれとて長期におよぶ「過去の克服」の過程のなかに位置づけると、この課題にむかう原初形態ととらえることができるのではないか。つまりナチ的思考と行動の残滓を混在させつつ、「過去の克服」の課題が醸成され、社会意識としても増大していったのではないか。「復古」という時代表現のなかに胚胎した、こうした課題への意義づけが必要であるように思う。本書は、戦後西ドイツの五〇年代から六〇年代にいたる時期を、このように積極的に意味づけて読み取ろうとするものである。いわば揺籃期の状況に光をあてようということである。

もとより、研究者としてのわれわれの出自は、教育研究にある。基本テーマ「過去の克服」について、他分野の研究成果に学びながらも発想の基本には、時代に生きる人間の形成への問いがある。畢竟、「過去の克服」に人間的基礎を求めるとすれば、ナチ的人間像と対極の、「個」の自由と尊厳を確信し自省する人間をいかに形成するかにあるだろう。このような課題意識のもとに、執筆者たちは、それぞれの専門的分野からテーマに迫った。書名を『ドイツ　過去の克服と人間形成』とする所以である。

そこで本書を構成する全八章について記すと、こうなる。

第一章は、近代国家の「世俗化」の潮流に抗して初期戦後ドイツがナチズム克服の理念として、弾圧された宗教＝キリスト教を復権させ、戦後教育の倫理的基盤に据えるという特異な事情について、諸州の憲法・基本法の制定とその特質、それらを主導した起草者たちの所論の詳細な分析をもって明らかにしている。

第二章では、ナチス期にヒトラーユーゲントなど強力な国家的青少年組織のもとで破壊の危機にあった家族の再建が戦後ドイツの重要課題となったことに関わって、戦後の混乱と復興の過程で家族と子育てがいかに議論され、またいかなる施策が打ち出されたかが、論述されている。

第三章は、ナチ教義の注入手段となっていた歴史教育を再建する課題について、その主導者の一人エーリッヒ・ヴェーニガーの、初期戦後の歴史教育のあり方を方向づけた『歴史教育の新たな道』（一九四九年）に焦点づけて、出版事情、「政治的歴史教育」の理念およびその影響を、克明に分析している。

第四章は、ドイツの代表的哲学者ハイデガー、リット、ヤスパースの三人について、「過去」に対する思想的対応を腑分けし、ハイデガーの「過去」に対する反省の鈍さ（過去忘却論理）、リットの歴史認識の健全化による戦後の精神的復興の主張、ヤスパースによるヒューマニズムへの回帰の論理について叙述し、その意味づけをこころみる。

第五章は、教育研究として追究されることの乏しい思想家アドルノを俎上にのせた、「過去の克服」に関わる彼の教育の思想の叙述である。つまり一九五〇年代から六〇年代にかけてのドイツの社会意識（「克服されざる過去」）をアドルノの「集団実験」のプロジェクトによって解明しつつ、それを梃に「政治的成人性」の理念にもとづく教育論について論述する。

第六章は、戦後西ドイツが苦闘したナチズム克服の原像について、ナチ独裁制打倒のシンボル「一九四四年七月二〇日事件」に関わった人びとの名誉回復を、したがって反ナチ運動の復権を宣明した司法界最初の「レーマー裁判」を事例とし、その裁判を主導した検事フリッツ・バウアーの思想と行動に関連づけて論述したものである。

第七章は、對馬の前書が主題とした市民的抵抗者たちの思想と活動を「第一次的抵抗」、そしてその延長上にそれらを記憶にとどめる現代ドイツの動静（記憶文化）を「第二次的抵抗」と位置づけて、ドイツ各地に建立された追悼施設に固有の教育機能を見いだす「追悼施設教育学」の誕生とその今日的意味について論及している。

以上、七章をつうじて、戦後五〇年代から六〇年代に浮上したテーマ「過去の克服」が多面的に言及され、またその今日的状況が描出されている。

さらに特別寄稿となった第八章は、「過去の克服」問題にまつわる最近の研究動向を報告している。ここでは、着目されることのなかった戦時下および戦後混乱期の子どものトラウマ的体験いわゆる「戦争っ子」の体験世界と記憶に関する研究の必要性が提起されている。そうした意図から、執筆者ハイネマンは今後の研究作業に益する詳細な文献一覧（巻末）をも添えている。

すでに述べたように、本書はドイツ教育研究者たちによる共同研究である。人文・社会科学系の基礎的研究の活動をとりまく環境が今日ますますきびしくなりつつあるとき、ささやかではあれこの研究成果が斯界に一石を投ずることを願うものである。

本書は、平成二一・二二年度科学研究費基盤研究（B）「戦後ドイツにおける「過去の克服」の研究――宗教・家族・政治教育・教育学の再生」（課題番号 21330172　研究代表者對馬達雄）の研究成果の一部である。

編著者　**對馬達雄**

目次　ドイツ　過去の克服と人間形成

第1章

州憲法・基本法にみるキリスト教の復権と「過去の克服」

遠藤孝夫

はじめに

二〇一〇年七月二日、ベルリンの連邦議会において、新大統領に選出されたクリスティアン・ヴルフの就任式があった。ヴルフ大統領は、連邦議会議長の前で右手を挙げておこなった就任宣誓の際に、憲法および法律に従って忠実に職務を遂行することを誓い、最後に次の言葉を述べた。「神よ、我のかくあるべく助け賜え《ゾー・ヴァール・ミア・ゴット・ヘルフェ》」。じつはこの大統領の就任宣誓文は、ドイツ連邦共和国の憲法である基本法の第五六条に規定されているものである。同じく基本法の前文には、この憲法が「神と人間に対する責任を自覚して」制定されたことが明記され、また第七条では、宗教科（宗教の授業）が公立学校における正規教科であることも規定されている。日本の場合、その日本国憲法のもとで、厳格な政教分離の原則と公立学校における特定の宗教教育の禁止原則が適用されており、同じく第二次世界大戦における敗戦国である日本とドイツとでは、国家と宗教の関係や人間形成の基本原理を律する憲法体制の点で、「著しい対照」(1)が存在することが確認される。

それでは、ドイツ連邦共和国が、その建国にあたって制定した基本法において、「神」との関係から国家の再建理念を定め、公立学校の不可欠の要件として宗教教育を明記したのは、いかなる背景があってのことなのだろうか。そしてまた、このような顕著な特質を持つ憲法（基本法）の存在は、その後のドイツの歩みのなかで、いかなる意味や役割を果たしていったのだろうか。小論は、こうした課題意識のもとに、基本法およびそれに先立って制定された州憲法までも含めた初期戦後ドイツの諸憲法に、ほぼ共通する「キリスト教の復権」という特質を析出し、この特質の背景と意味を「過去の克服」の視点から明らかにするものである。この小論は、以下のような二つの研究上の背景に基づいている。

図１　ヴルフ大統領の就任宣誓の様子（2010 年７月２日）
出典：ドイツ大統領府のホームページ（www.bundespraesident.de.）。

その一つは、前記のような基本法にみられる国家と宗教の強い結合という特質の解明には、州憲法の分析が不可欠であるということである。ドイツ敗戦間もない一九四六年から制定されていった州憲法に目を向ければ、そこには「法の源泉であり、あらゆる人間共同体の創造主である神に対する責任を自覚して[2]」といった、憲法前文における「神への呼びかけ」が数多く散見され、さらには「公立学校はキリスト教的学校である[3]」といった学校のキリスト教的性格づけ、そして「最高の教育目的」としての「神への畏敬の念」の規定[4]など、ドイツ社会および国民生活の再建におけるキリスト教と教会の積極的な位置づけなど、端的には「キリスト教の復権」と関連する規定が、基本法の規定を遙かに凌駕する規模と内容で記されていることが知れる。基本法は、これら州憲法を前提として、その最大公約数として規定されていったのである。その意味で、基本法の諸規定の意味内容は、こうした州憲法とその制定理念の理解なしには、正確に読み解くことができないと言えるのである。

もう一つは、初期戦後ドイツの諸憲法とそこに確認される「キリスト教の復権」の背景や意味は、戦後ドイツ最大の歴史的課題ともいうべき「過去の克服」の視点から捉える必要があるということである。言うまでもなく、「過去の克服」とは、主としてナチス犯罪に対する刑事訴追・処罰、ナチス暴力支配の被害者への謝罪と補償など、総じて政治・司法の次元の取り組みとして、また時期的にはアデナウアー首相の時期以降、つまり一九六〇年代以降に本格化した取り組みとされている。[5] しかし、敗戦から一九五〇年代までの時期、とりわけアデナウアー首相の時期（一九四九〜一九六三年）が、ナチスの過去の「忘却」の時期であるとの通説的理解に対しては、キッテルによる反論的研究が注目される。キッテルは、ドイツの敗戦直後から、すでに「ナチスの過去」と対峙し、その「克服」に向けた取り組みがあった事実を指摘し、たとえば、一九四九年の基本法を審議した議会評議会における議論も、「一つの実り豊かな「過去の克服」の基礎を築いた」ものとして高く評価しているのである。[6] キッテルの研究は、一九六〇年代以前の時期においても、その後に本格化する「過去の克服」の原初的形態がすでにあったことを含め、より細やかな研究の必要性を示している。

このことを、小論の目的との関連から考えた時に、注目すべき指摘がある。それは、基本法のみならず、ラインラント・プファルツ州憲法（一九四七年）の制定過程でも重要な役割を果たしたアドルフ・ジュスターヘンが、一九四七年に発表した論文の一節である。彼によれば、ナチズムの根絶の必要性が国内外で語られているが、この課題は「外的な措置」だけで達成されるものではなく、むしろいまなおも存続している「ナチズムの精神を克服すること」こそが重要となる。この観点から、彼は、ラインラント・プファルツ州憲法が、前文において「神に対する責任」を明記し、その第一条において、人間は「人格の自由な発達への自然の権利」を持ち、「個々人の自由と人間の自立を保護すること」が「国家の任務」であることを規定したことの意義を高く評価し、こうした憲法の制定を推進したキリスト教民主同盟（CDU）は、「ナチズムの精神の克服のための決定的な貢献をおこなった」、と指摘しているのである。[7]

このジュスターヘンの指摘からは、州憲法の制定がすでにナチズムの「過去」との関係から真摯に議論されていたであろうこと、しかもそこでの一つの焦点が「ナチズムの精神の克服」の在り方、つまり宗教やキリスト教を含めた人間の本質や人間形成の在り方まで視野に入れた議論であったことが強く示唆されている。換言すれば、戦後ドイツの諸憲法にみられる「キリスト教の復権」という特質とその意味を、「過去の克服」の視点から読み解くことの必要性と可能性が示されていると言えるのである。そこで、まずドイツ敗戦直後の状況から検討を始めることにしよう。

第1節　戦後ドイツの再建過程と諸憲法の制定

(1) ドイツ敗戦直後の状況とそこでの教会の位置

一九四五年五月七日（ランス）と八日（ベルリン）、ドイツ軍は連合国軍との間で無条件降伏文書に調印した。これにより、一九三九年九月のドイツによるポーランド侵攻に端を発するヨーロッパにおける第二次世界大戦は終結し、同時に一九三三年一月のヒトラーによる政権奪取以来一二年間に及んだドイツ〈第三帝国〉は、ナチス党組織や地方の行政組織までも含め、完全に崩壊した。以後、ドイツ各地域はそれぞれ進駐してきた連合国軍の直接統治下に置かれ、一九四九年五月にドイツ連邦共和国（旧西ドイツ）が成立するまでは、国際法上の主権を持ったドイツ人による「国家」も「中央政府」も存在しない状態が続いた。

敗戦直後のドイツでは、戦争の惨禍を辛くも生き延びた人びとも、極度の栄養失調、住宅難、絶対的物資の欠乏のなかでの生活を強いられていた。ケルンでは、一九四五年末の時点で、平時の標準体重に達している子どもの割合はわずかに約一二パーセントにとどまり、ハンブルクでは一九四六年末になっても、一万人を超す人びとが飢餓水腫を患っていた[8]。さらに厳しい状況に置かれてたのは、戦争末期以降に東部ヨーロッパ地域（とくにオーデル・ナイセ川以東）から強制的に排除・移住させられたドイツ人たち、いわゆる「被追放民」であろう。西側占領地区に避難・流入したこれら「被追放民」は、一九四六年末までに約五六〇〇万人、一九五〇年末には七五〇〇万人に増加し、最終的には約一二〇〇万人にも達した。暴行や略奪を受けながらの逃避行で、命を落とした「被追放民」は約二〇〇万人にも達したという。[9]

ところで、こうした敗戦直後の極度に混乱した「崩壊社会」（クリストフ・クレスマン）にあって、物心両面で当時のドイツ人の重要な支柱となっていた組織が、教会、とりわけ二大宗派教会（福音派教会とカトリック教会）であった。二大宗派教会は、ナチズム体制下では一面では「協力」の立場を有しつつも（象徴的には、福音派教会では「ドイツ的キリスト者」の台頭、カトリック教会では一九三三年七月の「コンコルダート」の締結）、一九三五年以降展開されていったナチス国家による教会弾圧＝「公共的生活の非宗教化」政策に最後まで屈せず、したがって「抵抗」しつづけた唯一の組織として敗戦を迎えていた。

政治・行政機能が完全に崩壊し、またナチス当局による「均制化」（弾圧）により政党や労働組合をはじめとする各種団体も解体されていたなかで、教会は空襲などによる物的被害はあったものの、末端組織に至るまでほぼ破壊されずに残された唯一の組織であり、またナチス当局に対する「抵抗」の事実によって、ドイツ人のみならず連合国軍政府からも信頼された組織ともなっていた。[10] このため、両教会は、魂の救いを求める人びとの精神的支えとなっていたばかりではなく、後述のような連合国軍政府による分断統治の状況にあっても、全国的な組織網を活用することができたことで、日常的な生活物資の支援活動、「被追放民」への支援活動、占領軍当局との各種の交渉活動、さらには対外的にドイツを代表する機能（顕著な例として、一九四五年一〇月の「シュトゥットガルト罪責宣言」）まで担い、きわめて重要な役割を果たしていた。[11] この点で、日本の敗戦直後の状況とは決定的な相違があることを確認する必要があるだろう。

関連して、ここでもう一つ確認しておくべきことがある。それは、以上のようなドイツ敗戦後における状況で、二大宗派教会とその指導者が、「再キリスト教化《リクリスティアニジールンク》」のスローガンを掲げて精力的に活動をおこなった際に、それが個々人の段階でのキリスト教信仰の再建だけを意図したものではなかったことである。すなわち、この「再キリスト教化」とは、ナチ体制下での「抵抗」の理念の継承として、「政治の世界までを含む公共的生活の全領域における「再キリスト教化」」、したがって戦後ドイツ社会全体における「キリスト教的生活秩序」の創出を意図したものであり、また両教会ともに、この課題の遂行を教会の社会的使命・責任と位置づけていたことである。(12)

こうした戦後の教会の果たす社会的責任という基本姿勢は、一九四五年八月のトライザにおける福音派教会の宗教会議での発言をはじめ、数多くの教会関係文書として残されているが、ここではその一つとして、一九四六年一一月のベルリンの福音派教会から出された文書を引用しておきたい。なお、この文書にはナチ国家体制下で、告白教会の指導者の一人として活躍したディベリウスも署名している。

> ドイツにおいて、もはや権利や人間性といった声を発することができなかった時に、教会は人間の自由、尊厳そして不可侵性を苦痛を伴いつつも公言してきた。このことが、将来に対してもまた、公共的生活の再建にとっての特別な責任を教会に課している。国家は神の秩序であり、われわれキリスト者は、その国家のなかに正義と友愛と誠実さがふたたび貫徹するように支援するべきである。(13)

(2) 西側占領地区における州の設置と州憲法の制定

ドイツを共同統治するための最高決定機関である「管理理事会」が、一九四五年六月三〇日、ベルリンで開催された。しかし、ドイツの占領政策として、まず最初に「4D」(非ナチ化、非軍事化、非集中化、民主化)を推進するという共通目標は確認できたとしても、その具体化をめぐって連合国間の思惑には大きな開きがあった。次第に顕在化してきた米ソの路線対立（東西冷戦）も加わり、全会一致の議決方式を採る管理理事会における合意形成は困難を極めた。結果として、戦勝四ヵ国による共同したドイツ占領政策の遂行は事実上放棄され、各占領地区ごとの分割統治が常態化していった[14]。米英仏三ヵ国の占領地区の線引きと、その後の「州《ラント》」の設置作業は、各国間の確執や歴史的・地理的・文化的要因も絡み、かならずしも順調に進行したわけではない。おおまかな占領地区としては、アメリカがドイツの中南部、イギリスがドイツの北西部、そしてフランスはドイツの南西部を管轄した。しかし、ブレーメンのように、その管轄権がアメリカとイギリスとの間で二度も変更されることもあれば[15]、後述されるヴュルテンベルクとバーデンのように、アメリカとフランス間の確執から、地理的・歴史的つながりを無視して、機械的に管轄区域が設定されることも起こった[16]。

詳細は割愛するが、もっとも早く「州」の設置を布告したアメリカ占領地区（一九四五年九月）に続いて、イギリス占領地区およびフランス占領地区でも「州」が設置されていった。最終的な占領地区ごとの州の設置状況のみを確認すれば、アメリカ占領地区には、ヘッセン、ヴュルテンブルク・バーデン、バイエルン、そして都市州としてのブレーメンの四州が設置された。イギリス占領地区には、シュレスヴィッヒ・ホルシュタイン、ノルトライン・ヴェストファーレン、ニーダーザクセン、そして都市州のハンブルク（一九三七年の法律により州としての地位を付与されていたことから、改めて州の設置の手続きはおこなわれていない）の四州が設置された。最後に、一九四五年二月のヤルタ会談の時点になって独自の占領地区の設定が認められたフランス地区には、バーデン、ヴュルテンブルク・ホーエンツォルレン、そしてラインラント・プファルツの三州が設置された。なお、同じくフランス占領地区とされたザールラントは、フランス保護領となり、一九五七年になって住民投票の結果、旧西ドイツに編入されている。こうして、米英仏三ヵ国の共同管理下に置かれた西ベルリンを除き、西側占領地区に

表1　戦後ドイツにおける諸憲法の制定状況一覧

1946年		
5月15日	ハンブルク州憲法	イギリス地区
11月28日	ヴュルテンベルク・バーデン州憲法	アメリカ地区
12月 2日	バイエルン州憲法	アメリカ地区
12月11日	ヘッセン州憲法	アメリカ地区
1947年		
5月18日	ラインラント・プファルツ州憲法	フランス地区
5月20日	ヴュルテンベルク・ホーエンツォレルン州憲法	フランス地区
5月22日	バーデン州憲法	フランス地区
10月21日	ブレーメン州憲法	アメリカ地区
12月15日	ザールラント州憲法	フランス地区
1949年		
5月23日	基本法	
12月13日	シュレスヴィッヒ・ホルシュタイン州憲法	イギリス地区
1950年		
6月28日	ノルトライン・ヴェストファーレン州憲法	イギリス地区
9月 1日	（西）ベルリン州憲法	米英仏の共同管理地区
1951年		
4月13日	ニーダーザクセン州憲法	イギリス地区
1953年		
11月11日	バーデン・ヴュルテンベルク州憲法（1952年に、ヴュルテンベルク・バーデン州、ヴュルテンベルク・ホーエンツォレルン州、バーデン州の3州が合併したことによる）	

は合わせて一一州が設置されたことになる。

関連して、一つ確認しておくべきことは、いずれの占領地区においても、占領軍が進駐し、さらに州が設置される過程で、占領統治施策の円滑な実施に協力させるために、ドイツ人を行政責任者（州の場合は首相以下の州政府）として選定・任命していったことである。しかも、これらのドイツ人が、ほぼ例外なくナチス時代に政治的ないし宗教的理由（主に共産党、社会民主党およびカトリック派の中央党の党員）により公職を追放された経歴を持ち（一部には反ナチ抵抗運動の参加者も）、同時に一九四五年八月以降、順次許可されていった政党活動においても主導的役割を果たしたという事実である。後にドイツ連邦共和国の初代首相（一九四九年）、キリスト教民主同盟（CDU）の初代党首（一九五〇年）にも就任するアデナウアーはその顕著な事例であろう。彼は、ドイツ降伏に先立つ一九四五年五月四日に、進駐してきたアメリカ軍により、ヒトラーの政権奪取までの職でもあったケルン市長に任命されている。

さて、以上のような占領地区の設定、州および暫定的州政府の設置と政党活動の再開、さらに末端の地方自治体の選挙（アメリカ占領地区では一九四六年一月から、フランス占領地区では一九四六年九月から）を経て、最終的には軍政府の指令に基づいて、州ごとに憲法の制定作業がおこなわれていった。州憲法の制定作業は、まずアメリカ占領地区において一九四六年二月から、ついでフランス占領地区では、ほぼ半年後の一九四六年八月から開始された。イギリス占領地区では、本国の不文憲法の伝統も関係し、憲法制定は当初は見合わされ、都市州のハンブルクを除く残り三州の憲法制定は、基本法の制定以後となった（表1参照）。

この州憲法の制定に関わって、二点確認しておきたいことがある。一つは、これら州憲法は、「州《ラント》」憲法ではあっても、敗戦に伴って「ドイツ」という国家自体が消滅し、分割占領を受け、その後の展望もいまだ見通せない状況にあって、いわば一つの「国家《シュタート》」の憲法としての位置づけにより、本格的に起草・審議・制定された事実である。このことは、州憲法の制定論議の初発の時点で、ドイツの統一までのいわば一時的で暫定的な憲法とするか、それとも本格的な憲法とするかが議論され、最終的に制定された基本法以前の州憲法は、都市州のハンブルクの憲法のみを例外として、残りのすべてが「憲法」としての構成要素のすべてを含めた、いわゆる「完成憲法」として制定されたことに、端的に示されている。

もう一点は、これら州憲法が、その法案の起草から審議、占領軍政府による承認に至るまで、占領軍政府からの本質的な介入を受けることなく、ドイツ人自らの手で遂行された事実である。たしかに、アメリカ占領地区で

図２　基本法の原案（キムゼー草案）が審議・起草された部屋（ヘレンキムゼー島にある旧宮殿の一室）筆者撮影（2010 年 10 月 14 日）

は法案審議をおこなう憲法委員会に軍政府の担当官が同席することはあったが、これら担当官が発言することは稀であり、かりに発言したとしても、彼らには強制的な指示権限は付与されてはいなかった[17]。むしろ、州憲法の制定過程における占領軍政府の関わりは、儀礼的な挨拶、技術的な助言、政党間の対立で憲法成立が危ぶまれる時の仲裁的活動、などのきわめて限定的なものであった[18]。

こうした事実を踏まえれば、州憲法は、初期戦後ドイツの人びとが抱いていた国家・社会の再建理念に関する議論の成果に関する「最良の資料」として、「きわめて特別な歴史的意義」（RP, 19）を有するものであった、と言えるだろう。

（３）基本法の制定と二人の人物への注目

次に、ドイツ連邦共和国の憲法、すなわち基本法の制定過程を簡単に確認しておきたい[19]。米ソ英仏四戦勝国の間では、ドイツ全体の国家の在り方をめぐり、一九四六年四月と七月のパリ外相会議、一九四七年三月のモスクワ外相会議、一九四七年一二月のロンドン外相会議へと断続的に協議が続けられた。しかし、東西冷戦の進行に伴い、ソ連と米英仏との間には深い溝

図３　議会評議会・総会で基本法（案）が可決成立した瞬間の模様
（一列目中央にカルロ・シュミットの姿が見える）

出典：M. F. Feldkamp: Der Parlamentarische Rat 1948-1949 Die Entstehung des Grundgesetzes, Göttingen 2008, S. 180-181.

が生じており、ドイツ全体の国家体制の方向性の合意は不可能となっていた。一九四八年三月には、ベルリンに設置されていた管理理事会からソ連代表が引き上げ、さらに同年六月のソ連によるいわゆる「ベルリン封鎖」事件により、管理理事会の完全な機能不全とドイツの東西分裂は決定的となった。

一九四八年六月七日の西側諸国による「ロンドン協定」は、後の基本法の制定とドイツ連邦共和国の成立への筋道を確定するものとなった。七月一日には、米英仏の占領軍政府長官からドイツ西側地区の一一州首相に対して、憲法制定議会の招集権限を与える旨を定めた文書＝「フランクフルト通告」が交付された。この決定に基づき、一九四八年九月一日には、各州の議会から選出された六五人の議員で構成された「議会評議会」が招集され、以後約八ヵ月に及ぶそこでの審議作業を経て、一九四九年五月八日に、基本法（案）は可決・成立した（最終採決は、賛成五三票、反対一二票）。その後、基本法（案）は米英仏占領軍政府長官による承認、各州議会による批准（バイエルン州議会のみ未批准）を経て、五月二三日に「ドイツ連邦共和国基本法」

として公布され、翌二四日から施行された。

ところで、基本法の制定過程において、重要な役割を果たした人物として、前述のアデナウアーやテオドア・ホイスはつとに知られている。たしかに、アデナウアーは、議会評議会の議長として、基本法成立に向けた全般的な調整機能（とくに対占領軍政府との調整的役割）を果たした。また、初代大統領に選出されるテオドア・ホイスも、議会評議会の「総会」の下に設置された専門委員会のなかでもっとも重要な機能を担った「中央委員会《ハウプトアウスシュス》」と「原則問題委員会《アウスシュス・フューア・グルントザッツフラーゲ》」の委員として、キリスト教民主同盟（ＣＤＵ）と社会民主党（ＳＰＤ）が対立する場面で、その媒介項的機能を果たしたことは事実である。

しかし、基本法の根本理念や条文内容の確定、とりわけ小論が着目するキリスト教の復権の側面からは、アデナウアーやホイス以上に圧倒的な影響力を発揮した人物として、アドルフ・ジュスターヘン（一九〇五〜一九七四年）と、カルロ・シュミット（一八九六〜一九七九年）の二人に注目する必要があるだろう。ジュスターヘンは、議会評議会におけるＣＤＵ／ＣＳＵ（キリスト教社会同盟）議員団の副代表として指導的役割を果たし、とくに「中央委員会」および「原則問題委員会」の委員として、後述するように、基本法がキリスト教的自然法の理念の貫徹という特質を刻印することに決定的役割を果たした。一方のシュミットは、議会評議会においてＣＤＵ／ＣＳＵと同一の議席数（ともに二七議席）を有したＳＰＤに属し（ＳＰＤ議員団の代表職）、とくに条文案を総会での最終審議に付託する前の最終的調整をおこなう「中央委員会」の委員長、同時に「原則問題委員会」の委員としても活躍した。

しかも、この二人には、さらに注目すべき共通点がある。二人は、まず議会評議会での審議の土台となった基本法草案、いわゆる「キムゼー草案」の起草作業にも深く関わっていた。ヘレンキムゼーにおける基本法草案の起草作業は、各州政府から選出された委員（各州当たり一人の首席代表と数名までの副代表）によりおこなわれたが、シュミットはヴュルテンベルク・ホーエンツォルレン州の、またジュスターヘンはラインラント・プファルツ州のそれぞれ首席代表であった。一一名の首席代表のなかで、議会評議会の議員として基本法の審議にも参画した人物は、シュミットとジュスターヘン、それとバイエルン州首席代表を務めたヨーゼフ・シュヴァルバー（バイエルン州内務省次官）の三人のみであった。[20]さらに、この二人は、基本法に先立って、それぞれの州憲法の制定においても決定的役割を果たした点で、またナチズム体制下での抵抗運動に関与していた点でも共通点が確認できるのである。そこで、小論の理解に資するうえで不可欠となる、この二人の経歴や言動について、次に検討しておくことにしよう。

第2節　アドルフ・ジュスターヘンとカルロ・シュミット

（1）アドルフ・ジュスターヘンと「キリスト教的自然法」の理念

ジュスターヘンの経歴[21]

ジュスターヘンは、カトリック教会との結びつきがきわめて強い都市ケルンで生まれ、ケルン大学時代には、カトリック系政治運動組織である「ゲーレス・リンク」の創設と活動に関わっていた。とくに彼は、この時期に、ゲーレス・リンクの指導者であり、ナチズムと鋭く対峙した二人のカトリック系のケルン大学教授、すなわちゲルハルト・エーバース（一八八〇～一九五八年、自然法に基づく国際法学者）とベネディクト・シュミットマン（一八七二～一九三九年、社会学者で反政府的言動を理由に、一九三九年ゲシュタポによりザクセンハウゼ強制収容所で殺害）から、決定的影響を受けた。

一九三二年からケルンで弁護士として活動を開始したジュスターヘンは、以後ドイツ敗戦までのナチス期を通して、主にナチス当局により迫害された政治家や聖職者・修道士たちの弁護活動をおこなった。一九三九年の戦争勃発以降は、より積極的に反ナチ抵抗運動との連携を強めた。彼がとくに連携していたのは、ドイツ国防軍内部の反ヒトラー勢力の一人で、「ゾルフ・グループ」のメンバーのシュテーレ大佐（一九四四年六月に逮捕、一九四五年四月に帝国保安隊により殺害）と、「ケルン・グループ」の中心人物アンドレアス・ヘルメス（一九四四年七月二〇日事件後に逮捕、死刑判決を受けた）だった。

さて、ジュスターヘンは、ドイツ敗戦直後から、フランス占領地区となったラインラント・ヘッセン・ナッサウ地区（一九四六年八月に、ヘッセン・プファルツ地区と合わせて、ラインラント・プファルツ州となった）で、キリスト教民主同盟（CDU）の設立に尽力した。一つの転機は、一九四六年早々のCDUのある地区会合で、ケルン時代から旧知の間柄であったアデナウアーと再会したことだった。この時のアデナウアーからの勧めと資金援助を受けて、ジュスターヘンは、一九四六年夏から秋にかけ、アメリカ占領地区での州憲法の制定状況を現地調査する機会を得たことで、憲法問題に関する豊富な知見を獲得することになったのである。

図４　アドルフ・ジュスターヘンの顔写真
出典：Haus der Bayerischen Geschichte, Auf dem Weg zum Grundgesetz, 1998, S. 31.

一九四六年八月三〇日のフランス軍政府の指令により、ラインラント・プファルツ州における州憲法の制定の準備が開始された時、ジュスターヘンは、フランス軍政府から、憲法草案起草の役割を担う「憲法委員会」（一九四六年九月三日設置）の委員長に任命された。この時点ですでに十分な準備のあったジュスターヘンは、自ら憲法草案、いわゆる「ジュスターヘン草案」を起草している。この「ジュスターヘン草案」は、ほぼそのまま政府案として憲法制定州議会に上程され（ジュスターヘンは、フランス軍政府により一九四六年一二月に設置された暫定州政府の司法大臣に任命され、法案審議にも参画）、大きな修正を受けることもなく、最終的に州憲法として成立を見ている。こうした経緯から、ラインラント・プファルツ州憲法は、「一人の人物により決定的に刻印されたという点で、ドイツの憲法史上きわめて希な事例」（RP. 95）とされ、また内容的には、「本質的にはキリスト教に方向づけられた戦後の諸憲法の頂点」（RP. 24）に位置づくものと評価されることになる。ちなみに、ジュスターヘンは、議会評議会で基本法が採択される直前に遭遇した交通事故による影響で、それ以後は重要な政治活動は不可能となった。それでも、一九五一年から一〇年間ラインラント・プファルツ州行政裁判所および憲法裁判所の長官、一九六一年から六九年までは連邦議会議員を務めている。

戦後の諸憲法を通底する理念としての「キリスト教的自然法」

ジュスターヘンは、ラインラント・プファルツ州憲法の最初の草案を起草したばかりでなく、その三年後の一九五〇年には同憲法のコンメンタールも執筆している。このなかで、彼は、同州憲法や基本法も含め、初期戦後ドイツの諸憲法に通底する「精神的基盤」として、「キリスト教的自然法」の理念の重要性を指摘している。彼によれば、ナチズム期に「総統の意思は最高の法」の合言葉のもとで、ナチ暴力支配体制を正当化する機能を果たしていた原理が、「法実証主義」であった。この「法実証主義の荒廃的作用」を前にした時、「自然の道徳律のなかで根拠づけられた、国家による恣意から守られた法」、つまり「自然法への強力な方向転換」が生じた。この「自然法への転換」は、ただ単に法学や思想界に止まらず、「広範なドイツ国民の感情」ともなった理念であったという。しかも、ジュスターヘンによれば、このナチズムの嵐のなかで多くのドイツ国民の間で再評価された

「自然法」は、人間理性の産物としての自然法ではなく、キリスト教的伝統と結合した自然法、つまり「神の創造意思に起因する自然法」であった。この「神に根拠を持つ自然法への信仰告白」は、「国家による暴力行為に抵抗して、人間としての自由を守ろうとしたドイツの人びとの根源的必要性から生じてきた」ものであったという。[22]

このジュスターヘンが指摘する、ナチズム体制への「抵抗」の原理として、人びとの「根源的必要性から生じた」キリスト教的自然法の理念は、告白教会の「バルメン宣言」や反ナチ抵抗運動（とくに市民的抵抗グループ）のなかで作成された国家の再建構想を想起すれば、より理解しやすくなるだろう。ジュスターヘンも、「ナチズムの強制的支配の一二年間の間、カトリック教会と告白教会は全体主義的権力に対抗したもっとも強力な抵抗勢力であった」と指摘しているように[23]、ナチ当局による福音派教会に対する強制的均制化への抵抗組織として形成された教会が告白教会であり、その指導原理として採択された文書が「バルメン宣言」（一九三四年）であった。とくに、この「バルメン宣言」の第五テーゼには、「神の定め」の前では、国家の絶対性や全能性は否定され、そこでは「人間性のために仕える機能主義的国家論[24]」が宣言されていた。

同様に、反ナチ抵抗運動、とくに市民的抵抗グループによる戦後構想では、すでに對馬達雄の先駆的研究においても指摘されている通り[25]、キリスト教がナチズム体制への抵抗原理であると同時に、新たに構築されるべき国家秩序の精神的基盤として位置づけられていた。たとえば、「フライブルク・グループ」がゲルハルト・リッターを中心にして一九四三年に作成した「政治的共同体秩序」と題する長編の文書では、「今まさに、神の助けを借りて、悪魔的政治から理性的・道徳的秩序を取り戻さなくてはならない」と述べられ、「キリスト教的道徳性の諸原則」に基づく国家の再編構想が提唱されていた。[26]同様に、「クライザウ・グループ」による文書「新秩序のための諸原則」（一九四三年）でも、ナチズム以後のドイツを含めた「ヨーロッパの諸国民共同体の新たな秩序のための基礎は、キリスト教であると考える。出発点に据えられることは、人間の内的・外的在り方の基盤となる神の秩序への人間の義務的自覚である」と記録されていた[27]。

このように見てくれば、ジュスターヘンの指摘する「神に根拠を持つ自然法」ないし「キリスト教的自然法」は、「バルメン宣言」の「神の定め」や、反ナチ抵抗グループによる文書で唱道された「キリスト教的道徳性の諸原則」および「神の秩序」といった理念と同一地平にあるものとして理解できよう。そして、この「キリスト教的自然法」の理念は、政党的にはジュスターヘンに代表されるCDUにより唱道され、後述のごとく、戦後ドイツの国家再建の枠組みを定めた諸憲法の「精神的基盤」として刻印されていくことになる。

（2）カルロ・シュミットとSPDの政策転換

カルロ・シュミットの経歴

カルロ・シュミットは、テュービンゲン大学で法学の博士号および教授資格取得後、弁護士や裁判所勤務を経て、一九二七年にはカイザー・ヴィルヘルム国際法研究所研究員、一九三〇年にはテュービンゲン大学私講師となった。ヒトラーによる政権奪取後は、ナチス体制に「好ましくない人物」として教授昇任を阻まれていた。一九四〇年に応召し、リールのドイツ国防軍司令部の国際法担当政務官として軍務に服していたが、その一方でドイツ国内の反ナチ抵抗運動と連携しつつ、フランスにおけるドイツ軍へのレジスタンス活動を支援する活動をおこなっていた。一九四一年頃からは、とくに「クライザウ・グループ」の中心人物モルトケ伯（一九〇七～一九四五年）と三～四ヵ月に一度の頻度で会合を重ね、ヒトラー体制打倒後の国家構想をめぐる協議をおこなっていたことが確認されている[28]。

ドイツ敗戦を迎えると、彼は、南西ドイツ地区（フランスおよびアメリカ占領地区）における政治指導者として

図５　カルロ・シュミットの顔写真
出典：Haus der Bayerischen Geschichte, Auf dem Weg zum Grundgesetz, 1998, S. 29.

表舞台に登場する。その最初は、まだアメリカとフランスがその占領地区をめぐって対立状態にあった時期である一九四五年六月一三日に、フランス軍政府により、シュトゥットガルトを中心とする地区の「教育担当部長」（事実上の文部大臣）に任命されたことである。その後、フランスとアメリカの協議の結果、フランスはシュトゥットガルトより南部を占領地区とすることになり、九月にはシュトゥットガルトを州都とするヴュルテンベルク・バーデン州（アメリカ占領地区）、一〇月にはテュービンゲンを州都とするヴュルテンベルク・ホーエンツォルレン州（フランス占領地区）が設置された。この時、シュミットは、ふたたびフランス軍政府により、ヴュルテンベルク・ホーエンツォルレン州の「政務局《シュターツゼクレタリアート》」（事実上の州政府）の局長《プレジデント》（事実上の首相）に任命された（一九四七年七月まで。司法および教育を担当する部門の部長も兼務。一九四七年七月からは司法大臣兼副首相に就任）。同時に、彼は、北隣のヴュルテンベルク・バーデン州の「政府顧問《シュターツラート・イム・シュターツミニステリウム》」にも就任した（九月一九日付）[29]。このため、シュミットは、かつての王国ヴュルテンベルクを二分する形で設置された隣接する二州において、州憲法の制定を含む戦後社会の再建過程で、政治指導者として活躍することとなった。

一九四六年二月のアメリカ軍政府の指令により、アメリカ占領地区での憲法制定作業が開始された時、ヴュルテンベルク・バーデン州では、憲法制定州議会で審議する政府案の草案起草作業は、同政府顧問のカルロ・シュミットに委嘱された。彼はこの要請を受けて、憲法草案（八六条構成）を起草したばかりではなく（「シュミット草案」）、憲法制定州議会の下に設置された「憲法委員会」における審議にも議決権なしではあるが参加し、同憲法の制定に深く関わることになったのである。[30]

ちなみに、シュミットは、一九四九年から七二年まで連邦議会議員を務め、この間には連邦議会副議長（一九四九〜一九六六年、一九六九〜一九七二年）、連邦議会のSPD議員団幹事長代理（一九四九〜一九五三年、一九五七〜一九六五年）、さらにSPD・CDU大連立によるキージンガー内閣（一九六六〜一九六九年）では国務大臣（参議院・諸州担当）を務めている（一九六六〜一九六九年）。

キリスト教と教会の公共的役割の承認

ところで、小論の目的と関わって、ここでとくに確認すべきことは、戦後のSPDの指導者の一人として活躍することになるシュミットのキリスト教と教会に対する立場である。周知のように、「宗教は民衆のアヘン」（マルクス）や「キリスト教と社会主義は水と火のごとく対立する」（ベーベル）との言葉にも象徴されるように、[31] SPDは厳格な国家と宗教の分離（政教分離）、公立学校からの宗教教育の排除（世俗化）を党是としてきた。[32]その SPDが、「国家と宗教の分離」要求を放棄し、キリスト教と教会の公共的役割を承認し、教会との間で「自由なパートナーシャフト」に基づく「共同行動」をおこなう用意があることを宣言したのは、一九五九年採択の「ゴーデスベルク綱領」であった。[33]そして、このSPDの基本政策の歴史的転換を導いた勢力が、「倫理自由主義的社会主義」ないし「文化政策的社会主義」のグループであり、その中心的人物の一人がカルロ・シュミットだったのである。[34]

じつは、シュミットは、戦後当初から、キリスト教と教会の公共的役割を承認する立場を公言していた。資料的に確認できる最初は、一九四五年七月二四日にシュトゥットガルトで開催された教員集会における演説である。

前述の通り、一時的にフランス占領地区とされたシュトゥットガルト周辺地域の事実上の「文部大臣」に任命されていたシュミットは、この演説において、学校は知識教授の場を超えた人間形成の場であり、その際の基盤に据えられるべきはキリスト教であり、今後は「キリスト教を根底に据えた学校」の構築を目指すべきである、と主張していた(35)。

シュミットがSPDの政策転換の必要性をより明確に表明したのは、一九四六年二月一〇日のヴュルテンベルク・ホーエンツォルレン州におけるSPD結党大会での演説である。二月一〇日にロイトリンゲンで開催されたSPDの党大会において、シュミットは委員長に選出されている。この党大会で基調講演をおこなったシュミットは、従来のSPDの基本政策からの転換を次のように述べていた。「われわれは、声を大にして述べる。SPDはけっしてキリスト教に敵対的な政党ではない。反対に、われわれは、キリスト教が真剣に取り上げるすべてのことに一致して畏敬の念を抱いている。われわれは、公共生活のなかでのキリスト教の要望に、正当な意義を承認するつもりである」と。SPDの基本政策の転換を促す根拠となったものは、何であったのか。この点に関してシュミットは、ナチズムの嵐のなかで、社会主義者と教会関係者の双方がともに「学んできた」ことを、指摘する。つまり、社会主義者たちは、人間の心のなかには「宗教的経験への抑えがたい衝動」が存在すること、そして敬虔なキリスト者であることと社会主義者であることは共存できることを「学んできた」。他方、教会の側も、現存する国家や社会の体制を擁護ないし神聖化することが、教会や聖職者の役割なのではないことを「学んできた」という(36)。

前述のようなシュミットの戦時中の経歴も考慮すれば、シュミットのこうした発言の背景には、ナチズム体制下での人間生活全体における非宗教化の進行、それに対する教会闘争および反ナチ抵抗運動の展開という「ナチズム体験」によって、人間生活における宗教(キリスト教)の不可欠性、絶対的な世俗権力を相対化し抵抗する精神的拠り所としてのキリスト教および教会の位置と役割が、教会関係者のみならず社会主義者にも再認識されていったこと、端的にはキリスト教の再評価（復権）という事実があったことは間違いないだろう。その意味で、「ゴーデスベルク綱領」採択によるＳＰＤの文化政策上の歴史的方針転換は、すでにナチズムとの対峙のなかで準備されたものであったと言えるだろう。そして、こうしたキリスト教と教会の公共的役割の承認へとＳＰＤが方針転換したことは、次に検討されるように、州憲法と基本法の審議過程における多くのＳＰＤ議員の発言として表明されることになる。

第３節　州憲法・基本法にみるキリスト教の復権と「過去の克服」

以上の検討結果を踏まえ、連合国軍の占領統治のもと、ジュスターヘンやカルロ・シュミットをはじめとするドイツの人びとによって起草・審議・制定されていった州憲法と基本法について、その具体的内容と特質、それらをめぐる議論を分析することにしよう。なお、以下の分析では、基本法に加え、基本法以前に制定された「完成憲法」としての州憲法、つまり、ヴュルテンベルク・バーデン州憲法（一九四六年一一月）、バイエルン州憲法（一九四六年一二月）、ヘッセン州憲法（一九四六年一二月）、ラインラント・プファルツ州憲法（一九四七年五月）、ヴュルテンベルク・ホーエンツォルレン州憲法（一九四七年五月）、バーデン州憲法（一九四七年五月）、ブレーメン州憲法（一九四七年一〇月）の七州憲法、合わせての八つの憲法を取り上げることとする。

(1) 州憲法・基本法にみるキリスト教の復権

憲法前文での「神」への言及と基本権

まず、戦後ドイツの諸憲法にきわめて顕著なこととして、検討対象とした八憲法のすべてに格調高い前文があり、そのうちヘッセン州憲法とブレーメン州憲法を除く六憲法までが、その前文において「神」への言及をおこなっていることに注目したい。

具体的に確認すれば、まず、基本法では、「神と人間に対する責任を自覚して」、ラインラント・プファルツ州憲法では、「法の源泉であり、あらゆる人間共同体の創造主である神に対する責任を自覚して」、それぞれの憲法を制定することが述べられている。また、ヴュルテンベルク・バーデン州憲法とバーデン州憲法では、「神への信頼において」、ヴュルテンベルク・ホーエンツォルレン州憲法では「唯一の義なる審判者である神への服従と信頼において」、と「神」への言及がみられる。さらに、バイエルン州憲法の場合は、ナチズム体制を「神を欠落し、良心を欠落し、そして人間の尊厳への敬意を欠落した国家・社会秩序」として総括することで、「神」との結合を意識した新たな国家・社会秩序の形成が表明されている。ドイツの憲法史上、こうした憲法における「神」への言及は、直近のワイマール憲法（一九一九年）も含めて類例がないことである。

この前文における「神」への言及と密接に関連することとして、人間の基本権（人権）の保障が優先課題として位置づけられ、しかもこうした基本権が多くの場合「自然的権利」として位置づけられている点にも注目する必要がある。すなわち、八憲法中、基本法と四つの州憲法（バーデン、ヘッセン、ラインラント・プファルツ、ヴュルテンベルク・バーデン）では、基本権ないし人権に関する規定が、前文に続く冒頭部分に位置づけられ、しかも基本法と三州憲法（ラインラント・プファルツ、ヴュルテンベルク・バーデン、バイエルン）では、基本権（とくに子どもの教育に関する親権）を「自然的権利」と位置づけて規定している。たとえば、基本法では、第一章（第一～一九条）が基本権の部分となっており、その第一条では「人間の尊厳は不可侵である。これを尊重し、かつこれを保護することが、すべての国家権力に義務づけられている」（第一項）と規定し、国家以前に人間の尊厳と基本権が存在するという基本原理が言明されている。また、基本法の第六条では、「子どもの養育と教育は、両親の自然的権利」（第二項）と規定され、基本法のなかでは唯一の箇所であるが、基本権の一つが「自然的権利」として位置づけられている。

こうした、国家よりも人間の尊厳とその権利の保障を優先させるという憲法上の基本原理は、基本法以前に制定された州憲法では、より鮮明に打ち出されていた。その典型的事例は、アドルフ・ジュスターヘンがその起草と審議過程で決定的役割を果たした、ラインラント・プファルツ州憲法であった。すなわち、同憲法では、冒頭の第一部（第一章から第六章、条文では第一条から七二条まで）が、「基本権と基本義務」に関する部分に割り当てられ、その第一条では、人格を自由に発達させることは、「自然の道徳律」と関連づけられた「自然的権利」であることが明記され、公権力の権利と義務は、「自然法的に規定された公共福祉の必要性によって基礎づけられ、かつ制限される」と定められていた。

学校教育とキリスト教の結合

次に、初期戦後ドイツの諸憲法の内容を、学校教育（人間形成）の側面から分析してみよう。まず、確認すべきことは、検討対象の八つの憲法中、ブレーメン州憲法を除く七憲法（基本法を含む）において、「宗教科《レリギオーンスウンターリヒト》」が学校教育における「正規教科」として位置づけられ、しかも当該の宗教団体の教義に基づいて授けられるべきことが明記されていることである。こうした正規教科としての宗教科の規定自体は、ワイマール憲法（第一四九条）でも見られたが、注目すべきは、基本法に先立つ州憲法には、ワイマール憲法には見られない、さらに踏み込んだ学校教育とキリスト教との強固な結合に関する規定が盛り込まれていたことである。

すなわち、検討対象の七つの州憲法のうち四憲法においては、学校（とくに義務教育を担う国民学校）を、「キリスト教的」学校として性格づける規定が盛り込まれていた。一例を挙げれば、前述の通りカルロ・シュミットが憲法草案を起草したヴュルテンベルク・バーデン州憲法では、「公立の国民学校は、キリスト教的宗派共同学校である」（第三七条第三項）と規定されていた。しかも、こうした学校のキリスト教的性格づけに呼応して、七州憲法のうち五憲法では、キリスト教の教義や神への信仰と密接に関連した文言を含む教育目的が明記されていた。すなわち、バイエルン州憲法（第一三一条第二項）、ヴュルテンベルク・バーデン州憲法（第三六条第一項）そしてヴュルテンベルク・ホーエンツォルレン州憲法（第一一一条第二項）は、学校における教育目的の第一に「神への畏敬の念《エーアフルヒト・フォア・ゴット》」の育成を掲げていた。またラインラント・プファルツ州憲法（第三三条）も同様に、「神への畏敬の念と隣人愛」の育成を教育目的として明記していた。

こうした戦後の州憲法に確認される、学校のキリスト教的性格づけとキリスト教の教義と密接に関連づけられた教育の目的規定は、ワイマール憲法には皆無の規定であった。このことは、州憲法の制定者の意識のなかで、ナチズム後の学校教育（人間形成）の再建にあたっては、キリスト教がきわめて重要な位置と役割を果たすべきものして価値づけられていたことを示している。このことは、国民生活における教会の果たす役割に関する規定からも確認できる。

キリスト教と教会の公共的役割

ワイマール憲法は、その第三章（第一三五条～一四一条）「宗教および宗教団体」の箇所で、信教の自由、国家教会の廃止、教会の公法上の団体資格と租税徴収権の付与などを規定していた。戦後の大半の州憲法と基本法（第一四〇条）[37]も、これらのワイマール憲法の規定をほぼ踏襲する規定を設けている。しかし、ここで注目すべきは州の憲法である。そこには、ドイツ憲法史上前例のない規定として、教会を公共的役割を担う組織として位置づけ、積極的に評価する条項が数多く盛り込まれていたからである

まず、検討対象の七州憲法のうち、ヴュルテンベルク・バーデン州、ラインラント・プファルツ州の二憲法は、教会は「人間生活の宗教的・道徳的基盤の保護と強化」のために存在する組織として規定し（それぞれ第二九条第一項、第四一条第一項）、またヴュルテンベルク・ホーエンツォルレン州憲法も、教会を「国民の道徳的生活の担い手」（第一二〇条）として規定している。ヴュルテンベルク・バーデン州憲法のコンメンタールによれば、こうした教会の位置づけは、国家は教会（宗教団体）に対してけっして「中立的な立場にはない」こと、つまりたしかに国家と教会は相互に独立した組織ではあるものの、国家生活は「教会の宗教的生活の作用によって満たされる」べきものであると解釈されていた。[38]同じく、ラインラント・プファルツ州憲法のコンメンタール（ジュスターヘン執筆）では、より端的に、「教会は国家生活おいても本質的要素として認識され、したがってまた積極的に評価される」べきであり、この規定によりキリスト教と教会は憲法上「特権的な地位」を付与されている、[39]との解釈が示されていた。

関連して、五つの州憲法においては、教会により設立・維持される病院や学校、福祉施設などを、「公益施設」と見なすという規定も盛り込まれている。[40]同様に、四つの州憲法においては、教会は、国家や地方自治体と並んで、青少年の「教育の担い手」としても位置づけられていた。[41]一例を挙げれば、バイエルン州憲法は、「青少年の教育のためには、公共的施設によって配慮されるべきである。その施設の設置にあたり、国家（＝州）と地方自治体は協働する。認可された宗教団体も教育の担い手である」（第一三三条第一項）、と規定しているのである。

以上の分析から、初期戦後ドイツの諸憲法（顕著には州憲法において）には、通念的な近代憲法原理や政教分離原則（教育の世俗化原則）とは明らかに異なる考え方、すなわち、神の存在と神への信仰を基盤として、国家に優先する存在としての人間とその尊厳を位置づけ、キリスト教と教会を人間生活と国家生活全体の再建にとっての「宗教的・道徳的基盤」として位置づける基本理念が、強弱の違いはあるものの、ほぼ共通する特質として刻印されていたことが確認された。この基本理念は、ハンス・ペーターースの表現を借りるなら、「キリスト教の精神によって担われ、満たされた社会秩序の実現のための影響力を教会に保障し、さらには国家生活・政治生活においてもキリスト教の諸原則を貫徹させることを志向する」という強固な「宗教志向性」であり[42]、端的にはキリスト教の復権という基本理念であった。

では、最後に、こうした州憲法・基本法にみられるキリスト教の復権という顕著な特質が、いかなる議論の結果として成文化されたのか、とりわけナチズムの「過去」の「克服」という側面に留意しつつ分析してみたい。その際に、小論では、ヴュルテンベルク・バーデン州憲法とラインラント・プファルツ州憲法の二州憲法と基本法、この三つの憲法の制定過程における論議を素材として分析していくこととする。

(2) キリスト教の復権に関連した憲法条項をめぐる論議と「過去の克服」

憲法前文での「神」への言及と基本権

分析の素材とする三つの憲法のうち、まずヴュルテンベルク・バーデン州憲法の最初の草案である「シュミット草案」には前文は欠落しており、また基本法の最初の草案「キムゼー草案」には二つの前文案が示されてはいたものの、「神」への言及はなかった。この二つの憲法の場合は、その審議の過程で、CDUの要求に基づく形で前文とそこでの「神」への言及が盛り込まれていった。これに対して、ラインラント・プファルツ州憲法の場合は、その最初の草案である「ジュスターヘン草案」から、すでに最終案とほぼ同内容の前文と「神」への言及の文言が存在していた。

まず、CDUの立場を端的に示しているのは、ラインラント・プファルツ州憲法の審議過程でのペーター・アルトマイアー（一九四七年から六九年までの長期間にわたり州首相を務めた）の次の発言である。すなわち、「神」に言及した文言を憲法前文に盛り込むことにより、「ナチスがもたらした神なき国家絶対主義の時代の後で、公共的生活における主なる神の優越的地位を意識的かつ明確に宣言し、憲法上の承認をおこなったのである」（RP, 237）。つまり、「神への責任を自覚して」といった「神」への言及は、キリスト教および教会を公共的生活から排除しようとしたナチス国家体制と決別し、キリスト教的自然法の理念に基づく国家秩序の構築を宣言したものと認識されていた。

こうした認識を、議会評議会における基本法の審議過程においていっそう鮮明に表明し、前文での「神」への言及が盛り込まれるうえで決定的な役割を果たしたのは、ジュスターヘンだった。まず、カルロ・シュミットが、前文の役割として、形式的な美辞麗句ではなく、基本法全体を貫徹する原理、つまり「基本法の本質的要素」であるべきである、との主張をおこなった（GG-P, 29）。このシュミットの発言を受けて、ジュスターヘンは、「私はこのシュミット氏の考え方をさらに一歩先に進めたい」と前置きして、「神への呼びかけ」をおこなうべきことを提案し、次のように述べた。

> 前文は、基本法に対して、精神的方向づけ、究極的には道徳的・倫理的特質を付与すべきである。……われわれは、今ここで制定したいと望む法律から、かかる国民教育的で社会心理的に人びとを導く力が生じる必要がある、と望むべきなのである。こうした方向を示す力は、すでに前文において示される必要がある（GG-P, 29）。

つまり、ジュスターヘンは、シュミットが想定していた前文内容を、よりいっそう倫理的・精神的なそれ、つまりドイツの人びとに「精神的方向づけ」を与え、「人びとを導く力」となるような「道徳的・倫理的特質」を持つものへと深化する立場から、前文における「神」への言及を主張していったのである。

このジュスターヘンの発言以降、議会評議会、とくに原則問題委員会では、具体的な案文をめぐる議論が展開された。その際に、「神」への言及が神学上の論争となることを懸念するホイスからの発言（GG-P, 30）を除けば、どの議員からも「神」への言及を前文に盛り込むこと自体への強い反対意見は提起されなかった。このことは、基本法の制定、したがってナチズム後の国家・社会の基本的枠組みの確定にあたって、国家を超えた規範（端的には神の秩序）が存在するという、倫理的・形而上学的認識が、議会評議会の議員にほぼ共有されていたことを物語っている。[43]

同様のことは、諸憲法にみられる基本権の重視と基本権の自然法的性格づけという特質についても確認できる。シュミットは、すでにその「シュミット草案」の際に、憲法の最初の部分に基本権に関する条項を位置づけていたし、[44]基本法の審議過程でも、「個々の人間の自由に基づく共同生活のために必要となる外的秩序を創出するために、国家は存在する。この国民からの委託からのみ、国家の権限行使の正当性は生まれる」（GG-P, 171）と発言し、人間の尊厳および基本権の保障の重要性を指摘している。同じく、ラインラント・プファルツ州憲法の審議過程において、CDUのヴュルメリンク（一九五三年から六二年まで連邦家族大臣）も、同州憲法第一条は「自然法の見解」に基づくものであり、それは端的には「国家が人間のために存在するのであって、人間が国家のために存在するのではない」ことを意味し、この原則の表明は「あらゆる全体主義的・権威主義的国家観念（それはヘーゲル哲学に起因する）とナチズムの暴力支配からの根本的転換」を宣言するものである（RP, 224）、と述べていた。

もっとも、シュミットや自由民主党（ＦＤＰ）のホイスは、基本権を明示的に自然法に依拠させることには、何が「自然法」であるのか、またその内実も個々人の恣意に委ねられる危険性もあることから、消極的だった。ただそれでも、シュミット自身、議会評議会における論議のなかで、「人間は、国家であっても意のままにできない権利を持つべきである」（GG-P, 14）と述べていた。同じく、ＳＰＤの議員ベルクシュトレッサーは、より端的に、「基本権は前国家的な、自然から与えられた権利」であり、このことをドイツの国民は「ナチス時代の過酷な体験の後で、新たに認識した」（GG-G, 63）、とも発言している。こうしたことから、基本権が「国家以前の権利」（明確に自然法ないし自然的権利と規定しないまでも）であることは、ナチズム体験を経て「新たに」認識することとなったＳＰＤの議員を含めて、議会評議会の大方の議員に共有されていたことになる。

学校教育とキリスト教の結合

先に検討したように、戦後ドイツの諸憲法には、必修教科としての宗教科の位置づけに加え、学校教育全体のキリスト教的性格づけなど、学校教育とキリスト教の強い結合という特質が確認された。すでに明らかなように、こうした特質の条項が、ジュスターヘンをはじめとするＣＤＵの議員によって、積極的に主張されたことは言うまでもない。そこで、検証されるべきは、この条項をめぐる審議過程におけるＳＰＤの議員の発言内容であろう。

ここでは、その典型的事例として、ヴュルテンベルク・バーデン州憲法の審議過程でのシュネッケンブルガーの発言を確認しておきたい。彼は次のように発言している。すなわち、学校はただ単なる「知識教授の場」ではなく、「道徳的に責任能力のある人間」の育成に向けた「訓育のための重要な場」でもあり、この後者の機能が「まさに現時点では緊急を要する」課題となっている。なぜなら、今日の青少年は、「ナチ主義者が、あらゆる道徳の概念のひっくり返しをおこなった全体主義体制の時代」の体験者であり、これら「精神的・道徳的ニヒリズムの危機」に瀕している青少年には、「精神的・道徳的生活の新たな基礎」を育成することが不可欠であるからである。同時にまた、「恐るべき破滅の後では、民主主義的国家は、人間の道徳的責任に基盤を置いてのみ構築されることができる」。こうした観点から、SPDとしては、「キリスト教倫理の精神により刻印された宗派共同学校」を支持し、必修教科としての宗教科の時間のみならず、学校におけるあらゆる「授業と教育のなかで、キリスト教の精神的・道徳的価値を貫徹させたいと願っている」(WG, 124-129)。

こうした州憲法の審議過程でのSPD議員の発言内容は、従来のSPDの立場からの明確な転換を意味していた。しかも、ここで改めて確認しておくべきことは、それが、ワイマール憲法の制定過程におけるような、(45) CDU側への戦略的な「妥協」ではなく、彼らの「確信」ないし「信念」に基づくものであったことである。州憲法をめぐる論議におけるSPD議員の発言は、彼らがナチズム体験を通して、基本権を「前国家的権利」として「新たに」認識することになったことと同様に、ナチズムによる青少年の「完全な道徳的崩壊」という現実を前にして、学校教育の再建の基盤として、また今後の民主主義的な国家再建のための人間形成的基盤としても、「キリスト教の精神的・道徳的価値」が不可欠であると確信した結果だったのである。

一方、州憲法とは対照的に基本法の審議過程では、学校教育とキリスト教との結合に関する本格的議論は展開されていない。その背景としては、教育事項(宗教、教会、文化事項も含め)が、本来州の管轄事項であることから、キムゼー草案にも学校教育に関する条項が含まれておらず、議会評議会での審議の段階になって、親権と教育に関する条項の追加を求める動議(一九四八年一一月二三日、原則問題委員会にジュスターヘンを筆頭とするCDUからの動議)が契機となり、学校教育に関しても、付随的かつ最小限の事項に限定して審議され、条文化されたという事情があった。周知のように、最終的には、六項で構成された第七条のみが、基本法での学校教育に関する唯一の条文となった。この間の経緯を詳述することはできないが、一つ確認すべきことは、議会評議会における議論では、最終的に第七条第三項で規定された公立学校における正規教科としての宗教科の位置づけに関しては、どの政党からも否定的発言は提起されなかった事実である。むしろ、ホイス（ＦＤＰ）からは、「私自身は世俗的学校にはまったく反対の立場である」（GG-P, 247）との発言や、ＳＰＤのシェーンフェルダーからも、ＳＰＤが歴史的に教会およびキリスト教に対して批判的・否定的立場を取らざるをえなかった事情の弁解的説明すら披瀝されていた（GG-P, 252）。

こうして、基本法の審議過程では、それに先立つ多くの州憲法の制定過程において、ＣＤＵとＳＰＤおよびＦＤＰとの間での基本的な認識の共有が成立していたことを前提に、もはや学校における宗教教育の是非に関する議論は展開されることはなかったのである。(46)

キリスト教および教会の公共的役割

最後に、教会の公共的役割に関する諸憲法の規定をめぐる議論を検討しよう。諸憲法の審議過程で、この観点から積極的に論陣を展開したのは、言うまでもなくジュスターヘンに代表されるＣＤＵの議員であった。たとえば、ラインラント・プファルツ州憲法の審議過程で、アローイス・ツィンマーは、「われわれは、国民および国家の課題をキリスト教を基盤として克服したいと考えている。そしてわれわれは、公共的生活をますますキリスト教のエトスの諸原則によって貫徹させたいと願っている」と基本姿勢を表明した（RP, 268）。

これに対して、注目すべきことに、ＳＰＤからは、ＣＤＵ側の主張に理解と承認の立場が表明されている。たとえば、ヴュルテンベルク・バーデン州憲法の審議過程で、ＳＰＤのシュネッケンブルガーは、教会の公共的役割に関する憲法上の明文化に、「同意する」として、その理由を次のように述べている。

戦争が我が民族に残した大きな苦難に直面して、われわれが望むこと、それは教会およびそのほかの宗教団体のなかに、魂と精神の再建に当たっての望ましい支援として国家が歓迎するような価値ある諸力が、発展することである。

そのうえで、彼は次のように明言した。「われわれ、ＳＰＤ党員は、キリスト教の教会と手を携えて、もっとも身近な過去がドイツ国民に加えた苦難を克服することを歓迎したい」(GG-P, 101)。

一方、基本法の場合、前述の通りワイマール憲法の規定をそのまま継承することを定めただけで、州憲法に見られたような教会の公共的役割に関する規定は盛り込まれていない。詳述はできないが、議会評議会における基本法の審議過程では、ジュスターヘンを代表者とする四党共同動議の提出（一九四八年一一月二九日付け原則問題委員会宛動議）以降、この問題をめぐり相当激しい議論が展開された。この共同動議の冒頭には、「教会は人間生活の宗教的・倫理的基盤を保護し強化するために意義あるものとして認められる」と記されており、州憲法の先例に倣って、教会の公共的役割を基本法でも明記することが求められていた。この動議の趣旨を説明したジュスターヘンは、いま制定されるべき憲法のなかでは、ナチズムのような「全体主義的国家に対抗する個人の自由の思想が擁護されるべき」であり、「教会がまさに、ナチズムの時代に……個人の自由と人間の尊厳のためにもっとも力強く闘争したという歴史的事実は看過されるべきではない」として、教会と国家の関係を基本法においても明確に規定すべきであると主張した（GG-H, 225)。

これに対して、ＳＰＤとＦＤＰの議員からは、教会事項が本来的に州憲法の管轄事項であること、この問題は歴史的にもきわめて複雑な問題であり、動議が求める内容を基本法で規定することがもたらすであろう帰結が、現時点で予測できないことの懸念などを理由に、ジュスターヘンらの動議には反対の立場を表明した。こうした意見の対立の結果として、基本法においては、一方では教会の公共的役割を明示することは見送られ、他方では前記のように第一四〇条で、ワイマール憲法の当該規定を継承するという変則的・妥協的な決着が付けられた。

しかし、ここで特筆すべきことは、議会評議会での審議段階においても、SPDおよびFDPの議員は、キリスト教と教会が公共的生活に果たす役割と重要性を十分に認識していた事実である。このことは、SPDのベルクシュトレーサーが、ジュスターヘンらの共同動議の採択に反対するのは、何も教会自体に反対であるからではなく、むしろ「キリスト教がドイツ国民の文化的発展の基礎の一つであることは完全に確信している」(GG-H, 256)、と発言していることからも明らかである。基本法自体は、ワイマール憲法の当該規定の継承(第一四〇条として)にとどまったが、より重要なことは教会の公共的役割を否定する規定が盛り込まれなかったことにある。この結果、前述のような教会の公共的役割を規定した州憲法の規定はそのまま存続することが保障されたからである。その意味で、すでにハンス・ペータースが指摘しているように[47]、基本法の制定者たちは、基本法の規定としては盛り込まなかったものの、CDUはもとよりSPDおよびFDPの議員まで含めて、キリスト教と教会を人間生活と国家生活全体の再建における「宗教的・道徳的基盤」として位置づけるという点では、認識を共有していたのである。

以上の分析を通して、戦後の諸憲法の起草およびその審議に関わったドイツ人たちの主張には、その所属政党間の立場を超えて、一つのほぼ共通する強固な意思が存在していたことが明らかとなった。それは、過酷なナチズム体験を踏まえ、ナチズムのような国家主義ないし全体主義体制の再来を阻止すること、人間の尊厳と基本権を保障すること、そして「宗教的・道徳的基盤」に基づく国民生活の再生を図ること、こうした強固な意思であった。そして、こうした意思は、ナチズム体制によって公共的生活から排除・弾圧されたキリスト教と教会を再評価(復権)し、それを国民生活の精神的・倫理的基盤として積極的に位置づけた、初期戦後ドイツの諸憲法として結実したのであった。このことは、戦後ドイツ最初の本格的憲法であるヴュルテンベルク・バーデン州憲法の審議過程で、SPDのシュネッケンブルガーが述べた、以下の発言に明瞭に示されている。

SPDは憲法制定州議会のすべての審議において、一貫して、宗教的生活の諸活動を考慮する意思を表明してきた。それは、ただ現実的な理由からのみ宗教的活動の意義を認めたからではなくて、……かかる恐るべき破滅の後では、民主主義的国家は、人間の道徳的責任に基づいてのみ構築できることを知っているからである。我が党にとっては、このことは諸君たち（引用者注：主にCDUの議員を指す）と同様に重要なことであり、それは青少年のために、新たな悲劇を阻止するという責任があるからである。民主主義的国家は、国民の道徳的責任のすべての能力を統合するという意思を持たなければならない。そのことによって、民主主義国家は、将来的にバラバラになったり、ふたたび何か新たな悲劇的な展開に陥ることもなくなるのである。われわれは、この青少年のためにという一点で、完全に同じ利害関心を有している。われわれは諸君たちと一緒に行動する（WB, 127）（下線は引用者による）。

つまり、「キリスト教の復権」という特質を刻印された初期戦後ドイツの諸憲法は、ナチズムの嵐を生き延びたドイツの人びとによる「ナチズムの精神の克服」（ジュスターヘン）の所産、つまり道徳的・倫理的側面から取り組まれた「過去の克服」の最初の本格的成果であったと言えるのである。

おわりに

州憲法および基本法をめぐる審議の過程では、管見のかぎり、ナチスによるユダヤ人抹殺の実態やそれらの行為に対する謝罪や補償といった議論が展開された事実は確認できない。その意味では、いわゆる「過去の克服」が本格的に取り組まれたわけではなかった。

しかし、「七月二〇日事件」の首謀者（反逆者と誹謗された）の名誉回復をおこなった「レーマー裁判」（一九五二年）では、首謀者の行動は「キリスト者としての責任と政治的な責任」の証であったと認定され、[48]「自然法的立場からの抵抗者の宗教倫理的、政治的責任の立論」[49]が展開されている（詳しくは本書、對馬論文参照）。また、連邦議会においてナチスの犯罪に関する第二次時効論争（一九六五年）が展開された時、時効延長に向けてきわめて道徳的に高邁な演説をおこなったSPDのアドルフ・アーント（カルロ・シュミットとともに、一九五九年のゴーデスベルク綱領採択に尽力した法律家）が、法実証主義の立場では困難であった時効延長を正当化する論拠として援用したのは、自然法の観点であった事実[50]も想起してみたい。

つまり、「過去の克服」に密接に関連する司法や政治上の取り組みを基礎づける道徳的・倫理的根拠として、「キリスト者としての責任」ないし自然法から演繹される「人間の道徳的責任」、一言をもってすれば人間としての〈普遍的価値〉が据えられていたのである。そして、敗戦間もない時期に制定された州憲法とその集大成としての基本法は、まさにこの人間としての〈普遍的価値〉を、ナチズムを生き抜いたドイツの党派を超えた人びとが明文化した戦後最初の成果だったのである。このように見てくれば、はじめに紹介したドイツの新大統領ヴルフが、その就任宣誓で言及した「神」という言葉には、単なる信仰上の意味を超えて、ナチズムの「過去」を踏まえ、人間としての〈普遍的価値〉という精神的・倫理的基盤をドイツ再生の出発点に据えようとしたドイツの人びとの強い意思が内包されていたと言えるだろう。

注

州憲法および基本法の審議過程の資料（議事録等）の出典と頁数は、以下の略記号により本文中で示した。

RP: Helmut Klaas（Hrsg.）: *Die Entstehung der Verfassung für Rheinland-Pfalz Eine Dokumentation*, Boppard am Rhein 1978.

WB: *Verhandlungen der Verfassunggebenden Landesversammlung für Württemberg-Baden*, 1946.

GG-P: *Parlamentarischer Rat Stenographischer Bericht（Plenum）*, Bonn 1948/49.

GG-H: *Parlamentarischer Rat Verhandlungen des Hauptausschusses*, Bonn 1948/49.

GG-G: *Der Parlamentarische Rat 1948-1949 Akten und Protokolle, Bd. 5/I（Ausschuss für Grundsatzfragen）*, Boppard am Rhein 1993.

（1） 新宿正典「いわゆるブレーメン条項の適用範囲――統一ドイツにおける宗教教育の新展開」『京都大学法学論叢』第一四四巻第四・五号、一九九九年、六七頁。

（2） ラインラント・プファルツ州憲法（一九四七年）の前文の一節。小論でのドイツの諸憲法の原文は、次の文献に依拠した。R. W. Füßlein: *Deutsche Verfassungen Grundgesetz und deutsche Landesverfassungen*. Berlin 1951.

（3） ヴュルテンベルク・ホーエンツォルレルン州憲法（一九四七年）第一一四条。

（4） バイエルン州憲法（一九四七年）第一三一条。

（5） 膨大にあるが、さしあたり次を参照。Peter Reichel: *Vergangenheitsbewältigung in Deutschland*. München 2001（小川保博・芝野由和訳『ドイツ　過去の克服』八朔社、二〇〇六年）、石田勇治『過去の克服　ヒトラー後のドイツ』白水社、二〇〇二年。

（6） Manfred Kittel: *Die Legende von der ›Zweiten Schuld‹ Vergangenheitsbewältigung in der Ära Adenauer*. Ullstein 1993, S.

66.

（7） Peter Bucher（Hrsg.）: *Adolf Süsterhenn Schriften zum Natur-, Staats-, und Verfassungsrecht*. Mainz 1991, S. 122.

（8） Manfred Görtemaker: *Geschichte der Bundesrepublik Deutschland Von der Gründung bis zur Gegenwart*. Fischer Taschenbuch Verlag 2004, S. 29.

（9） Ebenda, S. 30. 川喜田敦子『ドイツの歴史教委育』白水社、二〇〇五年、一一九頁。これら「被追放民」が、戦後の西ドイツにおける宗派別住民構成に大きな変化を及ぼし、このことが学校教育へも波及効果をもたらした。このことについて、次を参照。Ernst Helmreich: *Religionsunterricht in Deutschland Von der Klosterschule bis heute*. Hamburg 1966, S. 265-267.

（10） Martin Greschat: Kirche und Öffentlichkeit in der deutschen Nachkriegszeit（1945-1945）. in, A. Boyens / M. Greschat / R. von Thaddden / P. Pombeni, *Kirchen in der Nachkriegszeit Vier zeitgeschichtliche Beiträge*. Vandenhoeck & Ruprecht Göttingen 1979, S. 106.

（11） Martin Greschat: Zwischen Aufbruch und Beharrung. Die evangerische Kirche nach dem Zweiten Weltkrieg. in,V. Conzemius / M. Greschat / H. Kocher（Hrsg.）: *Die Zeit nach 1945 als Thema kirchlicher Zeitgeschichte*. Göttingen 1988, S. 100.

（12） Ebenda, S. 113.

（13） Günter Heidtmann（Hrsg.）: *Hat die Kirche geschwiegen? Das öffentliche Wort*. Berlin 1958, S. 25.

（14） Wlolfgan Benz（Hrsg.）: *Deutschland unter alliierter Besatzung, 1945-1949/55*. Berlin 1999, S. 21-32.

（15） ブレーメンは、一九四四年九月と一一月の「ロンドン議定書」に基づき、アメリカ軍政府の管理下に置かれたが、その周囲を管轄するイギリス軍政府との間で軋轢が生じ、一九四五年一二月にはイギリス軍政府の管理に移された。その後ふたたび、一九四七年一月からアメリカ軍政下に移管され、同時に「州」としての位置づけも認められた。

Wolfgang Kringe: *Verfassungsgenese, Die Entstehung der Landesverfassung der Freien Hansestadt Bremen vom 21. Oktober 1947*. Frankfurt a. M. 1993, S. 13-19.

（16） 各占領地区ごとの州の設置経緯については、次を参照。

Benz（Hrsg.）: *Deutschland unter alliierter Besatzung*. S. 33-72. Helmut Klaas（Hrsg.）: *Die Entstehung der Verfassung für Rheinland-Pfalz Eine Dokumentation*. Boppard am Rhein 1978, S. 8-14.

（17） Klaas（Hrsg.）: *Die Entstehung der Verfassung für Rheinland-Pfalz Eine Dokumentation*. S. 17.

（18） ラインラント・プファルツ州憲法の審議過程の最終段階で、ＣＤＵとＳＰＤの対立が激しくなり、フランス軍政府が仲裁提案をおこなったが、ＣＤＵ側は拒否している。Ebenda, S. 18.

（19） 基本法に制定過程につき、以下を参照。Michael F. Feldkamp: *Der Parlamentarische Rat 1948-1949 Die Entstehung des Grundgesetzes*, Göttingen 2008, Klaus-Berto v. Doemming / Rudolf Werner Füßlein / Werner Matz: Entstehungsgeschichte der Artikel des Grundgesetzes. in, *Jahrbuch des Öffentlichen Rechts der Gegenwalt*. Neue Folge Band1, 1951.

（20） Feldkamp: *Der Parlamentarische Rat*. S. 36, S. 192.

（21） ジュスターヘンの経歴につき、次を参照。遠藤孝夫「ドイツ占領期ラインラント・プファルツ州憲法の制定と宗教教育の復権」『弘前大学教育学部紀要』第九七号、二〇〇七年、Helmut Mathy: Adolf Süsterhenn（1905-1974）. in, *Geschichte im Westen*, 3, 1988, Winfried Baumgart: Adolf Süsterhenn（1905-1974）. in, *Zeitgeschichte in Lebensbildern*, Bd. 6, 1984.

（22） A. Süsterhenn / H. Schäfer: *Kommentar der Verfassung für Rheinland-Pfalz*. Koblenz 1950, S. 18-23.

（23） Hanns Seidel: *Weltanschauung und Politik: ein Beitrag zum Verständnis der Christlich-Sozialen Union in Bayern*. München 1961, S. 41.

（24） 宮田光雄『十字架とハーケンクロイツ――反ナチス教会闘争の思想史的研究』新教出版社、二〇〇〇年、一七五頁。

（25） 對馬達雄『ナチズム・抵抗運動・戦後教育――「過去の克服」の原風景』昭和堂、二〇〇六年、第Ⅱ章。

（26） Klaus Schwabe（Hrsg.）: *Gerhard Ritter. Ein politischer Historiker in seinen Briefen*. Boppard am Rhein 1984, S. 655-774, Greschat: Kirche und Öffentlichkeit in der deutschen Nachkriegszeit（1945-1945）. S. 101-102.

（27） Roman Bleistein（Hrsg.）: *Dossier: Kreisauer Kreis Dokumente aus dem Widerstand gegen den Nationalsozialismus*. Frankfurt a. M. 1987, S. 322-335.

（28） Petra Weber: *Carlo Schmid Eine Biographie*. München 1996, S. 133-135.

（29） Ebenda, S. 218.

（30） 遠藤孝夫「戦後ドイツ社会の再建とキリスト教倫理の復権――ヴュルテンベルク・バーデン州憲法（一九四六年）を事例に」『岩手大学教育学部教育実践総合センター研究紀要』第八号、二〇〇九年。

（31） Martin Möller: *Evangelische Kirche und Sozialdemokratische Partei in den Jahren 1945-1950*. Göttingen 1984, S. 123.

（32） Ludwig Richter: *Kirche und Schule in den Beratungen der Weimarer Nationalversammlung*. Düsseldorf 1996, S. 251.

（33） Möller: *Evangelische Kirche und Sozialdemokratische Partei in den Jahren 1945-1950*. S. 224. 安野正明『戦後ドイツ社会民主党史研究序説――組織改革とゴーデスベルク綱領への道』ミネルヴァ書房、二〇〇四年、三一〇頁。

（34） Ebenda, S. 122.

（35） Sebastian Müller-Rolli: *Evangelische Schulpolitik in Deutschland 1918-1958――Dokumente und Darstellung*. Göttingen 1999, S. 392-394.

（36） Ebenda, S. 428-430.

（37） 基本法第一四〇条は、ワイマール憲法の教会関係規定（第一三六～一三九条、第一四一条）をそのまま「基本法の構成部分とする」と規定している。なお、第一四〇条の制定過程に関する研究として次を参照。新宿正典「基本法第一四〇条の成立過程について」『比較憲法学研究』第一八・一九号、二〇〇七年。

（38） R. Nebinger（Hrsg.）: *Kommentar zur Verfassung für Württemberg-Baden*, Stuttgart 1948, S. 76-77.

（39） A. Süsterhenn / H. Schäfer: *Kommentar der Verfassung für Rheinland-Pfalz*. Koblenz 1950, S. 195.

（40） バーデン州憲法第三五条第一項、ブレーメン州憲法第六三条、ラインラント・プファルツ州憲法第四六条、ヴュルテンベルク・ホーエンツォルレン州第三二条、ヴルテンベルク・バーデン州憲法第三二条。

（41） ラインラント・プファルツ州憲法第二八条、ヴュルテンベルク・バーデン州憲法第三六条第二項、ヴュルテンベルク・ホーエンツォルレン州第一〇六条、バイエルン州憲法第一三三条第一項。

（42） Hans Peters: Die Gegenwaltslage des Staatskirchenrechts. in, *Veröffentlichung der Vereinigung der deutschen*

Staatsrechtslehrer. Heft 11. 1952, S. 184.

(43) マウンツらによる基本法コンメンタールでも、この「神」への言及に関連して、基本法の制定者たちは、「国家を超えた規範、つまり憲法制定議会でさえも踏み越えるべきではない、国家を超えた規範が存在する、と確信していた」と指摘されている。Theodor Maunz u.s.w.: *Grundgesetz Kommentar*. München 1987, S. 6-7.

(44) Frank R. Pfetsch（Hrsg.）: *Verfassungsreden und Verfassungsentwürfe: Länderverfassungen 1946-1953*. Frankfurt a. M. 1986, S. 353-363.

(45) ワイマール憲法の審議過程における、第一党ＳＰＤの戦略的妥協（いわゆる「学校妥協」）については、次を参照のこと。Richter: *Kirche und Schule in den Beratungen der Weimarer Nationalversammlung*. S. 654-672.

(46) 関連して、基本法の制定以前の州憲法で、唯一、宗教科を正規教科として位置づけない規定を有したブレーメン州憲法への配慮として、基本法第七条第三項の例外を認めるための規定として、第一四一条（いわゆる「ブレーメン条項」）が盛り込まれた。

(47) Peters: Die Gegenwartslage des Staatskirchenrechts. S. 177.

(48) Reichel: *Vergangenheitsbewältigung in Deutschland*. S. 103（邦訳書、一二六頁）。

(49) 對馬達雄「ドイツ現代史にみる〈普遍的価値〉の再生」『教育学研究』第七四巻第四号、二〇〇七年、六一頁。

(50) 石田『過去の克服』、一九〇頁。

第2章

戦後ドイツにおける家族の混乱と子どもたち

小玉亮子

はじめに──廃墟のなかの家族

世界の破滅の後も生活は続く、生活に幕切れはないのだ。だから、人々は廃墟を黙々と片付けることに専念した。立役者の壮大な自殺、焼死、死の陶酔のあとも、心ならずも戦争に加担することにあってしまった人々に終わりはなかった。人々はガレキの山を片付け、順応し、忘れてしまう他なかったのである。そしてもう一度、戦争という名の芝居が終わってしまったあと、その残骸の中で普通の生活を始めることになった。それこそ、人々が最初から望んでいたことだった。フランス人、イタリア人、イギリス人の誰もが望んでいたように。

しかし、それは期待とはまったく別物となった。もはや、以前のようにはいかなかった。子ども、結婚生活、愛というようには。(1)

第二次世界大戦後三〇余年経た一九八〇年に、ヘルマ・サンダース＝ブラームス監督(2)は、映画『ドイツ、青ざめた母』(3)を制作・発表した。この映画の題名は、「私にも自分の恥を語らせておくれ／ドイツよ　青ざめた母よ／他の国々に／汚れた姿をさらし／じっと座っている」で始まるベルトルト・ブレヒトの詩『ドイツ』(一九三三年)に由来するもので、映画のなかで、一人の母親の戦中から戦後の壮絶な日々が描かれている。

八〇年代にすでに高い評価を得た中堅女性監督とよばれていたブラームス監督は、「女性のための映画」を作りたいという思いと、「親たちの世代も自分たちの歴史を語ってくれる人間を探しているはずだ」という二つの思いから、自らの母親をモデルとしてこの映画を制作したと語っている。(4)　この映画のなかで描かれるのは、ドイツの戦中・戦後を生きた一人の母親の激動の暮らしと、そして、その精神の崩壊である。

主人公は、まじめで愛らしい娘として育ち、誠実な結婚をする。優しい夫はナチスの党員でなかったために早々に戦地におくられ、彼女は一人、戦争のただなかで子どもを産む。戦争のさなか、一時帰休で帰って来た夫は、赤ん坊の娘をみて「父親の実感はない」とつぶやく。

夫はふたたび戦地に赴き、のこった母親と娘は、空襲のなかに残される。家は瓦礫となり、家族の全財産である銀の食器をトランクにいれ、ハイヒールを履いた母親は娘とともにベルリンの親戚のもとへ向かう。「家がなくなったのに、母は陽気だった」と、成人した娘の声をかりたナレーションは語る。

戦後、瓦礫と混乱のなかで、娘を抱えて生き延びた母親のもとに、やがて父親が帰ってくる。心ない大人が冗談でそそのかした「死に損ない」という言葉を、オウム返しで父親に言った娘を、父親は怒りにまかせて叩き、娘は泣き声を上げる。そして、ナレーションは、「やっと家ができた、そして家庭のなかに戦争がはじまった」という。

「浮気したろう」という夫に、「何言うの」という妻、そして、「やめてよ」という子ども。夫が帰還した夫婦とその家族は、次第に葛藤をエスカレートさせていく。「要らないわ、こんなもの」。戦時下の混乱のなか守りとおした銀の食器を床に投げ出し混乱する母親が描かれ、母親を慰める幼い娘の姿が描かれる。この映画は、戦争を乗り越えた家族の姿をえがいたハッピーエンドで幕を閉じるのではなく、母の精神の崩壊と自殺未遂で終わる。

「外部からの圧力と外の寒さが強まると、内部の温かみは増すが、それらが緩むと、内部の崩壊がみえてくる」というのは、サンダーズ＝ブラームス監督の言葉である。戦後の混乱が落ち着いていくにつれて、戦争中にはみえなかった家族の内部の問題が浮上していく。平穏な世界へと向かいつつあるがゆえに表面化する混乱。映画では、次第に娘が成長していくのとは対照的に、家族の関係が崩壊していく様子が描きだされている(5)。

図１　「ドイツ・青ざめた母」
出典：『EQUIP DE CINEMA』（岩波ホール）No.66、1984年、表紙。

監督は、この映画は、自分の母親をモデルとした、監督自身の個人的な歴史であると同時に、当時の家族が共有していた、いわば、集団的な歴史であるという。平凡な名もない人びとの戦争と戦後の物語であり、どこの家族でも起こった家族の混乱と崩壊、そして、そういったなかで生きてきた家族の物語だというのだ。

この映画のなかで、戦争の終結が新たな戦いの始まりであったこと、それは「内部」の、すなわち、「家族」の混乱の始まりでもあったことが明らかにされる。

母親を主人公としているこの映画は、戦後の家族を女性の視点から描きだしたものである。しかし、同時に、戦争のなかで生まれた小さな娘であった、監督の視点から描きだされたものでもある。母たちにとっての混乱は、小さな子どもたちにとっても過酷なものであったのだ。

戦後の混乱のなかで、家族はどのような課題をかかえ、それはどのようにみられていたのか。

戦後の復興のなかで、家族はどのように復興されようとしたのか、そして、復興したとしたら、それはなんだったのか。戦後のドイツで、家族と子どもたちがどのようにとらえられ、家族についてどのような議論がされたのだろうか。そして、それはどこへ向かったのか。

戦後から一九五〇年代の家族と子育てがどのように議論されたのかに焦点をあて、それがドイツの家族の変遷のなかでどのような位置にあるのかを探ることを通じて、戦後の復興期とその後にとって、家族が持った意味を明らかにすることが、本章の課題である。

以下において、まず、戦後、家族はどのような生活をし、子どもたちはどう生きていたのか、戦後の家族が統計のなかでどこに位置付くのか、からみていこう。

第1節　統計にみられる戦後家族の特徴

家族変化をみることのできる統計は、世帯規模の変化や家族構成の変化といったようにさまざまに考えられるが、第二次世界大戦直後の四〇年代から五〇年代にかけての家族の特徴を典型的にしめすものとして、離婚率の変化と出生率の変化に注目してみたい。

離婚率の変動は、その時代の夫婦関係のあり様の一つの側面を表すものであるといっていいだろう。戦争直後の四〇年代から五〇年代にかけて、ドイツの統計において、離婚率は激しい変動を経験した。このことは婚姻率の変化と比較するといっそう際立ってみえる。というのも、婚姻率は戦後すぐに若干の変動はあるものの、さほど大きな変化はないのに対して、離婚率は、一九四六年から四八年にかけて急激に上昇し、そして、一九四八年をピークに一九五〇年代に入ると急激に低下を示しているからだ。

この後、五〇年代半ばから六〇年代半ばにかけて離婚率は低いレベルに落ち着いて推移する。これが、ふたたび上昇に転ずるのは一九六〇年代後半からのことで、一九七〇年代以降は、戦後の一〇年の間に達したピークに

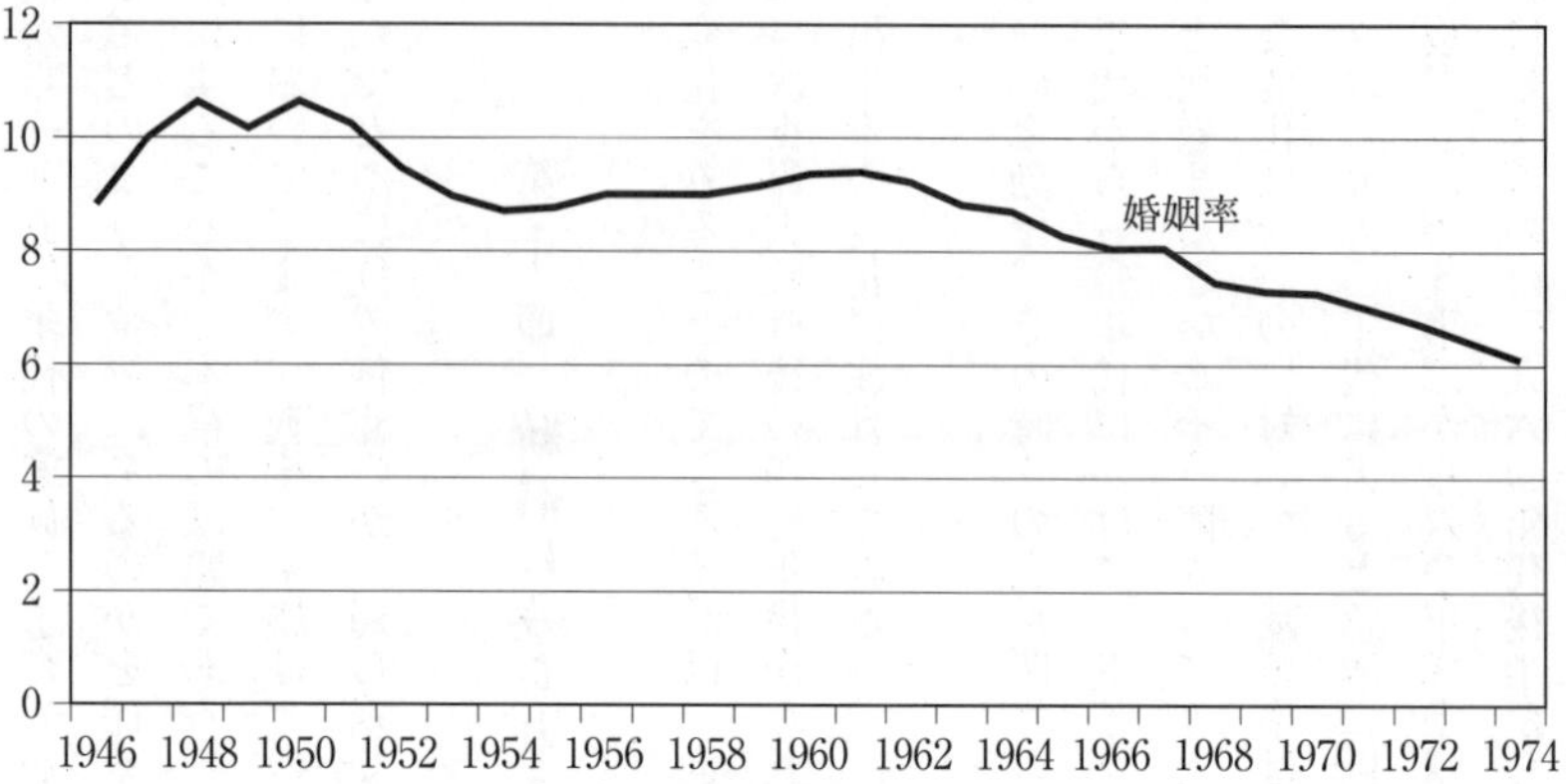

図２　40 年代から 70 年代にかけての婚姻率の推移

出典：Christiane Kuller: *Familienpolitik im föderativen Sozialstaat-die Formierung eines Politikfeldes in der Bundesrepublik 1949-1975.* München 2004, S. 47（西ドイツ地域における人口 1000 人当たり婚姻件数）より筆者作成。

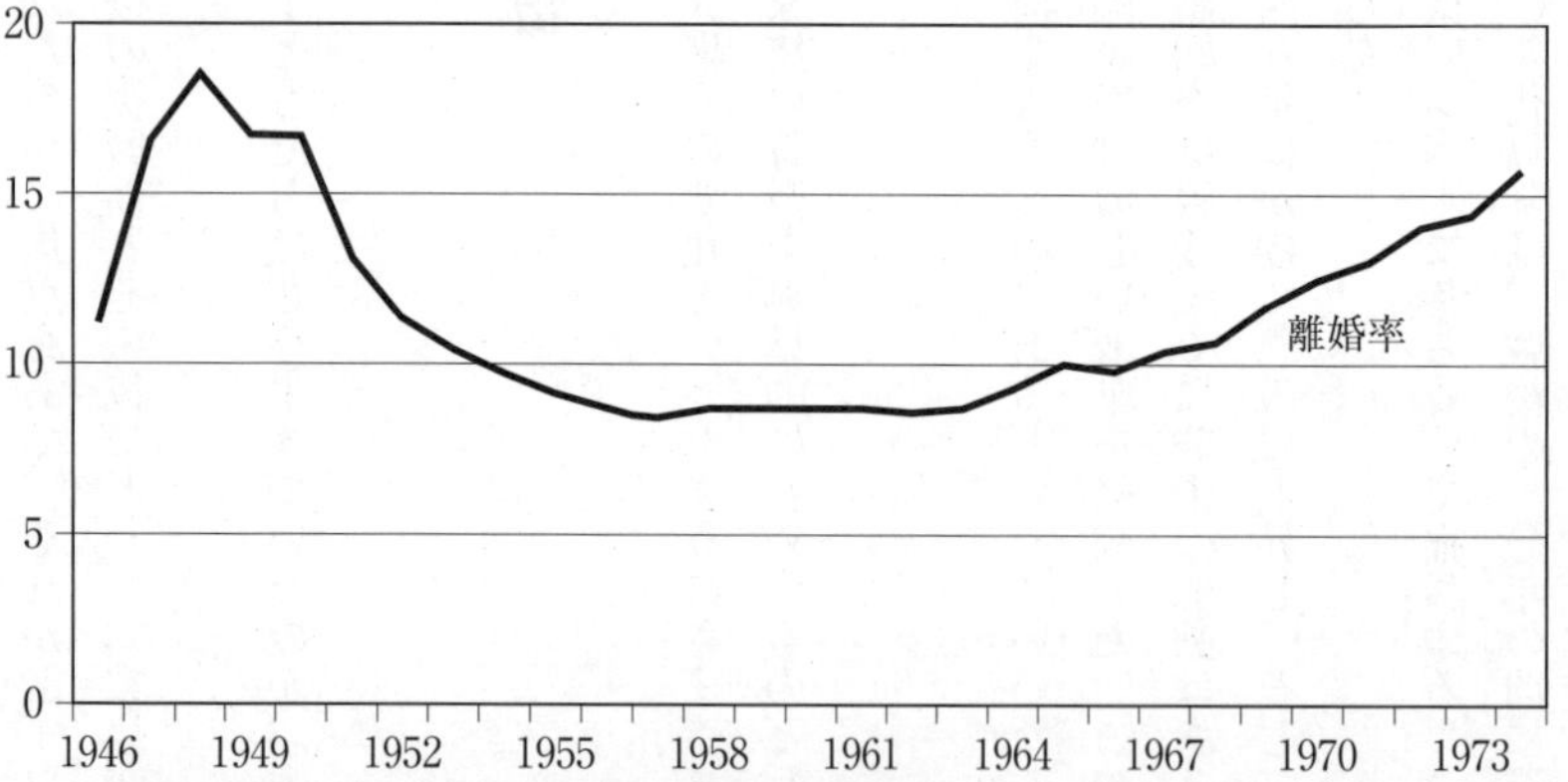

図３　40 年代から 70 年代にかけての離婚率の推移

出典：Kuller: *Familienpolitik im föderativen Sozialstaat.* S. 47（西ドイツ地域における人口 10000 人当たり離婚件数）より筆者作成。

迫る勢いとなる。戦後を五〇年の変化としてみると、離婚率は、七〇年代以降も、一九四〇年代末も同じような高い水準にあるということができる。そう考えると、一九四〇年代末から五〇年代初頭の戦後の離婚率のピークを、ドイツの家族にとって、例外的に高い離婚率を記録した時期であったということは難しいかもしれない。逆に、五〇年代後半から六〇年代前半のような変動の幅がすくなく離婚率が低く抑えられている時代の方が、まれであったのかもしれない。

とはいえ、同様に離婚率が高いとはいえ、五〇年代前後の離婚率の高さと、七〇年代以降の離婚率の上昇は、異なるコンテクストのなかで生じたものであることには注意する必要があるだろう。四〇年代末から五〇年代初頭、離婚率がピークとなる時期は、兵士となって戦地に赴いた夫たちが大量に帰国する時期にあたる。この時期の離婚率の高さから、夫の帰国と祖国で待つ妻の関係がかならずしも平凡なものでなかったことを読み込むことは、それほど的はずれではないだろう。

この時期についての同様の混乱は、出生率の変化からもみることができる。出生率それ自体は全体として、一九四〇年代後半から一九五〇年代にかけてほぼ横ばいである。出生率が変動するのは、戦後の時期ではなく、むしろ一九六〇年代以降である。ドイツのベビーブームともいわれる一九六〇年代に上昇した出生率は、六〇年代末以降から急激に低下する。この低下は、現在の日本における少子化問題においても言及される、ドイツの深刻な人口減少へのプロローグとなっている。とはいえ、当然のことながら、本章の課題はこの低下にはない。

戦後の家族に関して問題になるのは、一見全体として変動していないように見える一九四〇年代から五〇年代初頭にかけての出生率の内側である。大幅な変動の見えない出生率の内部で、婚外出生率は劇的に変化していた。婚外出生率は、一九四六年にきわめて高くなっていたが、一九五〇年代初頭には急激に低下した。そして、一九五〇年代半ばから一九六〇年代半ばまでゆるやかな減少を示すが、一九七〇年代にふたたび上昇する。ただ、

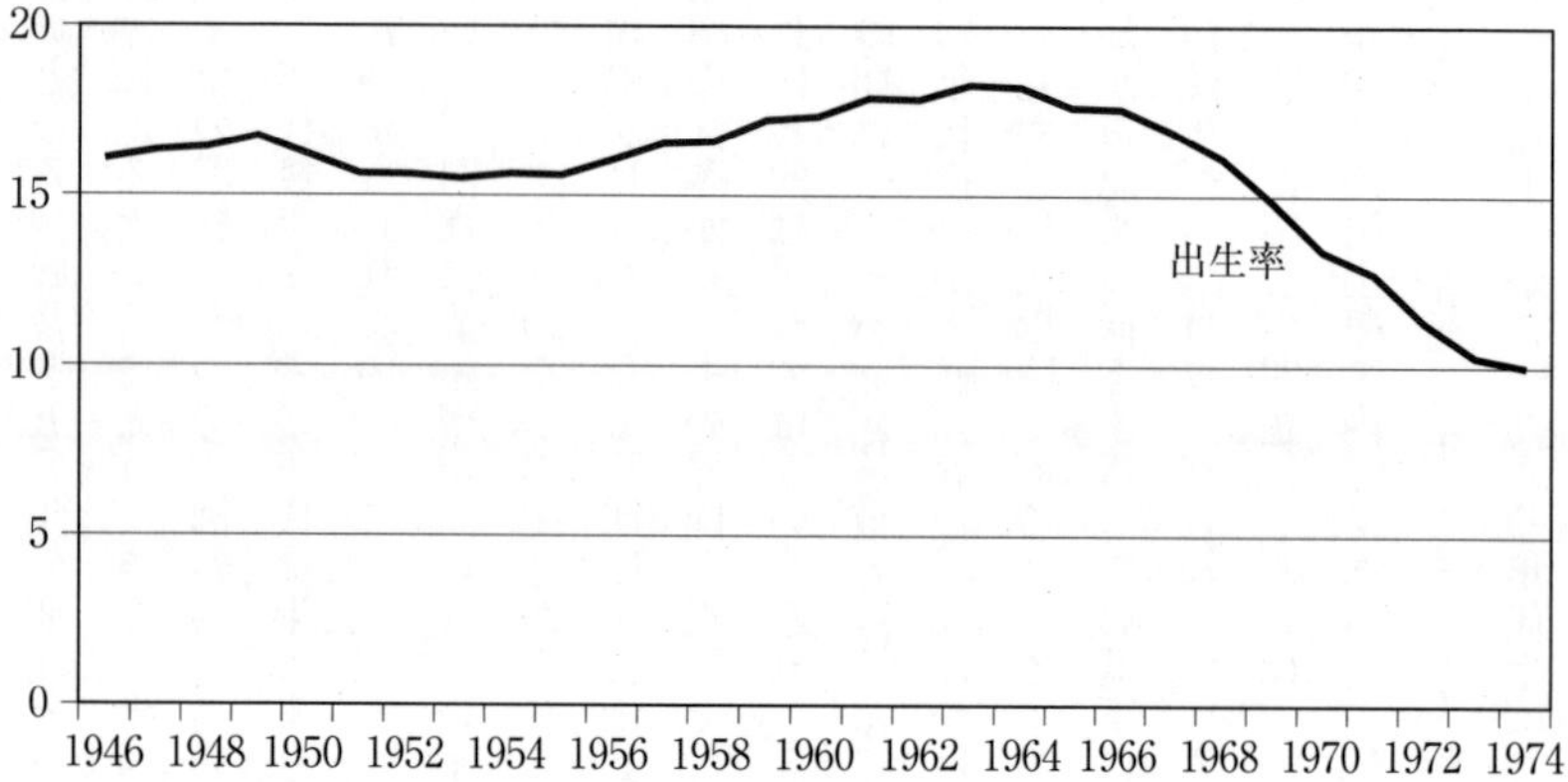

図4　40年代から70年代にかけての出生率の変化

出典：Kuller: *Familienpolitik im föderativen Sozialstaat.* S. 55（西ドイツ地域における人口1000人当たり出生数）より筆者作成。

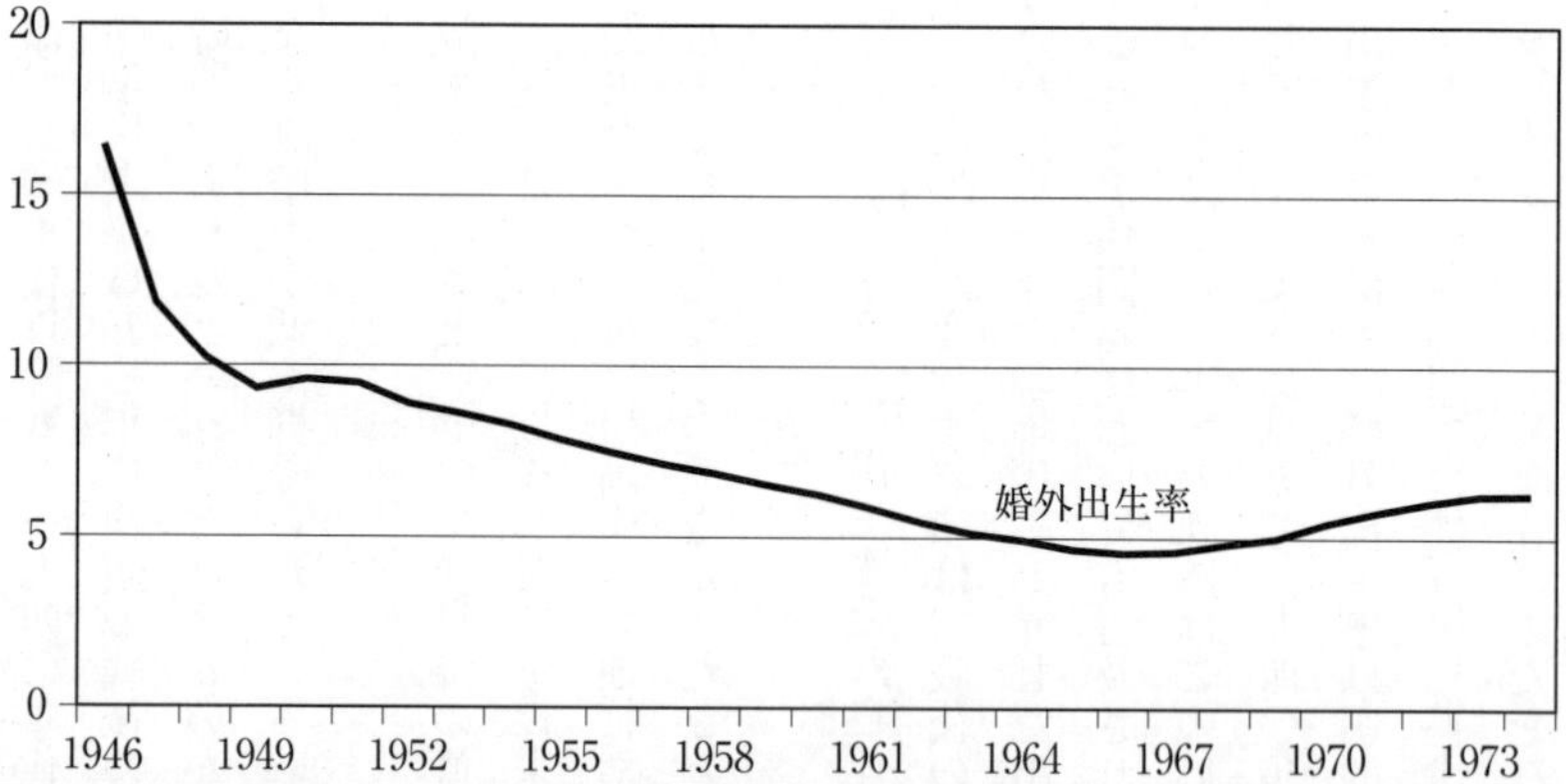

図5　40年代から70年代にかけての婚外出生率の変化

出典：Kuller: *Familienpolitik im föderativen Sozialstaat.* S. 55（西ドイツ地域における出生数に占める婚外出生比率）より筆者作成。

上昇するといっても、この上昇は、離婚率の変動がしめしたような大きな上昇ではなく、若干の上昇にとどまっている。

婚外出生率の減少にもかかわらず、出生率全体はしばらく横ばいをたどり五〇年代後半から六〇年代前半まで上昇する。このことは、婚姻内出生率は戦後一貫して上昇しつづけたことを意味する。ただし、これも六〇年代後半より、いわゆる現代的少子化時代を迎えて事態は変わる。

長期的スパンをみると、一九四〇年代と一九七〇年以降は離婚率が同様に高いという共通点があるし、婚外出生率も比較的高くなっている。そう考えると、やはり、戦後の家族を特別に混乱した家族の時代と位置づけることは避けたほうがいいのではないだろうか。ただ、なぜ離婚率が高かったのか、そして、なぜ婚姻率が高かったのか、については、第二次世界大戦後の一〇年間の時代背景から、離婚率の急上昇と急減少、そして、高い婚外出生率の急低下は、その後の変化とは意味が異なることは十分推察される。

では、このような家族のなかで、子どもたちはどのように暮らしていたのだろうか。

第2節　ベルリンの家族と子ども

戦争直後から五〇年代にかけて、家族と子どもがどのように生活していたのか、というテーマをたてるとき、家族全体をとらえる統計のほかに、当時なされた社会調査が興味深い資料を提供している。

「戦後の西ドイツの家族調査研究には多くの注目すべき成果がある(6)」といった、家族社会学者の老川寛は、戦争直後から一九七〇年代までの膨大な家族に関する諸研究をレビューしているが、そのなかで、戦争直後のもっとも早い時期の研究であり、実証的な家族研究とみなされてきた研究として、社会学者のヒルデ・トゥルンバル

表１　調査対象家族の子どもたち（人）

就学前	国民学校	上級学校生	職業教育	就職	合計
250	307	60	65	94	776

出典：Hilde Thurnwald: *Gegenwartsprobleme Berliner Familien, Eine soziologische Untersuchung an 498 Familien.* Weidmannsche Verlagsbuchhandlung. Berlin 1948, p.96.

トによる戦争直後のベルリンの家族の調査を真っ先にあげている。[7] この研究は、諸研究のなかでも、戦後の非常に早い時期になされたもので、ベルリンにおける四九八の家族を分析し、その結果を一九四八年に発表した実証的研究である。ここからは、生き残った家族と子どもたちの切実な姿と、家族と子どもの生活と彼らを取り巻く環境、とくに学校との関係をみることができる。

トゥルンバルトの調査したベルリンの家族のうち子どものいる家族は三六三家族で、家族の子どもの数は八四三人と報告されている。しかし、著者が調査の時点で実際に把握した子どもの数は、七七六人で、このほかの子どもは、自立や結婚によって家族のもとから離れたものや、戦争で亡くなったり、行方不明になったりして、把握できなくなっていると述べている。

分類にはないが、いわゆる学童などの保育施設であるホルト（Holt）も調査対象となっていることを見ると、当時、子どもたちには、いわゆる学校教育施設以外の受け入れ先があったことを知ることができる。トゥルンバルトは、これらの子どもたちがどのような家庭生活を送り、学校でどのように生活し、どういった日々を過ごしていたのかを、親たちのみならず、教師、子どもたちへのインタビューから記述している。

まず、調査のなかでは、子どもたちの家族には、終戦時に夫が留守となっていた家族が多かったことと、それによって家族関係の課題があったことが記述されている。

「戦地から帰還した父親は、子どもたちにとって見知らぬ人であり、その父親が家族のなかで、また職場になれるまで時間を必要とした。しばしばそういった父親たちは精神的抑圧状況にあり、その子どもたちは、教育上の不適応をおこしていた」が、他方で、母親は、子どもにとってもっとも信頼できる人で、「子どもたちは、戦時下ですでに母親だけによる養育と保護のもとに生きており、生活を通じて父親の影はうすく、家族の中心は母親であるとみなしていた(8)」。

「帰還した父親は、簡単には、元の地位を取りもどすことができなかった。多くの父親は、精神的バランスを失って自分自身の立場のみならず、帰国前に保っていた母親や子どもたちとの関係にも支障をきたしていた」とも記録されている。

ここでは、家族のなかの父親が長期に不在であったことがもたらした影響が記述されているのであるが、問題は単に不在であったことだけではなく、現代の言葉で言うと、父親たちの多くが戦場のさまざまな出来事のために心の問題を抱えるようになったことが、帰国後の家族関係に影を落としているという分析がされているといえよう。

また、ここで興味深いことは、父親に比較して多くの母親たちが家族の中心的位置を占めており、そして、一人で子どもの教育に責任をもち、その課題を成し遂げていたという観察がなされていることである。そして、さらに、母親たちがおこなった子どもたちの世話のうちとくに「身体に関わる世話」に忙殺されたこと、それは、戦後の混乱と物資の不足のなかで、栄養や衣服といった領域に力が注がれたという観察が報告されている。

「お母さんはいつも怒鳴ってばかりで、私と遊んでくれない」と語った子どもがいたように、子どもたちが、生活に奔走している母親に対して、不満を示していたことも記述されている。とくに、少し大きくなってくると、学校をなまけて、廃墟を走り回るなど、時に町の中を徘徊するような子どもたちの問題が記録されている。

工場労働者たちの居住地域に住む九歳から一三歳の子どもたちの母親がどのような子どもの問題を感じていたのか、学童保育の担当者は次のように報告している。

二八人の母親のなかで、
一二人の母親が、全般的に子どもの教育困難を訴えている。

五人の母親が、親を尊敬していないことと不服従を訴えている。

四人の母親が、あたりを徘徊したり、いなくなったり、時には乞食をしたりすることがあると訴えている。

四人の母親が、嘘や盗み、サインの偽造といったことがあることを訴えている。

三人の母親が、子どもたちが粗暴で押さえきれないことを訴えている。(9)


また別の学童保育の担当者は、五四人の母親のうち四五人の母親から子どもたちが非常に粗暴で、教育困難となっていることを訴えられているという報告をしている。子どもたちにとって、いわゆる闇市といった空間は学校に比して魅力的な空間でもあったのか、街頭を徘徊する子どもたちにとって、犯罪はすぐ近くにあった。子育ての困難を抱える母親たちの多くは、援助を望んでいたが、夫を失ったり夫が帰ってこなかったりするケースも少なからずあり、そういった母親は、一人で生計を稼ぐ労働と家事や子どもの世話といった労働との二重の労働の負担のなかで、いっそうの困難をかかえていた。

また、一九四六年から四七年の冬の生活は非常に厳しいものであったことを調査からうかがうことができるが、朝六時にマイナス六度という気温のなかで、小さい子どもたちが十分に暖かい衣服を身につけることもできない様子など、子どもたちにとって、物資が不足するなかで暖かさを保証することが非常に困難な状況があることが報告されている。

暖かさと栄養という、基本的な生活条件の保証さえままならない状況下で、過剰な労働が求められる母親たちにとって、子どもたちとの関係を十分なものとすることが非常に困難であったこと、そのことから、子どもたちの問題行動に対処することが困難な状況がうまれていたことが明らかにされている。

第3節　親と子どもによる学校評価

とはいえ、子どもたちが街頭を徘徊ばかりしていたわけではなく、復興しつつある学校はまた、子どもたちの生活に大きい部分を占めるものであったことはまちがいない。戦後の学校を家族がどのようにみていたのか、これについて、トゥルンバルトが報告している一九四七年四月の調査は、親や子どもたちから学校がどのように評価されているのかを調べているもので、当時の家族と学校の関係を知るうえで興味深い資料を提供している。

調査対象は、彼女が調査したベルリンの家族のなかの二〇〇家族で、母親九九名、父親二八名、子ども九四名が回答をおこなっている。子どもたちは小学校から上級学校に通うものまで含まれていて、回答のなかで、小学校についての回答は一一三で、中／上級学校に関する回答は六四となっている。回答は、肯定的評価をしているもの、批判をしているものに大きく分類されている。[10]

この調査から、まず、親たちによる戦後の学校に対する肯定的な評価として、全般的に自由であるという評価が多いことがわかる。

A　親の学校に対する肯定的評価
1　ナチの学校よりも思想的に自由（母親一人）
2　授業に緊張感があって、ナチの学校よりも子どもたちが多くのことを学んでいる（母親六人、父親二人）
3　ナチの学校よりもよりよい教育がおこなわれている（母親一人）

4　活力ある若い教員（母親二人）
5　以前の良い学校と同様（母親一人）。
6　全般的に学校が自由で、子どもを援助してくれる（母親一六人、父親八人）
7　教師との密接な交流（母親八人）
8　教師が生徒に人格的に尽力してくれる（母親三人）
9　教師が子どもの成績に満足している―子どもの成績がよい（母親七人）
10　学習困難な娘が、学習量が減少したため、より授業についていくことができるようになった（母親一人）
（計　母親四六人、父親一〇人からの回答[11]）

学校が自由であることは、子どもたちからも高く評価されている点であるが、このほか子どもたちに、実用的な授業がなされることが歓迎されていることがわかる。

B　子どもの学校に対する肯定的評価
1　実用的な教育（一五人）
2　先生が若い（一人）
3　全般的に自由（二〇人）
4　先生が公平な教育をしてくれる（二人）
5　先生が子どもたちに個人的に関心をもってくれる（六人）
6　先生が力強くて、子どもたちをひっぱってくれる（三人）

（計　子ども四七人からの回答[12]）

こういった高い評価は戦後の学校が家族や子どもから歓迎されたという印象を与えるものではあるが、それ以上に、学校に対する批判も回答されている。

とくに、親からも子どもからも、学校がきちんと開校されていないことが批判され、勉学に必要な本などが不足していることが不満として記述されている。このほか、目立つのは、教師の態度や教育方法への批判である。

C　親による批判

1　学校の休業、授業が不規則であり、それによって子どもがあまり学ばなくなり、怠けている（母親一〇人、父親三人）
2　子どもが授業であまり学んでいない（母親五人、父親三人）
3　高齢の教師による活気のない授業（母親四人、父親一人）
4　教師と生徒の人格的交流の欠如（母親三人）
5　計画性のない宿題、多過ぎたり少なかったり（母親二人）
6　非教育学的で、知識がなく、計画性のない教師（母親二人）
7　教師と生徒が疎遠であること（母親一人）
8　空腹で力不足の教師（母親二人）
9　過大な宿題（母親二人）
10　学校を通した共産主義への不安（母親一人）

11　クラスが大きすぎて、教師が掌握できていない（母親一人）
12　過剰に民主的で子どもたちに多くのことを決定させる（母親一人）
13　ナチの学校に固執していて、新しい学校に批判的である（父親三人）
14　学校環境に非道徳的な危険がある（母親三人）
15　以前と何もかわらないので、懐疑的に静観している（母親一人）
16　多くの教師が変わったことを、客観的に静観している（母親一人）
17　本やノートが不足していて、宿題ができない（母親四人、父親三人）
18　学校を手伝っている人に知識がなく経験もない（父親二人）
（計　母親四二人、父親一四人からの回答[13]）

一方で、親や子どもたちからナチス期に学校を支配していた空気がいまだ払しょくされていないことが不満として言及され、従来の教師の問題性が指摘された。他方で、新しい学校のあり方への批判も批判され、とくに、新人の教師に対する批判もみられた。

D　子どもによる批判
1　学校の休業、学校が不規則（九人）
2　わずかしか学んでいないし、十分教えてもらっていない（四人）
3　教師は空虚で、何も提供してくれない（五人）
4　学校に対して嫌悪感があって、授業が退屈だと感じている（六人）

5　教師は生徒に関心を持っていない（三人）
6　戦時中を賛美する教師がいる（一人）、ヒトラーが諸悪の張本人とは考えない教師がいる（一人）
7　新しい教師は政治的に選ばれた教師で、かつての教師は実力でえらばれた（三人）
8　本やノートの不足（一〇人）
9　学校の授業に宗教教育がある（三人）
10　宗教教育はお話にならない（四人）
11　歴史教育が欠けている（四人）
12　地理の教育で地図がない（三人）
（計　子ども　五六人からの回答[14]）

教育内容に関する批判のうち、歴史教育や地理に関するコメントは上級学校からのものであるが、宗教教育については、学校段階にかかわらず、批判が寄せられたと調査は解説している。

この調査は二〇〇家族に上る家族を対象としているものの、すべての対象者が回答をよせたわけではなかった。「学校に関する評価する回答をしていないもの」が母親六人、父親三人からのもので、「学校に対して無関心なもの」は母親五人、父親二人、子ども一〇人であった。また、まったく記述がなかった回答もかなりにのぼり、とくに父親のほとんどが質問に答えず、母親二一人、父親九二人、子ども六三人が記述なしとなっていた。

家族も学校も物資の不足のなかで、家族関係や教育関係にストレスがかかっていること、そしてそれが子どもの不満や子どもの問題行動の背景にあることが調査から明らかにされている。

第4節　戦後の家族研究からみた家族関係の変化

トゥルンバルトの研究は、戦争直後の一九四〇年代末の家族を対象とした戦後のドイツで先駆的な研究といえるものであるが、これ以降一九五〇年代において、さらに家族研究がすすめられていくことになる。たとえば、ゲルハルド・バウメルト[15]、ルネ・ケーニヒ[16]、ヘルムート・シェルスキー[17]、ゲルハルト・ヴルツバッハー[18]ほか、戦後のドイツの家族と子どもに関連する研究が数多く刊行された。

このように、一九五〇年代に家族研究が躍進したことについて、ハイジ・ローゼンバウムは、当時、家族が人びとにとって唯一の拠り所としてあこがれたもので、そのために家族が社会的に重要な意味をもったことをあげる[19]。後述するように、家族の強化は、連邦政府の社会政策にとって絶対に必要なものとみなされてきたし、家族研究が、地域と都市の違いや、あるいは、ベルリンやフランクフルトといった固別の都市の特徴を分析するものでもあったことを考慮すれば、戦後ドイツがとった地方分権的な傾向にも合うものであったことが、家族研究をいっそう推進したとも考えられる。

こういった一九五〇年代の家族研究の特徴をまとめた老川は、その特徴のなかに、「家族の権威構造研究」と「主婦（母親）労働者と家族にかかわる調査」が注目されること、さらに「若い世代（青年）への関心」があったことをあきらかにしている[20]。すでにみてきたように、一九四〇年代のトゥルンバルトの研究は、戦後の家族における、父親の地位の低下や母親にかかる経済的負担、あるいは、子どもの問題行動といったものを明らかにしていたが、こういった家族の問題についてさらに綿密な分析がなされ、それが理論化されていったのが一九五〇年代であったといっていいだろう。

この時期の多くの家族研究に対してもっとも影響力のあった人物として、とくに、シェルスキーとケーニヒをあげることができる。シェルスキーは、社会の改革は家族の改善によっておこなえると考えており、さらに、権威の衰退は、古い家族形態の負担過重と損傷のしるしであるとみなしていた。また、ケーニヒもまた、家族は不確かな時代に唯一残されている拠り所とみなしていた。両者とも歴史的視野をもち、家族に戦後復興の拠り所を見ようとした点において、彼らは近い立場に立つということができる。

彼らは戦後の家族の権威構造に関して、家族の権威構造の平等化を主張する点においても一致した立場をとる。当時アメリカなど海外の研究者による調査が論じた「ドイツの家族」が権威主義的であるという結論に対して、ドイツでは、すでに家族は平等化傾向にあることを主張した[21]。

とはいえ、彼らの分析の結論は、かならずしも一致したものではなかった。たとえば、とくに、家族内の権威構造を階層の視点からみると、シェルスキーは、家族の平等型家族が専門職やとくに知識人階級に多いことを指摘したが、これに対してケーニヒは、単純労働や半熟練労働者の家族に妻が優位の家族が多いことを調査から説明した。さらに、シェルスキーは、平等化する家族とかつての市民家族を区別して議論したのであるが、ケーニヒは、核家族と大家族の間に歴史的近似現象を見る立場をとった。彼は歴史的分析を踏まえて[22]、上・中流階層の家父長的大家族と、上昇する労働者階級の核家族を近似しているものとしてとらえようともしていた。

シェルスキーの議論は、戦後家族に対して、戦前の市民家族の理想を対置させる議論である。シェルスキーによれば、かつてないほどの規模で、父親の不在と父親の地位の低下、そして、母親が経済的家庭的負担を負うようになった戦後の家族は、それ以前の家族とはまったく異なる家族関係を経験することになった。この結果、女性の地位が上昇したのであるが、それは、女性自身の意志とはかかわりのない劣悪な社会関係の要請にすぎない。シェルスキーによれば、このことが家族にもたらす影響は、第一に、女性に家族の内と外という二つの労働世界にいきること、そしてそのことによる緊張を強いることになる。家族の内と外という二つの世界を生きることは従来、男性に限られていたのであるが、これが女性に拡大されることによって、家族という親密な集団に求められる固有の役割が破壊される危険が増大するという。第二に、市民家族が崩壊して労働者家族に接近してしまう。そこでは、子どもの早期の自立や子どもが大人の家族的機能を代理することになり、監督の不足から生じるしつけの悪さや学校を疎かにすることなどの問題が生じるという。シェルスキーによれば、戦後の家族は克服されねばならず、かつての市民家族を復興させねばならない、ということになる。

第5節　戦後の家族政策の照準

家族研究から導き出された知見は、公的な対応とも密接な関わりを持つことになる。現実の家族の問題を解決するために、公的な援助が求められた。戦後のさまざまな政策のなかで、かならずしも早くはなかったけれども、一九五〇年代には家族政策が大きく転回した。そこで家族政策が、照準をあわせたものは、何だったのか。先に、ローゼンバウムが語った政策と家族研究の関連について言及したが、以下において、まず、一九五〇年代の家族政策が、家族政策の長い歴史のなかでどう位置付けられるのかを明らかにしておきたい。

当然のことながら、家族に関する政策的対応は、戦後にはじまったものではない。ドイツにおける家族政策の展開をまとめた川越[23]は、一九世紀末から二〇世紀を対象としたゴーティエの研究を家族政策の歴史的国際比較研究の嚆矢といい、重要な位置づけを与えている。まず、このゴーティエの議論から一九五〇年代の位置付けを考えてみたい。ゴーティエによれば、戦後の復興期は、家族政策の三つの大きな時期区分のなかで、第二期にあたる。

一つ目は、第二次世界大戦までの時期で、ドイツでも世紀転換期以降の出生率の低下が社会問題となった時期である。この時期に一部の先進諸国では、家族支援の最初の手段が導入されたのだが、家族政策が本格的に展開するのは、つづく、第二次大戦から一九七〇年代までの時期であり、この時期が第二期にあたる。この時期に、福祉国家体制は拡張し、強化されていくことになるが、ここでは稼ぎ手が一人で、母親が家にいることを想定した家族政策が展開された。しかしこのような家族モデルは次第に変容をせまられることになり、家族計画への関心の高まりや女性の労働市場への進出といった変化が、一九六〇年代には顕著なものとなっていく。その結果が第三期ともいえる、一九七五年以降の時期である。先に、出生率の変化についてみてきたように、この時期は、現在の少子高齢化につながる出生率の再低下と、家族のさらなる構造転換のなかで多様な家族に対応する家族政策が展開することになる。(24)

ゴーティエの三区分のなかで、本稿が扱う戦後から一九五〇年代は第二期にあたる。この時期は家族政策としては、夫が生活費を稼ぎ、妻が専業主婦となる家族を想定して進められる時期である。このことは、子どもにとっては、母親が家庭にいることを前提とした家族政策が構築されることを意味している。

このドイツの一九五〇年代における家族政策の展開過程について、川越は、ゴーティエの国際比較研究に続く、クラーのドイツ家族政策の研究に注目している。クラーの研究は、ゴーティエの第二期にあたる一九四九年から一九七五年までを扱ったものであるが、クラーはこの時期について一九六〇年代を境に二つの時期に区分したうえで、前半の戦後から一九六〇年代までを、伝統的な家族構造が固定化されていった時期であるとみている。(25)

クラーは、第二次大戦後の家族関係を考えるにあたって、圧倒的な男女比のアンバランスに注目する。一九五〇年の段階で、一五歳から六五歳でみると、女性一〇〇人に対して、男性は八一人、二五歳から三九歳に限っては、男性が七一人であったという。(26)戦後この男女比の不均衡のなかで、女性は生計を立て、子どもを育てることを余儀なくされたのである。このような状況を、先に取り上げたベルリンの家族調査をおこなったトゥルンバルトは、「家族の不安定化」とみていたが、これとは対立する立場にたって、家族社会学者のシェルスキーは、むしろ家族を最後にのこされた社会を「安定化(27)」するものであるとみていた(28)。

一九五〇年代は、家族政策上において、伝統的な市民家族の安定を取り戻すことが目標とされ、その安定に資すると考えられる政策が打ち出されてきた時期となった。

戦後の復興のためには、生活の復興は不可欠だと思われるが、家族政策という観点からみると、じつは思いのほかゆっくりとしたペースで進められたといえる。(すでに、一九四六年に所得税における児童控除の再導入などがおこなわれるようになっていたが)、一九四八年〜一九六六年キリスト教民主同盟（CDU）とキリスト教社会同盟（CSU）中心の政権下で、家族政策がすすめられていくことになる。

一九五三年　連邦家族省の設置（現　家族・高齢者・女性・青年省）
一九五四年　家族政策を諮問する専門家会議
　　　　　　児童手当の再導入
一九五八年　主婦婚(29)を優遇する税分割制の導入
一九六五年　住宅手当法
一九六八年　母性保護法
一九六八年以降　『家族報告書』の刊行

この一九五〇年代の家族政策議論にとって重要なのは、やはり一九五三年に設置された連邦家族省である。一九五一年の段階で、CDUによって内務省のなかに家族の担当部局がつくられていたが、一九五三年に内務省から独立した省として、連邦家族省が創設された。この省が取り扱ったのは、家族および人口政策、住宅政策を含む社会政策、税・経済政策、婚姻と家族法で、一九五四年からは児童手当も担当した。初代家族省大臣であったキリスト教民主同盟に所属するブメリング（Franz-Josef Wuermeling）の影響力は多大なもので、一九五三年から一九六二年は「ブメリングの時代」とまでよばれたほどであった[30]。

家族政策の遂行のために家族省を創設することそれ自体に対して、当時、シェルスキーは疑問を呈していた。家族に関する種々の政策は、これまで、財務、法務、労働あるいは教育を所管する省庁が担当してきた。そういった省庁ではなく、家族という単独のテーマをあつかった省庁をつくることは、本質的に家族がもつ「私的で親密な」性格にはそぐわない。シェルスキーにとって、家族だけを扱う省は、不必要なものどころか妨げになるようなものでもあった。この時期の家族省は、教会と深く結びついて、家族と婚姻の道徳的問題に対処しようとしていたが、シェルスキーは、このような政策決定の方法は、政治体制がよりリベラルで社会主義的になれば、その政権の思想のもとに容易に変更してしまうものであると警戒した。実際シェルスキーの予言は、のちに証明されることになるのだが、いずれにせよこの時期、単独の省庁として成立した家族省は、伝統的な家族イデオロギーのもとにその政策をすすめていった[31]。

この政策を支えたものは、母が家にいて子育てをすべきであるという、ドイツに根強いいわゆる「三歳児神話」とそれを支える「主婦婚」、すなわち妻が就労しないという家族モデルである[32]。

これらの考え方が根強いことは、母親の就労に対するドイツ社会の見方からもうかがうことができる。日本では、就労する母親が、子どもの帰宅時に不在の家庭に対して、その子どもを「カギっ子」と呼ぶ名称があり、ネガティブな意味を持つ言葉としてつかわれてきたが、ドイツでも、同様に、「カギっ子（Schlüsselkinder）」は重要な問題として認識されていた。幼稚園は就労する母親のためのものとしての役割を果たすことはできず、正午までの幼稚園はあくまでも家庭の補完であって、幼稚園に通う子どもたちのほとんどは、両親がそろった家庭の子どもたちであって、母親の就労する家庭に対して、援助するものとはなりえていなかった[33]。

幼稚園のみならず、小学校以上の学校の在り方も視野にいれるならば、家族政策と教育政策は、ともに三歳児神話／専業主婦モデルに基づく家族像を背景に、成立していたことがうかがえる。

おわりに——「あるべき家族規範」の「創造」へ

四〇年代の家族の混乱を経て、すでにみたように五〇年代は家族の再興のための政策がうちだされていくのであるが、こういった再興されるべき家族の呈示は、政治的な領域以外でもこころみられることになる。五〇年代から七〇年代に刊行された家族雑誌『助言者』(Ratgeber)[34]は、再興されるべき家族像を人びとに「助言」しようとした雑誌である。その主要なターゲットは、家庭を守る主婦にほかならない。

栄養のある食事、そして、衣服や住まいを整え、庭を作り、小さな動物を飼う。主婦のすべき事柄について、この雑誌のなかにはたくさんのアドヴァイスが盛り込まれている。一九五〇年代に創刊されたこの雑誌は、当初、モノトーンに赤い色がついただけのものであったが、翌五一年には、カラー頁を盛り込んで、その視覚的美しさはいっそう際立つものとなっている。夢のように美しい主婦の暮らしが毎月宣伝される。雑誌に書かれてある家庭の生活は、もちろん、専業主婦でなければ、こなしきれないほどの膨大な仕事量である。

主婦の仕事のなかで、おもったより後景に位置づけられているのが子どもである。雑誌の終わり近く、毎号わずかに四頁の枠で子育てについての記事が掲載されている。子どもの健康、乳児へのミルク、子どもの衣服といった幼児の子育てへのアドヴァイスが連載され、子どもの教育問題や、子どもの問題への言及は、五〇年代の後半になってからのことである。そして、夫の姿が『助言者』のなかに、ほとんど登場することがない。

戦時中、夫の不在のなかで子どもを育て家庭を守った妻は、ふたたび、あらたな夫の不在の家庭のなかで、家庭を守るべく、たくさんの課題をこなすことになる。しかし、美しく再興された家族ははたしてほんとうに平穏だったのだろうか。次に来る七〇年代以降の家族の変動は、戦後に復興された家族がかならずしも平和な家族ではなかったことを私たちに示唆しているのかもしれない。

注

（1）『EQUIP DE CINEMA』（岩波ホール）No. 66、一九八四年、二頁。

（2）ヘルマ・サンダース＝ブラームス（Helma Sanders-Brahms（1940-））監督の最近の作品としては、『クララ・シューマン愛の協奏曲』（二〇〇八年）などがある。

（3）原題は、Deutschland Bleiche Mutter.

（4）『EQUIP DE CINEMA』、三頁。

（5）同前。

（6）老川寛「西ドイツの家族社会学の一動向——戦後における家族の調査研究の展開管見」『明治学院論叢』第二八五・二八六巻、一九八〇年、二〇七頁。

（7）Hilde Thurnwald: *Gegenwartsprobleme Berliner Familien, Eine soziologische Untersuchung an 498 Familien.* Weidmannsche Verlagsbuchhandlung, Berlin 1948.

このほかに、四〇年代末から五〇年代にかけて、数多くの家族に関する調査実証研究がなされたが、四〇年代のものとして有名なものに、初版が一九四六年に刊行された、René König: *Materialien zur Soziologie der Familie, Studien-Bibliothek.*

Kiepenheuer & Witsch, Zweite neugearbeitete und erweiterte Auflage 1974がある。

（8） Thurnwald: *Gegenwartsprobleme Berliner Familien*. S. 97.

（9） Ebenda. S. 99.

（10） Ebenda. S. 107.

（11） Ebenda. S. 108.

（12） Ebenda. S. 108.

（13） Ebenda. S. 108-109.

（14） Ebenda. S. 109.

（15） Gerhard Baumert und Edith Hünniger: *Deutsche Familien nach Kriege*. Darmstadt 1954.

（16） René König: *Die Familie der Nachkrigszeit*. 1957. および、René König: "Famliy and Authority: The German Father in 1955". *The Sociological Review*. Vol. 5, No.1, 1957, pp. 107-127.

（17） Helmut Schelsky: *Wandlungen der deutschen Familie in der Gegenwart, Darstellung und Deutung einer empirisch-soziologischen Tatbestandsaufnahme*. Ferdinand Enke Verlag, Stuttgart 1953.

（18） Gerhard Wurzbacher: *Leitbilder gegenwärtigen deutschen Familienlebens*. Stuttgart 1952.

（19） Heidi Rosenbaum: *Familie als Gegenstruktur - Kritik grundlegender theoretischer Ansätze der westdeutschen Familiensoziologie*. Stuttgart 1973.

（20） 老川「西ドイツの家族社会学の一動向」、二〇七～二六五頁。

（21） 老川寛「西ドイツ家族の権威構造――ドイツ家族社会学研究覚え書（その一）」『社会学評論』一九六〇年、八三～九七頁を参照のこと。

（22） ケーニヒは、一九世紀の実証的社会学者としてのW・リールとF・ル・プレイの家族研究に着目し、家族の権威構造に関する歴史社会学的論文も発表している（René König: "Family and Authority"）。

（23） 川越修「20世紀広範のドイツにおける家族政策の展開――現代社会の歴史的比較研究にむけて」『社会経済史学』第七一

巻第六号、二〇〇六年、九五～一〇二頁。

（24）Anne Hélène Gauthier: *The State and the Family — A Comparative Analysis of Family Policies in Industrialized Countries.* Oxford 1996, pp. 10-11.

（25）Christiane Kuller: *Familienpolitik im föderativen Sozialstaat — die Formierung eines Politikfeldes in der Bundesrepublik 1949-1975.* München 2004, S. 36.

（26）Ebenda. S. 36-37.

（27）Helmut Schelsky: *Wandlungen der deutschen Familie in der Gegenwart.* S. 13.

（28）Ebenda. S. 42.

（29）主婦婚とは、夫が稼ぎ、妻が専業主婦をするような結婚生活にもとづく家族形態。

（30）Kuller: *Familienpolitik im föderativen Sozialstaat.* S. 86.

（31）Ebenda. S. 84.

（32）Franz-Xaver Kaufmann: *Variantenn des Wohlfahrtsstaats - der deutsche Sozialstaat im internationalen Vergleich.* Frankfurt a. M. 2003, S. 290.

（33）Kuller: *Familienpolitik im föderativen Sozialstaat.* S. 71.

（34）齊藤哲『消費生活と女性　ドイツ社会史（１９２０～７０年）の一側面』日本経済評論社、二〇〇七年。

第3章

エーリッヒ・ヴェーニガーにみる戦後歴史教育の再構築

――『歴史教育の新たな道』とその周辺

渡邊隆信

はじめに

『教育人間学』や『人間形成原論』の著書で知られる森昭は、一九五二年一〇月から翌年一〇月までの一年間、戦後第一回のドイツ学術交流会（DAAD）給費生としてドイツ（旧西ドイツ）に留学した。ドイツ教育界の視察や教育思想の研究を精力的におこなうなかで、森がとくに熱心に調査したのは、戦後ドイツの社会科教育、そして歴史教育の動向であった。[1] 帰国後、成果の一部を「戦後ドイツの歴史教育」としてまとめ、雑誌『社会科歴史』に発表している。その冒頭で森は、一九四五年以降のドイツの歴史教育の主な動向をまとめるという「かなり困難な仕事」に取り組むにあたり、「私のしらべたところでは、全体をみわたした書物も、論文も出ていない[2]」状況であったと指摘している。

これは森の目が行き届いていなかったというわけではない。むしろ戦後の歴史教育の展開が多様かつ混沌としており、一九五〇年代初頭においてもドイツ全体の歴史教育を俯瞰した見取り図も統一的な指針も存在しなかったことを端的に表していると言えよう。

ナチ期の歴史教育は政治の補助手段であり、ナチ・イデオロギーによって統制されていた。たとえば、帝国文部省の国民学校要綱（一九三九年一二月一五日公布）は、歴史教育の究極の目的が「児童をわれわれ民族とその総統のために熱狂させること」であると規定していた。[3] 戦後占領下のドイツでは、連合国によって、歴史を通常の教科として学校に導入することが当面禁止された。その後、一九四七年までに歴史教育が順次再開されたが、[4] 米・英・仏・ソ連の分割統治により、再開の時期も再開後の教育内容もばらばらであった。西ドイツで本格的に歴史教育が再開されたのは、基本法が発効される一九四九年以降であり、連邦レベルの指針は、一九五三年一二月の常設文部大臣会議で決議された「歴史教育に関する通達」まで待たねばならない。

しかしながら、歴史教育を再開するためのさまざまな努力は、敗戦後間もない時期から開始されていた。総じて言えば、そこでは、ナチ支配を正当化し神話化するドイツ史像を全面的に修正し、民主的国家を形成するにふさわしい歴史教育を構築することが焦眉の課題とされた。新しい歴史教育による新しいドイツ国民と国家の形成が目指されたと言える。その意味では、歴史教育の再開は、単なる一教科の復活以上の意味を持っていた。戦後ドイツの「過去の克服」を検討するための重要な論点として、歴史教育に着眼する理由もそこにある。(5)

こうした初期戦後ドイツの歴史教育の再構築過程における中心人物の一人に、エーリッヒ・ヴェーニガー（一八九四〜一九六一年）がいる。彼は、エドゥアルト・シュプランガー、ヘルマン・ノール、テオドール・リット、ヴィルヘルム・フリットナーと並ぶ、精神科学的教育学派の「最も重要な代表者」の一人に数えられる。(6)彼の活動分野は、理論と実践をめぐる教育学理論、教員養成、民衆教育、新教育運動、軍隊教育学など多岐にわたる。そのなかで大きな位置を占めていたのが歴史教育の分野であった。

ヴェーニガーは、一九二六年にゲッティンゲン大学のノールのもとで教授資格論文『歴史教育の基礎——精神科学的教授学に関する研究』を発表し、ワイマール期に歴史教育学が学問的に自立するのに決定的な貢献をなした。(7)ナチ期にはしばらく歴史教育から離れるが、敗戦後の社会のカタストロフィーのなか、「青少年の歴史的陶冶が私たちの精神的、社会的、政治的秩序の再建にとって決定的に重要である」(8)という確信のもと、いちはやく歴史教育に関わる活動を再開し、戦後の歴史教育の再構築において重要な役割を果たした。

本章で考察対象とするのは、ヴェーニガーが一九四九年に発表した著書『歴史教育の新たな道——ヘルマン・ハインペルとヘルマン・ケルナーの寄稿とともに』(以下、『新たな道』)である。本書は初期戦後ドイツの歴史教育を代表する著書の一つで、先にあげた森もまた、西ドイツの「歴史教授法の分野で最もよく読まれている」と述べている。[9] 本書は終戦間もない時期からヴェーニガーが発表してきた論考を中心にまとめたものであり、ナチ期を経験した彼の歴史教育に対する基本的な考え方、すなわち「政治的歴史教育」(politischer Geschichtsunterricht)の理念を明瞭に読み取ることができる。それと同時に、本書が執筆され発表される経緯をたどるならば、戦後のニーダーザクセン州(イギリス占領地域)ひいては西ドイツ全体の歴史教育の刷新のために、学校教師、教育学者、歴史家、行政官たちがさまざまな局面で相互に関係し合う動的な過程を描き出すことが可能である。

したがって本章では、一九四五年から五〇年代半ばまでの西ドイツにおける歴史教育の再構築過程の一端を、『新たな道』を中心とするヴェーニガーの思想・行動とその影響関係に着目することを通して明らかにすることを課題としたい。より具体的には、第一に、ナチ期および一九四五年のヴェーニガーの活動を概観しながら、『新たな道』の執筆の契機を明らかにする。第二に、ヴェーニガーの「政治的陶冶」(politische Bildung)の思想について考察することを通して、彼の「政治的歴史教育」の理念について検討する。そして第三に、政治的歴史教育の理念を、学界の議論や州の歴史教育政策のなかに位置づけながら、その意義について考察したい。[10]

第1節　『新たな道』出版の契機

(1) 一九四五年のヴェーニガー

『新たな道』は一九四九年に出版されたが、書名となった巻頭論文「歴史教育の新たな道」は、敗戦直後の一九四五年一二月にハノーファーでおこなった講演が最初の契機となっている。したがって、『新たな道』が出版される経緯をたどろうとするならば、一九四五年のヴェーニガーの思想と行動にまで遡ることが不可欠である。そもそも彼はどのような状況で一九四五年五月八日のナチ体制崩壊を迎えたのであろうか。

一九三三年一月にアドルフ・ヒトラーが首相に就任した時、ヴェーニガーはフランクフルト教育アカデミーで三八歳の若き学長兼教育学・哲学教授として働いていた。一九三三年五月、社会民主党に近いとして一時解雇され、同年九月「職業官吏の現状回復に関する法律」第四項（政治的不適格性）により完全に解雇された。異議申し立てにより復職するが、本人の希望で一九三八年復活祭まで休暇を継続した。一九三五年以降は、軍隊教育学への取り組みを強め、一九三七年に「ドイツ国防政策・国防学協会」の会員となっている。一九三八年復活祭の後、フランクフルトのレッシング・ギムナジウムの教諭となったが、「教授」称号と身分を保持したままで、実際には勤務を免除されていた。一九三九年九月、フランクフルトの国防第一師団、予備軍大尉となった。一九四一年四月、師団将校として、カール・ハインリッヒ・シュトュルプナーゲル将軍の率いる第一七軍参謀部に所属し、同年夏、短期間ロシアに滞在した。一九四二年初頭から一九四四年八月にかけて、フランス占領地域のドイツ軍総監としてパリに帰還したシュトュルプナーゲルに伴い、パリに駐屯。一九四四年八月の連合軍によるパリ解放の後、九月にゲッティンゲンに配置転換となり、翌年五月のドイツの無条件降伏を迎えた。ヴェーニガーは五〇歳になっていた(11)。

一九四五年五月の無条件降伏の前後の数ヵ月をヴェーニガーがどのように過ごしたのかは、これまでほとんど未解明であったが、ゲッティンゲン大学図書館所蔵のヴェーニガー遺稿に残された一通の書簡がその一部を教えてくれる。それは一九四五年一〇月二〇日付で友人の歴史家ヘルマン・ハインペル（後のマックス・プランク歴史研究所初代所長）に宛てた書簡である。ヴェーニガーは一九四五年の自らの「運命」について、ハインペルに次のように書き送っている。[12]

四月八日、アメリカ軍がゲッティンゲンを占拠した時は、野戦病院に入院中（五週間）でした。その後、ヘルフタとナウムブルク／ザーレの捕虜収容所へ移送され、とてもつらい五週間を過ごしました。捕虜収容所では最初は野外で、次は土の床、パンもジャガイモもなく、将来のこともまったく不透明な状況でした。捕虜収容所から解放されたのは六月一八日。しばらく静養した後、すぐに仕事を開始しました。その内容は四つです。第一は、ゲッティンゲンでの中央教育研究所の設立にともなう活動です。[13]第二は、ノール、ボルノー、フリットナーとともに雑誌『ザムルンク』の創刊準備をすることです。創刊号は一昨日発刊され、私の知るかぎり、亡命者でないドイツ人によって書かれた最初の雑誌で、近いうちにおそらく最高の学術的教育学雑誌になることでしょう。第三は、新しい学校組織の構築と学習指導要領の仕事で、その際、私はとくに歴史教育の学習指導要領の策定に取り組みました。そして第四は講演活動です。ハノーファーでは職業教育週間に若者の職業難との戦いについて講演をおこなったほか、一四日後にハノーファー区域の歴史教員を対象とした研修で講演を予定しており、その後、宗教教育の研修が続きます。

この書簡からは、捕虜収容所での物質的にも精神的にも厳しい生活と、解放後の堰を切ったような旺盛な仕事ぶりをうかがうことができる。とりわけ注目すべきは第二から第四の活動であり、それらは直接あるいは間接的に『新たな道』の出版に結実していく。

まず、『ザムルンク』は英米占領地区でのオピニオン・リーダーの役割を担った認可雑誌の一つで、[14]ゲッティンゲンのファンデンヘック・ウント・ループレヒト社から発行された。認可を受けた発行部数は一万部であった。本誌の創刊と発行は、ノールがナチ体制崩壊後に引き受けたさまざまな役職や仕事のなかで、まちがいなく卓越した意味を持っていた。[15]本誌は純粋な教育の専門誌を超えて、ほかの諸領域での文化的刷新もテーマとしており、そのことによって「われわれ国民の再建に寄与しようする[16]」ものであった。ノールの死去にともなって一九六〇年に廃刊となるまでに、ヴェーニガーは六八編もの論考を掲載しており[17]、彼が歴史教育に関する論考を発表する中心的な場となった。

次に、学習指導要領に関しては、ニーダーザクセン州では州憲法制定と同年の一九五一年に、高等学校の歴史、数学および自然科学、古典語および現代語の指針が策定された。その後一九五二年にドイツ語、一九五三年に福音派宗教教育、一九五四年にカトリック宗教教育の指針が順次発表された。その際に、歴史の学習指導要領・指針の策定にあたって中核的な役割を果たしたのがゲッティンゲン・グループであった。ヴェーニガーはそのメンバーの一人であり、『新たな道』に寄稿することになるヘルマン・ケルナーとハインペルもまた、本グループの主要メンバーであった。

最後に講演活動についてである。当時は占領軍による「再教育」の一環で、現職教員を対象とした研修講座が数多く企画され開催された。後で詳しく見るように、一九四九年の『新たな道』の巻頭論文「歴史教育の新たな道」は、一九四五年一二月にヴェーニガーがハノーファーでおこなった講演が基になっていた。また第二論文の「神話なき歴史」も、一九四六年一二月にゲッティンゲン教育研究所でおこなった教員研修講座の内容をまとめたものであった[18]。

(2) 七月二〇日事件に関する手記

ハインペル宛の書簡では触れられていないが、「過去の克服」という観点において重要な意味を持つ手記を、ヴェーニガーは一九四五年八月に執筆している。「一九四四年七月二〇日の前史について——ハインリッヒ・フォン・シュトゥルプナーゲル」と題されたその手記は、元来、『ザムルンク』第一巻第三号に掲載予定であった。

だが、占領軍の検閲により掲載が不許可となったため、一九四九年になってようやく『ザムルンク』第四巻に当初の内容のまま掲載された。

シュトュルプナーゲルはフランス占領地区のドイツ軍総監で、一九四四年七月のヒトラー暗殺未遂事件の主犯の一人である。[19]ヴェーニガーは、一九四一年四月から四四年七月までの三年あまりを、シュトュルプナーゲルの部下として過ごした。二人の間には「親密な関係」が形成され、一九四二年から四四年にかけては、しばしば毎日のように語り合った。[20]七月二〇日のヒトラー暗殺計画のことは聞かされていなかったが、その当日には、パリ全体を見渡すことのできるラファエルホテルの屋上庭園で「合図」を待つシュトュルプナーゲルと会い、挨拶を交わしていた。[21]

手記のなかでヴェーニガーは、シュトュルプナーゲルを教養と軍事的知性に秀でた「並外れて有能な人物」であったと評価し、「真の人間性」が彼の存在の根本的特徴をなしていたと述懐している。[22]そして七月二〇日事件に対しては、きっぱりと肯定的な評価を示している。かりに謀反が成功していたとしても、敗戦が回避できたわけではないし、それまでのことに対する責任が免除されたわけでもない。けれども、かりに謀反が成功していたとすれば、ドイツは崩壊のなかでもふたたび道徳的な存在になることができたであろうというのである。[23]

反ナチ抵抗運動は戦後初期においても依然として軍政府によって評価されず、自国民たちの間でも冷笑をもって受け止められていた。[24]そうした状況のなかで、ヴェーニガーにこの手記を書かせたのは、「一九四四年七月二〇日の出来事に対する明確な態度が、ドイツの自己規定にとって不可欠である」[25]という認識であった。七月二〇日事件をどのように解釈するかが、敗戦後ドイツ国民が進むべき道を見定めるための不可欠の条件であると考えたのである。

對馬達雄によれば、ヴェーニガーはこの手記を含め、一九四〇年代から五〇年代にかけて『ザムルンク』を中心に、抵抗運動に関する論考を九編発表している。ヴェーニガーにとって反ナチ抵抗運動は倫理的確信に基づく「責任」（政治的責任）の実例として歴史教育、政治教育の好個の対象であり、それゆえに広汎な無名のドイツ人による反ファシズム運動の存在とその意義を公衆に周知する意図があった。ヴェーニガーはナチ支配の「過去」を「克服」する原像を抵抗者の行動に認めていたのである。[26]

（3）ハノーファー歴史教育大会

一九四五年一二月一一日（火）から一四日（金）の四日間、ハノーファーのヘンリエッテ財団において「歴史教育大会」が開催された。ハノーファー市・区域の教師を対象にして、冬を通して開催される「文化大会」の第二回目の大会であった。[27]ヴェーニガーは「歴史教育の新たな道」と題する講演をおこなったが、歴史教育大会とはいかなる大会だったのであろうか。

戦後、ニーダーザクセン州の州都となるハノーファーはドイツ北部の大都市であるが、第二次世界大戦中の空襲により甚大な被害を受けた。報告されているいくつかの数字は、その被害の程度をうかがわせる。ハノーファーの人口は、一九三九年の開戦時に四七万二〇〇〇人であったが、終戦時には半数以下の二一万七〇〇〇人となった。公的施設、商店・倉庫、工場・企業、住居などほとんどの建物が被害にあい、軽微ないし破損なしの建物は全体の一割に満たなかった。八七校あった学校のうち六二校（七一パーセント）が全半壊し、完全に被害を免れたのは四校のみであった。[28]

市の中心部のマリー通りにあったヘンリエッテ財団もまた一九四三年一〇月に空爆をうけたが、翌年には大ホールの使用が可能になっていた。ヘンリエッテ財団は、一八六〇年にハノーファー王妃マリーによって設立された女性社会奉仕員養成所であり、元来教育とは無関係であった。会場としてここが使用されたのは、大規模な大会を開催できる適当な施設がほかになかったためだと推察される。

大会に先立つ一九四五年一二月七日、『新ハノーファー・クリアー』第五〇号の紙上で開催案内が掲載された。大会案内の見出しは「ハノーファーにおける歴史教育大会」。記事では、大会の趣旨は「教師に対する教育活動」すなわち「再教育」であること、元プロイセン文部大臣でニーダーザクセン州初代文部大臣となるアドルフ・グリメのイニシアチブによって開催されること、さらに、ツィーグラー、フランク・ティースとならんでヴェーニガーが主な講演者であることが紹介された(29)。

一二月一四日発行の『新ハノーファー・クリアー』第五二号では、「東西の間の仲介者。ハノーファーにおける歴史教育大会でのアドルフ・グリメとフランク・ティース——自由市民への教育」という見出しで、約半頁を割いて、大会の模様がグリメの開会の辞とティースの講演とともに紹介された。記事によれば、大会の参加者は数百人の教師で、それ以外に、占領軍政府関係者（そのなかにはアメリカ占領地域からのオブザーバーもいた）、役所の執行部や大学の学長も参加したとされる(30)。

講演者と演題は表1の通りである(31)。このリストからは、本大会では単なる歴史教育の内容と方法の問題というよりも、戦後の民主的社会を支える市民の育成という課題に関わって、歴史教育の諸問題について幅広く議論されたことが理解できる。

初日の一一日には、グリメ、ギュンター・レンネベック、ティース、ペーター・フォン・ツァーン、ヴェーニガーの五名でラウンドテーブルも開催された。議事録によれば、そこでは教育行政官で後にニーダーザクセン州文部省の幹部となるレンネベックとヴェーニガーの間で、意見の対立が見られた。ヴェーニガーは「国家が積極的に歴史教育を通して青年に政治的責任を呼び覚ますこと」を要請した。それに対してレンネベックは、急激に教師たちを再教育し新しい歴史像を導入することは困難であるとして、教師にも生徒にも「歴史的養生期間」が

表1　歴史教育大会講演者・演題一覧

1. グリメ
   開会挨拶
2. ストラフォード　少佐　管理委員会
   挨拶
3. ツィーグラー博士　大学教授
   古代と現代における政治理論と実践
4. ティース博士
   歴史的ダイナミズムの担い手としての個人と集団
5. ツィルマン　教授
   歴史における客観性
6. ケーラー博士　大学教授
   ドイツ史の謎
7. ヴェーニガー博士　大学教授
   歴史教育の新たな道
8. シェフラー博士　大学教授
   ドイツの第三帝国：党の課題、組織、崩壊
9. モゾルフ郡督学官
   民主的ドイツのための女子教育
10. ベルクシュトレッサー博士　教授
    必修教科としての公民科
11. ピノー博士高等学校上級教諭
    新しい歴史教育の教授学的問題
12. エアトズィーク博士　上級地方裁判所事務官
    市民の権利
13. ネルティング博士　行政長官
    近代の経済史
14. シュレーダー　上級督学官
    歴史認識と政治的責任意識
15. キューヒェマン　高等学校教師
    ソクラテス法で歴史教育をおこなうための条件

講演に引き続いて、ハノーファーとゲッティンゲンの生徒たちによる模擬授業がおこなわれた。

必要であるとの見解を示した。そして、歴史教育を必修化することに対して慎重な態度を示した[32]。

大会での講演内容の発表先について、ヴェーニガーはティースに宛てた一九四六年一月一七日付けの書簡において、こう伝えている。

ハノーファーでの報告テキストは今ではとても満足のいくものではないのですが、かといって今の私にはすべてを新しく書き直す時間がありません。そこでまずはじめに最初の部分を『ザムルンク』のために完成させ、条件がゆるせば第二部を続けたいと思っています[33]。

こうして、ヴェーニガーの大会での講演と同じ題目「歴史教育の新たな道」で、創刊間もない『ザムルンク』の第一巻第六～八号（一九四六年三～五月）に、三度に分けて掲載された。そして、その三編をまとめたかたちで、『新たな道』の巻頭論文として再録されることになる。

第2節 『新たな道』の出版と「政治的歴史教育」の理念

(1)『新たな道』の出版とその意図

認可による出版

ヴェーニガー著『歴史教育の新たな道――ヘルマン・ハインペルとヘルマン・ケルナーの寄稿とともに』は一九四九年秋に、フランクフルトのG・シュルテ＝ブルムケ出版社から刊行された。価格は四・五〇ドイツマルク。表題紙をめくった次頁の下方には、小さな文字で認可証明が印刷された。フランクフルトの属するヘッセン州を

Lizenz: US-W-1042. Herbst 1949/2000
Alle Rechte, insbesondere das der Übersetzung, vorbehalten.
Printed in Germany
Druck: Maindruck, Frankfurt a. M.-Fechenheim

図１　アメリカ軍による認可証明

出典：Erich Weniger: *Neue Wege im Geschichtsunterricht. Mit Beiträgen von Hermann Heimpel und Hermann Körner*. Frankfurt a. M. 1949. 表題紙裏面。

統治していたアメリカ占領軍によるもので、認可番号は一〇四二号、一九四九年秋に二〇〇〇部の出版が許可されたことがわかる。

G・シュルテ＝ブルムケ出版社は、ノールが主著『ドイツにおける教育運動とその理論』や『哲学入門』、『人格と運命』などを出版した会社である。ニーダーザクセンのゲッティンゲンに住むヴェーニガーがこの出版社から『新たな道』を刊行したのは、恩師であり親友でもあったノールの仲介によるものだと考えられる。

その右頁には大きな斜字体で、「ヘルマン・ノール　一九四九年一〇月七日の七〇歳誕生日に、敬慕と感謝の気持ちを込めて」という献辞が添えられている。筆者の手元にある『新たな道』の扉には、ヴェーニガー（Erich）からエリーザベト・エンゲルハルト（愛称リーゼル（Lisel））に宛てた謹呈のサインが記されている。エンゲルハルトはヴェーニガーと同じくノールの弟子で、戦後はゲッティンゲンのペスタロッチー学校の校長を務めながらゲッティンゲン大学教育学ゼミナールで非常勤講師をしていた。サインの日付は四九年一〇月七日、場所はリッポルツベルク（Lippoldsberg）となっている。

リッポルツベルクはゲッティンゲンから北東に直線距離で約三〇キロメートル離れたヴェーザー川沿いの静かな村で、そこにはノールが一九二九年に開設した田園学寮（現在はヘルマン・ノール・ハウス）があった。田園学寮とは一種の林間学校で、ワイマール期に広まった新教育の実践施設である。一般には初等および中等学校生徒のための施設であるが、ノールが開設したのはその大学版であった。ノールはそ

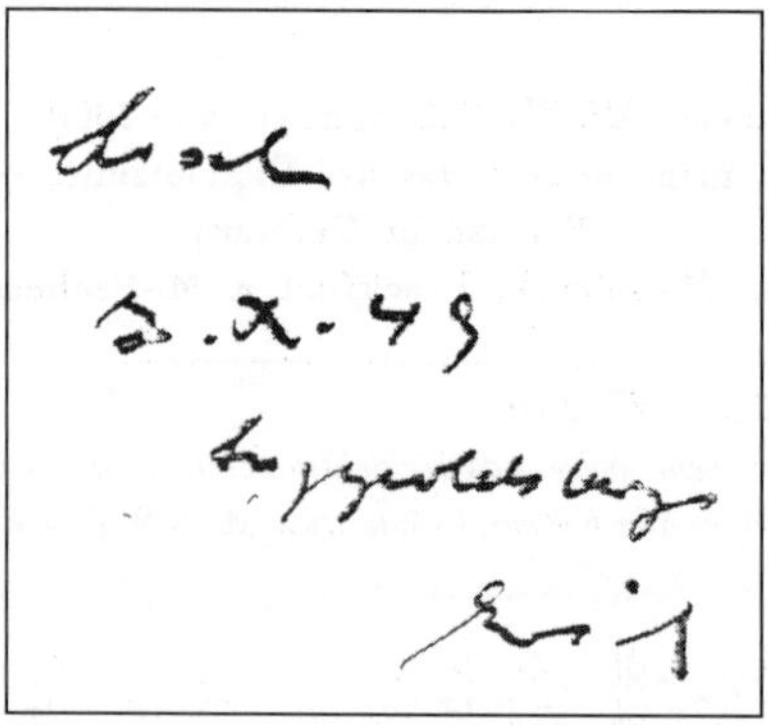

図２　エンゲルハルトへの謹呈サイン

出典：Erich Weniger: *Neue Wege im Geschichts-unterricht.* 扉（筆者蔵）。

図３　リッポルツベルク田園学寮前にて　左からヴェーニガー、ブロッホマン、ノール

出典：Wolfgang Klafki/Johanna-Luise Brockmann: *Geisteswissenschaftliche Pädagogik und Nationalzozialismus. Herman Nohl und seine »Göttinger Schule« 1932-1937, Eine individual- und gruppenbiografische, mentalitäts- und theoriegeschichtliche Untersuchyng.* Weinheim/Basel 2002. 表紙。

こで弟子たちと寝食をともにしながら学び語らうことを愛した。ノールの伝記を著したエリーザベト・ブロッホマンによれば、七〇歳の誕生日のお祝いの会もこの田園学寮で開催された。

一九四九年一〇月七日に私たちは、ノールの七〇歳の誕生日を、光り輝く秋の日に、屋外で盛大にお祝いすることができました。このリッポルツベルクでのお祝いの日もまた、おそらく参加できたすべての者にとって忘れがたいものとなりました。(34)

エンゲルハルトへの献呈のサインからは、このお祝いの席でヴェーニガーが、エンゲルハルトを含む参加者たちに対して『新たな道』を贈ったことが推察できる。

出版の意図

ノールの七〇歳の誕生日に合わせるというプライベートな事情が、ヴェーニガーが『新たな道』をこの時期に出版した理由の一つであることは間違いなかろう。しかし、より本質的な理由は、本書の特異な内容構成からうかがうことができる。

四章　歴史教育のための指針――ひとつの草稿
五章　国民学校における歴史教育に関するテーゼ
六章　歴史学からの援助
　a　ヘルマン・ハインペル：中世
　b　ヘルマン・ケルナー：近代

六つの章は、歴史教育に関する原理的、理論的論考（一〜三章）と実践的文章（四〜六章）の二つに大別できる。原理的、理論的論考のうち、一章は『ザムルンク』第一巻（一九四六年）、二章は同誌第三巻（一九四八年）、三章は『教育』第一巻（一九二六年）の掲載論文を再録したものである。実践的文章のうち、四章は歴史教育一般の指針の草案であり、五章はとくに国民学校に限定した歴史教育の指針をまとめた文章である。加えて、六章では歴史家のハインペルとケルナーが歴史教育のカリキュラム案を寄稿している。

四章から六章は、ニーダーザクセン州における歴史教育の指針策定作業をとくに意識したものであった。ヴェーニガーは、サナトリウムで療養中のケルナーに宛てた一九四九年五月一八日付けの書簡のなかで、本書出版の意図を次のように述べている。

> 私からたってのお願いがあります。私たちはみなこちら［ゲッティゲン――以下［　］内は引用者による補足］であなたがいないのをとても残念に思っています。とりわけ、歴史委員会の仕事は中断しています。今年の暫定的な学習指導要領は作成されていますが、私たちの指針作成はいまだ多くの問題を抱えています。ハインペル氏と私は今、草稿を印刷することができないかどうかと考えています。レンネベック氏もそれが議論に良い影響を与えるだろうと考

えています。条件となるのは、形式面での修正は別にして、当初の形態で印刷することでしょう。[35]

また、出版後にヴェーニガーはレンネベック宛の書簡のなかで、「ハインペル氏とケルナー氏と私によるこの共著書がニーダーザクセンにおける議論のために書かれたということは、はっきりしています。その際、とりわけ指針の草案は貴殿らの学習指導要領のための資料として想定されたものでした[36]」と述べている。

ニーダーザクセン州では、一九四九年四月一六日に「ニーダーザクセンの高等学校における歴史教育の必修化に関する文部省令」が公布され、同年の復活祭以降、高等学校での歴史が必修教科となっていたが、そのための指針はいまだ完成していなかった。『新たな道』は直接的には、順調に進まない指針の策定作業を促進するために、出版されたと言えよう。

さらに付け加えれば、この時期、一九四九年五月の西ドイツ基本法の発効にともない、連邦レベルで歴史教育について議論できる環境が整備されつつあった。歴史学の分野では、ドイツ歴史家連盟が、一九四八年の創設委員会結成を経て、一九四九年九月一五日の戦後第一回のドイツ歴史家大会（ミュンヘン）において正式に創設された（初代会長：ゲルハルト・リッター、書記：ハインペル）。そして、同日のドイツ歴史家大会に引き続いて、ドイツ歴史教員連盟が結成された（初代会長：ゲルハルト・ボンヴェッチュ）。こうした連邦レベルの動きもまた、『新たな道』の出版を後押ししたと考えられる。

（2）政治的歴史教育の理念
歴史教育に対する教師と青少年の態度

ヴェーニガーは『新たな道』の出版を通して、ニーダーザクセン州の歴史教育の指針策定作業を加速させようと考えた。では指針によって示されるべき歴史教育とは、いったいどのようなものだったのか。ヴェーニガーはそれを「政治的歴史教育」という理念によって表現し、その重要性を強調した。しかし、そうした教育をスムーズに展開できる状況になかったことも十分に認識していた。ヴェーニガーは敗戦後のドイツの教師や青少年が歴史教育に対して抱いていた感情を、以下のように鋭く分析していた。

おそらく大部分の歴史教師は、歴史が学校でしばらく語られないことを、ひそかに願っている。彼らはわれわれの伝統のうちいったい何が残っているのか、何が放棄され、何が取り戻されるべきかを確かめるための熟考と内省の時間を持ちたいと思っているであろう。今ふたたび歴史教育が実施されねばならないとしても、過去一二年間に受けてきた思想と授業への強制が、今度は外部からの強制によって取って代わられるだろうと、彼らは恐れている。とりわけ、ナチズムによって新しい歴史像と新しい真理概念を獲得したと信じていた多くの人が、いま沈黙したいと思うのは、当然のことである。昨日白といったものを、今日黒だと言えば、青少年からの信頼を損なうということを、彼らは恐れているのである。客観的な歴史的真実とその学説というものの可能性に対して懐疑的であるならば、今や個人として誠実であろうとすべきである。とすると、彼らに残されているのはまさに沈黙だけなのである(37)。

青少年もまた、「政治や歴史にまったく興味を失い、耳を閉じ、自ら口をつぐんでいる(38)」という。こうした戦後の若者を、ヴェーニガーは三つのタイプに分類している(39)。

第一は、ナチズムの教説を盲目的に信用し、自らの知性を喜んで犠牲にしてきたような信じやすい若者である。彼らは今や信じるべきものを完全に喪失してしまった。彼らは科学的認識から導かれるような事実であっても疑って信じようとしない。もしくは、自らの信念が難破したことを認めようとせずに、第三帝国に対して下された決定の意味を否定し、ナチズムの罪を否定する。そして敗戦の原因を偶然で外的なものに求め、国内裏切り説や妨害工作話を持ち出すことで自らを慰め、「もし原爆をまっさきに計画していたならどうなっていただろう」と夢想している。

第二は、大半を占める冷めた若者たちである。おそらく多くの若者は、ナチの教説やプロパガンダを信じてはいなかったのかもしれない。こうした若者たちは、ナチ体制内部の不誠実さや矛盾を鋭く感じ取っていた。彼らは同情と皮肉の入り交じった気持ちで、強制によって心にもないことを語る教師たちを見ていた。そして、世界はこんなものだという結論だけを本能的に導き出したのである。彼らは、占領軍の圧力のもとで実施されているように見える授業に対しても、懐疑の念を抱いており、マキャベリズム的な現実主義的態度をとっている。

第三のタイプに属する者は、おそらく数はさほど多くないが、非常に大きな意味をもっている。彼らは、おしなべて歴史の人間的な意味や政治的な出来事には絶望しており、世俗を離れて宗教的終末論に身を隠している。彼らは教会に救いを求めており、学校に関して言えば、興味があるのは宗教教育だけである。

これが、授業を受ける当の青少年の実情であるとヴェーニガーは述べる。こうして見れば、現在は、心理学的に見ても、すべてが歴史教育を実施するには不利な状況である。しかし、だからといって歴史教育を断念することはできない。われわれは、われわれの歴史の新しい出発のために、つまりわれわれ国民が今日直面している諸課題のために、青少年を解き放たねばならない。そのためには歴史教育が不可欠である。「歴史教育こそが、国家と国民が自己の存在と課題とを確認し、歴史に対する自己の責任を明らかにし、すべての新しい世代を歴史的責任へと導き入れるための道具[40]」だからである。

歴史教育の中心概念としての「責任」と「国民」

歴史を学校教育で生徒たちに教えようとする時、第一に重要なのが、それを実行できる教師の存在である。したがって、ヴェーニガーは、「歴史教育の新たな道における最初のもっとも重要な一歩」は、「新しい歴史状況とそれに見合った歴史像に向けての、換言すれば、具体的な形の歴史的真理に向けての、教師の批判的自己規定」であると述べる。[41]「第二の歩み」は、「こうして批判的に獲得された新しい歴史像と立証された古い真理とを、いかなる批判がなされてもふたたび熱狂と希望を生みだすような、青少年教育の形態へと翻訳することである」[42]。教材選択の問題はそれらに比べるとつねに二次的なものでしかない。

しかしながら、そもそも学校教育において歴史教育をおこなう意義は何か。ヴェーニガーは、いったいなぜ学校に歴史教育が存在するのか、どういった機能を歴史教育は実際に持っているのか、学校のほかの教科やそれらの課題に対して歴史教育はどう位置づくのか、といった根本問題に対して、歴史教育の歴史を振り返ることによって解答を試みる。そこでは、「責任」(Verantwortung)と「国民」(Volk)が中心概念となる。

ヴェーニガーによれば、「歴史教育の基本カテゴリー」は、「歴史に対する行動的人間の責任」である。「自立的な歴史教育というものは、青少年に政治的責任が期待されるところでのみ存在し、真の責任が引き受けられるかぎりにおいてのみ、歴史教育は重大な意義をもつ」[43]。かつて歴史教育の対象は侯爵の息子などごく限られた者だけが受けていたが、一九世紀には大学生や資産家の市民などのより広い階層にまで拡大し、二〇世紀初頭には労働者や農業に従事する者や、最後には女性にまで広がった。かつてはごく一部の者だけに政治的責任が期待され、歴史教育がおこなわれたのに対して、今日ではすべての国民が政治的責任に組み込まれ、すべての国民がすべての学校で「政治的歴史教育」を受けねばならない[44]。このように論じたうえで、ヴェーニガーは「歴史の心臓は責任性である」というノールの言葉を引用し、「状態ではなく行動」が歴史教育のテーマであると述べている[45]。

次に、歴史教育にとって「第二の基礎的な歴史的カテゴリー」となるのは、「国民」である。それは「時代における超個人的な共同生活のカテゴリーであり、超個人的な責任のカテゴリー」である[46]。ヴェーニガーは、歴史教育における国民を、あらゆるロマン主義的、合理的、生物学的な理論から独立したかたちで、共通の運命の記憶として、また未来において共通の運命と共通の生活秩序をもとうとする意志として理解する。こうした記憶と意志を生み出すための手段は、世代から世代への生き生きした伝承であるが、こうした伝統は一人では十分に深まらない。それゆえ、歴史の授業がこうした記憶と意志を生み出すための重要な手段となる。歴史教育はけっして陶冶を目指して各人の間で個人的な接触をもたらすだけの場所ではない。「個々人とその世代の課題と責任は、歴史教育という事実によってすでに国家と国民に関係づけられている」[47]。

歴史教育の内容については、もちろん科学的な知見を生徒たちに学習させることが不可欠である。なぜなら、「ナチズムの歴史教育は神話によって支配されていた」[48]からである。ナチズムの神話とは具体的には、千年帝国の神話、人種の神話、民族性とその歴史の生物学的明確さという神話、血と地の神話、総統と権威的支配秩序の神話、歴史的責任の本来的担い手としての英雄的人物と兵士という神話、支配民族の神話と歴史を前にしてのナチズムの比類なき課題という神話、法秩序がほんの二次的な性格しかもたず人格的自由領域は重要ではないという神話、その一方での共同体が優位であり本来的現実であるという神話、最後に、勝利の折にはじめて十分に展開したと思われるような萌芽としてではあるが、もっとも偉大なドイツ人と至福の使者としてのヒトラーの卓越性と比類のなさという神話である[49]。

今や、科学的な歴史学の成果に基づいた知見を生徒たちに提供することが求められる。この意味で歴史教育は歴史学の援助を必要とする。しかし、ヴェーニガーにとって歴史教育は、けっして「歴史学の派生語」でもなければ、「歴史学の問題設定を単に青少年にあった教えの形式に翻訳すること」でもない[50]。歴史学は、歴史的・政治的認識のための体系的な知識とそうした認識の素材を提供する。歴史学がつねに問題にするのは真理かどうかであって、歴史教育の形態や対象については決定することができない。それに対して歴史教育は、青少年に政治的責任を自覚させることにより、社会のなかで政治的な機能と役割を果たしていかねばならないのである。

（3）政治的陶冶としての歴史教育

思想基盤としての政治的陶冶

『新たな道』のなかで強調される政治的歴史教育の理念は、ヴェーニガーの思想全体から見た場合にどのように理解できるのであろうか。以下では、政治的歴史教育の含意をより明瞭に理解するために、彼の政治的陶冶の思想を確認しておきたい。

ヴェーニガーの高弟の一人であるヴォルフガング・クラフキは、ヴェーニガーを「政治的」教育家ときっぱり呼び、こう説明している。「好んで新しいものを創り出し、決断力のあるヴェーニガーの態度には、最初からとても社会的かつ政治的・民主的なアクセントが置かれていた。彼の同世代もしくは先行世代の重要な教育学者のなかで、教育と陶冶がもつ公共の次元、すなわち社会的、政治的観点を単に観察し考え抜いたばかりでなく、それに対してエーリッヒ・ヴェーニガーほど自己の実践的働きかけに重心を置いた者は、おそらくいない[51]」。また、ヴェーニガーの最後の助手を務めたディートリッヒ・ホフマンもまた、ヴェーニガーの教育理論が「最初から政治的陶冶の一つであり、つまり、民主的―自由主義的な陶冶理想をともなった政治的教育理論[52]」であったと指摘しているように、ヴェーニガーの生涯の著作はいわば通奏低音として政治的性格を備えていたと言える。したがって、ヴェーニガーの政治的歴史教育の理念もまた、彼の政治的陶冶に関するより広い思想との関わりで理解されねばならない。

ヴェーニガーの政治的陶冶論、しかもナチ期以前と以降の政治的陶冶についての論調の変化を明瞭に示してくれるのは、「公民教育の問題について」という論考である。

一九二五年七月二〇日に出されたプロイセン文部省の覚書によって、プロイセンにおける教師教育の新秩序が導入された。その覚書では、「国民教育」が明確な課題とされ、国民学校教師はまず第一に国民教師ならびに国民教育者として働く能力がなければならないと定められた。ヴェーニガーは、この綱領を公民教育論へと拡大し具体化した。(53) その成果の一つが、一九二九年一月刊行の雑誌『教育』第四巻第四号に掲載された「公民教育の問題について」であった。

本論考は戦後、『教育学的資料テキスト』の第六巻として一九五一年に再度出版された。そこで興味深いのは、一九五一年版の「あとがき」において、ワイマール期に自らが主張した公民教育を戦後の地点からどう評価すべきかが検討されている点である。そこではヴェーニガーの戦前と戦後の思想の変化が明瞭に示されており、注目に値する。以下、「あとがき」の内容を検討しておきたい。

一九二九年当時にまとめられた洞察が一九五一年の時点でなお妥当性を持ちうるのか。ヴェーニガーは、この問いに対して、「一九三三年以前の時代を引き合いに出すことが有効であるとしても、ここでもまたきわめて慎重であらねばならない(54)」と述べる。なぜなら、「裂け目はあまりに深く、受け継がれてきたものの断絶があまりに激しかったので、単純には立ち戻ることができない(55)」からである。

一九三三年以降、公民教育の概念に対して厳しい批判がなされた。公民教育に代わって要求された「政治的教化」が行き着いたところは、政治的人間の自由な発達や政治的国民の形成ではなく、大衆としての国民を形成することであり、プロパガンダの手を借りて全体主義政権の言いなりになる人間を作り出すことであり、さらには、「信奉者」として絶対的な支配者の従順な道具であらねばならないような機能化された社会を構築することであった。(56)

ヴェーニガーによれば、公民教育の概念がリベラルであるのは、どのような国家形態においても、人間の権利と市民の権利、市民的自由を本気で確保しようとするかぎりにおいてであり、また公民教育が個々人の判断と意志に訴えるかぎりにおいてである。公民教育という課題は、いかなる形態や方法であれ、民主主義が求められ、国家の生活に責任ある関与が求められるところでは、どこでも妥当する。ただし、公民教育は国民の政治的自由を守るための教育に限定されるべきではない。健全な国家においては、自由の度合いは引き受けられるべき義務の度合いに従わねばならないとされる。[57] つまり、国民の担うべき義務が、公民教育においてはとくに重視されるのである。

公民教育から政治的陶冶への重心移動

このような意味において公民教育は重要であるが、それだけでは不十分であるとヴェーニガーは考える。公民教育と並んで政治的陶冶が前面に出てこなければならないと述べるのである。彼は一九二九年の論考においてすでに、公民教育と政治的陶冶との関係について以下のように規定している。

> 他方で公民教育と政治的陶冶は同じではない。政治的陶冶は政治的生活形式、実情に即した政治的な態度と行為、その条件と可能性をありありと思い浮かべることを目指している。公民教育は政治的行為に内容ととりわけ条件を媒介する。けれども公民教育は、市民としての義務の範囲を超えては活動することのない者に対しても要求される。[58]

ヴェーニガーはこのようにかつての文章を引用したうえで、一九五一年の時点でそれ以上に、「すべての市民に対して政治的陶冶が要求されねばならない」[59] と主張する。なぜなら、すべての者が「積極的な政治的責任」を担っているからである。単に市民がいるというだけの国家では、けっして真の民主主義は実現されない。国民が正当な形で政治的責任を分担することが大切であり、つまりは正当な形で統治権を分担することが重要であり不可欠である。ヴェーニガーは、「過去一〇年間の悲痛な経験」をふまえて、「国民が統治権を分担することによってのみ、個々人の政治的自由もまた確保されうる」[60]ことを認識していたのである。その際、国民が分担すべきものを、ヴェーニガーは選挙権の行使や、国家や選ばれた代表者に対する正しい態度に限定しない。むしろ大切なのは、組織化された自治や共同生活の組合的・連盟的組織、また超国家的な課題への関与といった領域において各自が積極的に政治的責任を引き受けることである。

先述の通り、ナチ政権下の神話の一つに、「歴史的責任の本来的担い手としての英雄的人物と兵士という神話」が存在したとヴェーニガーは認識していた。ごく一部の人間が歴史的責任を担うことの危険性が明らかになった今、すべての国民が政治的責任を担うことが求められるのである。

では、どうすれば各人がそうした政治的責任を引き受けることができるのか。ヴェーニガーは、その鍵となるのが歴史教育であると考える。彼は一九四五年の「歴史教育の新たな道」の講演を引き合いに出しながら、「歴史教育は本質的に政治的課題をもっている。歴史教育は、歴史に対する行動的人間の責任というカテゴリーのもとでの、生の理解のための制度である」[61]と述べている。

(4) 歴史教育指針の草案

以上の考察から、ヴェーニガーが『新たな道』において唱える政治的歴史教育とは、簡潔に、政治的陶冶を目指した歴史教育であると定義できよう。その際、政治的陶冶とは、国民の一人ひとりが国家およびほかの諸領域において積極的な政治的責任を担えるようになることであった。ヴェーニガーは、青少年の政治的陶冶をナチ期崩壊後のドイツ国民と国家の復興にとっての不可欠の条件とみなし、歴史教育を通して実現していくことを目指したのである。

　ところで、ノールやリットなどほかの精神科学的教育学派の人物と比較した場合のヴェーニガーの独自性は、先のクラフキの指摘にあるように、単に教育について理論的に考え抜いたばかりでなく、学校教育の改革に実践的に働きかけた点にある。こうした特色は、歴史教育への関わりについても明瞭に見て取ることができる。すなわち、ヴェーニガーは、ニーダーザクセン州の歴史教育の指針策定作業に関与するというかたちで、自己の政治的歴史教育の理念を現実化しようとした。『新たな道』の第四章と第五章に収められた文章はそうした試みの痕跡である。

　第四章の「歴史教育のための指針――ひとつの草稿」は、ヴェーニガーがニーダーザクセン州文部省によって設置された歴史学習指導要領検討委員会に対して、一九四八年に提出したものである。同委員会はヴェーニガーを含む七人からなるゲッティンゲン・グループで構成され、その構成員は以下の通りであった。ケルナー、ハインペル、ジークフリート・ケーラー、パウル・アルパース、マックス・ブーフハイム、ハンス・ヴァルター・エアベ。委員長は上級督学官で、後にゲッティンゲンのマックス・プランク・ギムナジウム校長となるケルナーが務めた。委員会はヴェーニガーの草稿の基本的考え方を受け入れ、そのうえで共同責任で草稿の新版を作成した。新版はさらなる審議のためにニーダーザクセン州文部省に提出された。第四章に収録されたのは、ヴェーニガーが最初に委員会に示したオリジナルの草稿である[62]。

　ヴェーニガーが作成した指針の草稿は全一〇頁で、次の七つの節に分かれている。①歴史教育の課題、②歴史教育の対象、③学校段階ごとの歴史教育の目標、④歴史教員の使命、⑤歴史学の援助、⑥歴史教員の自由、⑦指針の役割。ここではすべての内容を紹介することはできないが、ヴェーニガーの政治的歴史教育の理念にとって中心概念である「責任」と「国民」の両概念が本草稿でどのように使用されているかという点にしぼって、草稿を読み直してみたい。その際、とりわけ注目すべきは、歴史教育の課題に関する次の記述である。

歴史教育とは、世界におけるドイツ国民の運命と課題をありありと思い浮かばせ、あらゆる社会階層が担うべき国家と国民に対する共通の責任に向けて青少年を準備させるものである。歴史教育は若い世代に現存在の歴史性を意識させ、われわれに受け継がれてきた状況のなかでなされる彼らの未来の行為に歴史的な深みを与える。その際、歴史教育には、歴史的事象に対して普遍的な意味解釈をおこなうことは要求されない。歴史教育は、ドイツ国民のなかでもヨーロッパ文化のなかでも意味解釈の多様性を前提にしている。しかし、それにもかかわらず「共通の責任」を認識できるようになることを目指さねばならない。共通の責任は、共同生活の必然性から生じるものであり、歴史教育はその歴史的根拠と条件とを明らかにしようとする。歴史教育には、「歴史に対する行動的人間の責任を意識して歴史的過程を見るという広義の政治的課題[63]」が課せられており、歴史教育はわれわれ現存在の歴史性を視野に入れつつ、歴史性の構造的関係と典型的形式についての観念を伝達し、歴史的事象に対する歴史的な理解および判断の本質と独自性を明らかにする。

また、責任概念との関連で重要な概念である「自由」について、次のように記述されている。民主的国家制度における歴史教育では、生徒が自己の精神的決断によって提示物を受容することが求められる。そこで前提にされているのは歴史教員の自由な精神的決断と自己の態度決定であり、それなくして授業は信用に値しないであろう。したがって、学習指導要領はいかなる世界観的、政治的条件も表現してはならないし、それを教材提示や目標設定を通して間接的に強要してはならない。共通の国民的課題に関係し、民主主義の内的条件を肯定し、民主主義の規則を尊重するような政治的、世界観的態度決定はすべて、歴史教育のなかで支持される。この枠内で歴史教員は歴史に対する自己の態度決定と解釈を展開し根拠づけることができる[64]。

第五章の「国民学校における歴史教育に関するテーゼ」は、国民学校の指針における歴史教育のあり方を別個に扱った文章である。わずか二頁の短い文章であるが、ここでも、「責任」と「国民」という両概念が前面に押し出されている。要約すると以下のようになる。

国民学校における歴史教育の再構築にとって、あらゆる授業方法論の問題は二義的である。また、新たな歴史教育は、新規の教材や教材配分に関する検討によって秩序づけられたりもしない。新たな歴史教育が成功するための第一の条件は、「国民学校教師が歴史的世界と新たに出会うこと」[65]であり、その際彼らは、われわれ国民の現状を直視して、あらゆる国民層が民主主義の精神において、荒廃したわれわれの国民秩序に対して担うべき政治的責任を自覚しておかねばならない。この国民学校教師と歴史との新たな出会いには、歴史学の研究成果が不可欠であるが、歴史学によっては歴史教育のテーマは規定されない。歴史教育のテーマはむしろ「教育的責任」から導き出されねばならない。そこでは民主的国家制度における教育的行為の自由を認めつつ、教材をどのように配置するかが指針によって保証されることが求められる。そのうえで、歴史と新たに出会い、国民の政治的責任とその担い手を育成する教育的責任によって同時に動かされる国民学校教師は、指針に基づいて自分自身でカリキュラムを作成するのである。ただし、歴史教育があまりに早期に強要されることは望ましくないので、国民学校では郷土史や文化史が、歴史教育の政治的関心を少なくともおおよそ達成するための手段となる[66]。

以上のことから、ヴェーニガーが政治的歴史教育の理念を、理論的に論じるのみならず、学校の歴史教育に直接的な影響力をもつ指針のなかに反映させようとしたことが理解できる。

次節では、そうしたヴェーニガーの意図がねらい通りに達成されたのかどうかを、ニーダーザクセン州の歴史教育の指針の内容分析を通して検証してみたい。ただしその前にまずは、『新たな道』がどのように人びとに紹介され、そしてどのように受け止められたのかを確認しておこう。

第3節　『新たな道』の反響と歴史教育政策

(1)『新たな道』の反響

自著の紹介

『新たな道』は出版以降、さまざまな雑誌や著書のなかで紹介され、論評された。以下ではそのなかで主だったものを整理しておきたい。

まずヴェーニガー自身が、『ザムルンク』（第五巻、一九五〇年）誌上で自著紹介をおこなっている。そのなかで彼は、『新たな道』によって提示しようとした新たな歴史教育の基本的条件を、次の五点にまとめている。少し長くなるがそのまま引用したい。

一　新たな歴史教育の条件は、歴史教員がわれわれの現在の歴史的経験に基づく歴史的世界に新たに出会い直すことである。これまでに獲得された知識とこれまでに受け継がれてきた解釈でもって将来もやっていける者は、誰もいない。

二　歴史教育には、それ固有の問題設定、すなわち教育と結びついた機能から導かれる問題設定があり、それは単純に歴史学の知見からは導き出すことができない。歴史教育は自らの生き生きした要請から歴史学に対して問いを投げかける。そして、自らの課題を満たすのに必要な答えを見つけるために、歴史学の援助、方法、批判、成果を必要とする。

三　歴史教育は何の前提もない学問の自由な世界に浮かんでいるのではなく、われわれ国民の具体的な政治的課題と結びついており、あらゆる階層の全国民の担うべき政治的責任に向けて教育するものである。それゆえ、今日多くの人たちに好まれるような文化史へと逃避することは、許されない。なぜなら、文化史においては、あらゆることが語られるようでいて、歴史教育において重要なこと、つまり政治的行為の条件と国民および人類の共同生活の構築とをありありと想起させるという課題については、何も語られないからである。

四　歴史教育は普遍的な意味付与をすべて断念しなければならない。そうした普遍的な意味付与は神学、哲学、文学の役割である。歴史教育はわれわれ国民の間での意味解釈の相違を前提としている。それにもかかわらず歴史教育は共通の責任についての認識を目指すものである。そうした共通の責任は共同生活の必然性から生じるものであり、それは歴史教育によって深く理解することができる。

五　教材カリキュラムについて拘束力をもって命令するような試みはすべて、決断の自由と自己の責任へと導く教育がもつ課題の本質を損なうことになる。指針が、古い固定的なカリキュラムに取って代わり、指針の枠内で歴史教員が自由に決断できるようにしなければならない。[67]

この文章は、『新たな道』の出版後に改めて、同書の主張のエッセンスを整理したものであり、敗戦後の西ドイツの歴史教育が進むべき道筋を簡潔に要約したものとして重要である。そしてこの自著紹介は、歴史教育と直接関わらない多数の『ザムルンク』購読者に対しても、ヴェーニガーの政治的歴史教育の理念を広く伝える機会となった。

そのほかの図書紹介としては、ケルナーがニーダーザクセン州文部省発行の『ニーダーザクセン州学校運営雑誌』（第二巻、一九五〇年）の図書欄で、本書を「鋭い弁証法によって、歴史教育を政治教育として新たに基礎づけようとするもの[68]」として紹介した。また、『教育学展望』（第四巻、一九五〇年）でも、創刊者の一人であるヨーゼフ・アンツが、歴史教員を目指す者が「徹底的に精読すべき」図書として紹介した[69]。

書評での反応

『新たな道』に対する本格的な書評としてとくに注目すべきは、ドイツ歴史教員連盟の機関誌である『歴史の科学と授業』に発表された二編の論評である。

一つめは、編集者の一人であるフェリックス・メッサーシュミットが創刊号（一九五〇年）に発表した「歴史教育における新たな道」である。彼は『新たな道』の内容を紹介しながら、同書の意義を次のように指摘している。同書は「刺激的な著作であり、きわめて詳細に読まれ考量される価値がある」[70]。刺激的であるがゆえに、同書で示されるテーゼの多くは批判を呼び起こすだろうが、それは同書の欠点ではない。ヴェーニガーは、今日の歴史教育の問題にあらゆる側面から挑み、明示的ないしは暗示的に、多くの問いを投げ、その問いに答えようとする。彼が簡明な定式化と明確な成果を導くことができたのは、つねに注意深く熟慮をもって物事から距離を取り、科学的かつ教育学的に可能な言明の範囲に満足するような冷静さのおかげである。「そうした冷静で、思慮深く、心からの謙虚さなくしては、われわれは現在の絶望的なまでに分裂した国民の間に統一的な歴史意識を作り出すという課題に、希望がもてないであろう」[71]。

ただし、ここで留意すべきは、メッサーシュミットが本書を肯定的に評価しながらも、「統一的な歴史意識」を作り出すという彼の強調点が、ヴェーニガーの主張とは若干ずれている点である。メッサーシュミットは、「記憶のない今の時代、すなわち単に現在だけに気を奪われる「軽い」時代」にとってきわめて本質的な、歴史教育の「一つの機能」を見逃してはならないと述べる。その機能とは、「時代に合わないものでも、ある程度はそれ「歴史教育」に委ねられており、それに合う時代が来るまでじっと保持しておく[72]」ことである。そこでは、伝統が現在そして未来に対して果たす役割にも増して、伝統の維持それ自体がより高く価値づけられるのである。たしかにヴェーニガーもまた、生徒がドイツ国民の生き生きとした記憶に参加することを目指したが、その時にはつねに未来への視点が伴っていた[73]。そうしたヴェーニガーの政治的歴史教育が本来もつ未来志向的な側面は、メッサーシュミットにおいては制限したかたちで受容される。

いま一つの論評は、エルンスト・ヴィルマンスが発表した「政治的決断と政治教育——ヴェーニガー、歴史教育の新たな道について」である。『新たな道』に対してメッサーシュミットが基本的に肯定的評価を下したのとは異なり、ヴィルマンスはキリスト教的、保守的な立場から、懐疑的に受け止める。ヴィルマンスは『新たな道』を「非常に価値の高い著作」と認めながらも、本書に対する批判的見解を率直に表明している。それを一言で言えば、歴史教育の政治的観点が過度に強調されることへの批判である。

ヴィルマンスによれば、ヴェーニガーが念頭においている教師というのは、政治的にアクティブな教師、すなわち自己の授業を政治的に遂行し、政治的に行為し、政治的動機から出発する教師である。そうした教師にとって前提条件となるのは政治的思考である。政治的に行為する教師は、あらかじめ一定の政治的決断をおこない、それに基づいて教材の選択やその扱い方、重点の置き方を決定せねばならない。彼は、今、ここに立って、ドイツ国民の政治的状況から、またそのリアルな諸条件から、自己の授業のあり様を決定しなければならないのである。こうしたやり方が、ヴェーニガーのような高度な責任意識と、真に科学的な歴史的自己認識とによって遂行されるならば、また義務と良心にしたがって、危険を知ったうえでなお行為しようとする、雄々しい信念によっておこなわれるならば、おおいに結構なことである。このような教師は、特別な形而上学的前提を必要としないであろう[74]。

ヴィルマンスは以上のように、ヴェーニガーが念頭におく教師についてまとめたうえで、「こうした教師像が一面的であり、教師の一つのタイプ、一つの正当化されうる価値あるタイプを示したにすぎない」[75]と反論する。ヴィルマンスが言うには、いつの時代も、政治的観点を第二義、第三義に考える歴史教員が存在する。たとえば、歴史学者のような態度で歴史教育をおこなう教師も少なくない。彼らは、歴史的生をただ純粋に眺めること、歴史的生の多様性や偶然性に触れて喜びを覚えること、複雑な生の絡み合いのなかに精神や規則への欲求を見いだすこと、といった非政治的な動機から、歴史教育に携わる。そこでは、政治的態度ではなく学術的態度によって、歴史の授業がおこなわれるのである。またそれ以外に、倫理学を基礎とする教師や、宗教を重視する教師も存在する。こうした教師が政治的に行為することはまれであり、自分の授業もまた政治的に作用することを知っていながらも、政治的に行動しようとは思わない。そうではなく、彼らは、歴史を見ることを通して生徒を倫理的・宗教的な人間性へと導こうと願っている。そして、政治的責任を担うことをもはや望まない今日の打ちひしがれた教師の間には、こうしたタイプの教師が多く含まれているというのである。[76]

ヴィルマンスのこの反論は、戦後ドイツの歴史教員の心理状態の一面を言いあてていると思われる。しかし、ヴェーニガーからすれば、政治的責任から距離を取りたい教師が多数を占めるということは、議論の出発点であり前提であった。彼は、歴史教育の学習指導要領や指針、授業の手引き、理論的考察のなかに、「政治史へ恐れ」を抱き文化史へと逃避する傾向が強く存在していることを、十分に認識していた。[77]そして、そうした状況こそ問題視し、歴史教育による政治的陶冶を訴えていたと言えよう。[78]

（2）ニーダーザクセン州の歴史教育政策

高等学校の歴史教育の指針

さて、ヴェーニガーが『新たな道』で目指したこと、すなわち彼の政治的歴史教育の理念を州の歴史教育の指針に反映させるというねらいは、はたして達成されたのだろうか。最後にこの問いに答えるために、以下では、高等学校と国民学校の二つの指針の内容を分析してみたい。

「ニーダーザクセン州の諸学校における授業のための指針――高等学校の歴史教育」は、一九五一年四月五日にニーダーザクセン州文部省によって公布された。全六二頁で、文部大臣リヒャルト・フォイクトによる前文に続いて、①原理的序論、②各学年の課題、③教材配置（下級、中級、上級、標準年表）で構成されている。なお、ここでいう高等学校とは、ギムナジウムをはじめとする中等学校全般を指している。

フォイクトは前文において、ヴェーニガーと同様、歴史教育の課題が青少年の政治的陶冶であると述べる。「歴史教育のなかで、つまり教師と青少年の出会いのなかで、歴史もまた生まれる。教師は若い世代の歴史像に対して共同責任があり、彼らの未来に対する責任によって教師には、成長しつつある市民への政治的陶冶に粘り強く取り組むことが義務づけられる(79)」。そして、指針によって学校での歴史教育の範囲が画定されることで、すべての学校の共通の歴史的活動を通して「ドイツおよびヨーロッパに共通の政治的態度」が形成されるというのである。

原理的序論では、政治的陶冶という言葉こそ使用されないが、歴史教育の目的が単に生徒に堅固な事実知を獲得させることではなく、若者自らが、客観的に基礎づけられた見解を形成できるように指導することであると規定される。それゆえに、学校での学習は、とりわけ上級段階において、具体的な歴史的状況を扱うことになる。その際に重要なのは、歴史的諸連関を詳細に調べ、考え抜くことであり、また、現代的な問題設定という視点から見た場合に、歴史的遺産がどれほど今日的な力と意味をもつかという問題であるとされる(80)。

教材配置についても、とくに、中級段階から上級段階への橋渡しとなる第一〇学年の注釈において、政治的陶冶に関する記述がなされている。第一〇学年の授業では、はじめて現代史を扱うことで、過去からの歴史を一通り完結させねばならない。この課題を達成するためには、ほかの文系教科との緊密な協力作業が必要である。それによって、各自が与えられた教材内容に応じて、われわれの現代の生活が抱える政治的、社会的諸問題に対する態度決定をおこなわねばならない。したがって、「歴史教育は政治的陶冶において終了する。政治的陶冶によって、歴史の研究成果と絶えず結びつきながら、われわれ自らの国家的生活（連邦、州、郷土レベルでの）ならびに全ドイツおよび全ヨーロッパ的生活が有する公的諸制度への理解が導かれる」[81]。生徒たちは、公的生活の健全な形態が諸々の既存の考えにではなく、生き生きとした社会成員の意見表明に対応しているということを意識できるようにならねばならない。また、そうしたことが可能になるための授業方法として、第一〇学年では、基礎となる資料を少しずつ生徒自らが作成すること、史料を労作授業のやり方で解釈し、共同の話し合いを通して歴史像を構築するために使用すること、そして、どのような方法であれ自己の態度決定と自由な意見表明が促進されることなどが、重視されねばならないとされる。

なお、第一〇学年の対象時期は一八四八年から現在までで、その内容は、①ヨーロッパの晩熟としてのイタリアとドイツの統一、②帝国主義と世界大戦、③ワイマール共和国とベルサイユ条約による外交上の負担、④ナチズム支配、⑤第二次世界大戦、である。第二次世界大戦に関しては、戦争の経過と帰結の一項目として「ドイツ抵抗運動——政治家、労働組合、軍人グループ」が一つのテーマにあげられている点が注目される。

国民学校の歴史教育の指針

高等学校の歴史教育に関する指針から五年後の一九五六年一二月二八日、ニーダーザクセン州文部省から「ニーダーザクセン州の国民学校のための指針」が公布された。全一三九頁におよぶ同指針は、文部大臣リヒャルト・ランゲハイネによる前文に続いて、①学校の課題、②学校生活、③国民学校の教育段階、④授業、⑤学校組織について、という五章から構成されていた。国民学校では歴史は独立した教科ではなく、事実科（Sachunterricht）の一領域に位置づけられる。

歴史に関する記述は一一頁で、教育課題、教育段階（内容の選択）、方法と手段、という三つの内容から成っている。ヴェーニガーの政治的歴史教育の理念が反映していることがうかがえるのは、最初の教育課題についての文章である。

それによれば、国民学校での歴史教育の第一の課題は、子どもたちに歴史に対する好奇心と発見の喜びを呼び覚まし、それらが卒業後も持続するように維持することである。そのうえでさらに、可能な範囲で歴史的事実についての基礎的な認識を形成せねばならない。その過程で子どもたちは、出来事の原因や行為の誘因について問いかけ、価値判断をともなった態度決定を自然にしはじめることで、歴史に対する固有の関係性を獲得する。こうした問いかけを引き起こし、大事に扱うことも、歴史教育の課題である。その際、「歴史教育は、子どもを固有の問いかけと思慮深い価値判断へと導くことによって、政治的陶冶を準備することに役立つ。それ以上に、歴史教育は、提供する内容を通して政治的陶冶を開始することも可能である。歴史教育によって、政治的決断の特色、重大さ、責任の重さに対する理解への道を開くことができる」[82]。たとえば、政治史の本質的な内容が権力をめぐる闘争であることを暴くことによって、権力の乱用に対して、子どもに内在する良心の力を目覚めさせることができる。こうして子どもは、正義、法秩序、自由、寛容、自由をめぐる闘いの歴史から、未来に対する自己の使命を予感するようになるのである。

同時に、歴史教育は「ドイツ国民の自己理解」を解明し強固にするのを援助する必要があるとされる。子どもたちはドイツ国民の運命を自分自身の過去として追体験せねばならない。その場合、ドイツ国民の自己理解にとって決定的に寄与するのは、「最近の過去」の経験を次世代に伝達することである。そのことを通して、子どもたちは自分たちが現在置かれている環境がどのようにして形成されたのかを理解することができる。したがって、「最近の過去」まで貫徹されていないような歴史教育は、その目的を損なうことになる。(83)

こうした理由から、国民学校では、時期的に第二次世界大戦のみならず、一九四五年以降も歴史教育の対象にされる。大戦下についての学習テーマとして明記されているのは、「経済危機の帰結による、また、戦勝国、政府、議会、大部分の国民の誤った決定による、転覆への道。国家の法形式と個人の自由の破壊としてのナチズム。テロの意味。抵抗運動とその挫折」などであり、一九四五年以降については、ドイツとヨーロッパにとっての第二次世界大戦の帰結として、「諸地域へのドイツの分割。東部地区からのドイツ人の追放。アジアにおけるヨーロッパ植民地支配の終焉。アフリカにおける危機」が、さらに、ヨーロッパ統一の試みとして、「ヨーロッパ石炭鉄鋼共同体。ヨーロッパ議会。世界におけるアメリカとソ連の覇権。国際連合」がテーマに挙げられている。(84)

以上、高等学校および国民学校の歴史教育に関する指針を分析してきたが、いずれの指針にも、政治的陶冶のための歴史教育というヴェーニガーの政治的歴史教育の理念が、色濃く反映されていると言えよう。

おわりに

『新たな道』出版から一〇年後の一九五九年、ヴェーニガーはノールの八〇歳誕生日を記念して、敗戦直後の教育改革を振り返る論考「再教育の時期　一九四五—一九四九」を発表した。その冒頭で、この時期ドイツ国民の復興のための大きな成果がもたらされたが、「再教育」の取り組みは全体としてみればおそらく失敗に終わったと総括している。(85) その原因はさしあたり当時の混乱した政治状況に求められるが、根本においては、「再教育」が真の意味でドイツ国民の「学び直し」に転換されていなかったためである。真の学び直しとは批判的な自己規定であり、それによって「過去に対する責任を引き受けること」が可能となる。こうした責任によって過去の負債が自分のものとして引き受けられることで、新たな出発と新たな自己規定が生み出されるというのである[86]。

ヴェーニガーが敗戦後、驚くほど早い時期から取り組んだ歴史教育の再構築の試みは、まさにそうした「学び直し」を教師と青少年に促すためのものであった。ヴェーニガーはすでにワイマール期に、公民教育を論じるにあたり政治的陶冶の意義を認識していたが、そこでの重心は公民教育に置かれていた。しかし、ナチ期における「悲痛な経験」を経て戦後は、公民教育よりも政治的陶冶の重要性を強調するようになる。彼は政治的陶冶を目指した歴史教育、すなわち政治的歴史教育を主張した。一部の人間ではなくすべての市民が「積極的な政治的責任」を担えるようになることが、学校での歴史教育の第一の目的であると考えた。そしてヴェーニガーの独自性は、こうした政治的歴史教育の理念を現実の教育政策のなかで具体化しようとした点にある。彼は、ニーダーザクセン州の歴史教育指針の策定作業を委託されたゲッティンゲン・グループの主要メンバーとして、指針の草案を作成し、文部省による指針策定のための基盤を提供した。そして高等学校（一九五一年）と国民学校（一九五六年）での歴史教育の指針には、ヴェーニガーの政治的歴史教育の理念が色濃く反映された。

しかしながら、ナチ体制崩壊後のドイツ全体を見渡した場合、ヴェーニガーの政治志向的な歴史教育は明らかに少数派であった。『新たな道』の書評においてメッサーシュミットが限定的に、ヴィルマンスが懐疑的にヴェーニガーの考え方を受容・評価したことは、戦後の「政治史への恐れ」という風潮を象徴的に示したものと理解できる。一九五三年に西ドイツ文部大臣会議が決議した「歴史教育に関する通達」では、伝統主義的な歴史教育観が基軸となっていた。それは一九五〇年代から六〇年代の歴史学と社会がもっていた保守的な傾向に対応したものであった。西ドイツの歴史教育に明確な変化が起こるのは一九六〇年代末である。ここにいたってようやく本格的に、ヴェーニガーが主張してきたこと、すなわち政治的陶冶と歴史教育の結合が、歴史教育学の議論のなかで価値を認められるようになる。[87]『新たな道』の第二版（一九五七年）、第三版（一九六五年）について、間をおかずに一九六九年に第四版が出版されたことは、そうした関心の高まりを表していた。

一九六八年、ヴェーニガーの弟子たちによって西ドイツ教育学の歴史を画する一冊の記念論集『その時代の終焉にある精神科学的教育学――エーリッヒ・ヴェーニガー』[88]が編まれた。本書によって、ながらくドイツ教育学の中心に位置してきた精神科学的教育学は、その時代の終焉を宣言されることになる。しかし、政治的歴史教育の理念について言うならば、それはむしろ終焉の宣言以降に輝きを増していくのである。

注

（1）森昭『ドイツ教育の示唆するもの』黎明書房、一九五四年。

（2）森昭「西ドイツの歴史教育（二）」『社会科歴史』第四巻第四号、一九五四年、二〇頁。

（3）Renate Fricke-Finkelnburg (Hrsg.): *Nationalsozialismus und Schule. Amtliche Erlasse und Richtlinien 1933-1945.* Opladen 1989, S. 39.

（4）川喜田敦子『ドイツの歴史教育』白水社、二〇〇五年、三四頁。

（5）石田勇治は「過去の克服」の具体的な取り組みを、①ナチ不法の被害者に対する補償、②ナチ体制下の犯罪に対する司法訴追、③ネオナチの規制、④現代史重視の歴史教育など政策・制度面での実践と、これらを支える精神的、文化的活動の総体に整理している（石田勇治『過去の克服　ヒトラー後のドイツ』白水社、二〇〇二年、七頁）。

（6）小笠原道雄編著『精神科学的教育学の研究――現代教育学への遺産』玉川大学出版部、一九九九年、一〇頁。

（7）Bernd Mütter: *Historische Zunft und historische Bildung. Beiträge zur geisteswissenschaftlichen Geschichtsdidaktik.* Weinheim 1995.

（8） Erich Weniger: *Neue Wege im Geschichtsunterricht. Mit Beiträgen von Hermann Heimpel und Hermann Körner.* Frankfurt a. M. 1949, S. VII.

（9） 森昭「西ドイツの歴史教育（二）」『社会科歴史』第四巻第五号、一九五四年、二七頁。

（10） ヘルムート・ガッセンが整理しているように、ヴェーニガーの歴史教育論については、これまでにさまざまな研究がなされてきた（Helmut Gaßen: Weniger-Forschung und Weniger-Literatur 1968-1992. Widersprüchliche Interpretationen. in, D. Hoffmann / K. Neumann: *Tradition und Transformation der Geisteswissenschaftlichen Pädagogik. Zur Re-Vision der Weniger-Gedenkschrift.* Weinheim 1993, S. 240-242）。ベルント・ミュッターは初期の代表的研究であるHerwig Blankerz / Dietrich Hoffmann: Geschichtsunterricht und Politische Bildung. in, I. Dahmer / W. Klafki (Hrsg.): *Geisteswissenschaftliche Pädagogik am Ausgang ihrer Epoche—Erich Weniger.* Weinheim/Berlin 1968を批判的に検討するなかで、ヴェーニガーの歴史教育学的コンセプトを、当時の政治的時代状況や彼の個人的・政治的生活史と密接に関連づけながら分析することを、今日に残された一つの研究課題として提起している（Bernd Mütter: Geisteswissenschaftliche Geschichtsdidaktik 'am Ausgang ihrer Epoche': Überlegungen dreißig Jahre nach Wenigers Tod. in, D. Hoffmann/K. Neumann: *Tradition und Transformation der Geisteswissenschaftlichen Pädagogik.*）。本章での考察はこの課題意識を共有しておこなわれるものである。

（11） 以下の文献を参照。Bernhard Schwenk: Erich Weniger—Leben und Werk. in, I. Dahmer / W. Klafki (Hrsg.): *Geisteswissenschaftliche Pädagogik am Ausgang ihrer Epoche—Erich Weniger.* Weinheim / Berlin 1968, S. 11ff. Alexander Hesse: *Die Professoren und Dozenten der preußischen Pädagogischen Akademien*（*1926-1933*）*und Hochschulen für Lehrerbildung*（*1933-1941*）. Weinheim 1995, S. 775-779. 森川直「ヴェーニガーの精神科学的教育学」小笠原道雄編著『ドイツにおける教育学の発展』学文社、一九八四年、二四二〜二四五頁。坂越正樹『ヘルマン・ノール教育学の研究——ドイツ改革教育運動からナチズムへの軌跡』風間書房、二〇〇一年、一六七〜一六八頁。田中崇教「E・ヴェーニガーの軍隊教育学に関する研究」中国四国教育学会編『教育学研究ジャーナル』第二号、二〇〇六年、三一〜三二頁。

（12） Brief von E. Weniger an H. Heimpel, 20. 10. 1945（Cod. Ms. E. Weniger 1: 904, Handschriftabteilung der

Niedersächsischen Staats- und Universitätsbibliothek Göttingen: 以下 SUBG). 筆者抄訳。

(13) 正式名称は「ゲッティンゲン教育研究所」で、ノールとルートヴィヒ・パラートのイニシアチブにより、すでに一九四五年五月一六日に設立総会が開催された。Vgl. Dietrich Hoffmann: Das Göttinger Institut für Eriehung und Unterricht. in, K. Rheinländer（Hrsg.): *Göttinger Pädagogik in der zweiten Hälfte des 20. Jahrhunderts*. Hamburg 2009.

(14) 對馬達雄『ナチズム・抵抗運動・戦後教育――「過去の克服」の原風景』昭和堂、二〇〇六年、二四三頁。

(15) Elisabeth Blochmann: *Herman Nohl in der pädagogischen Bewegung seiner Zeit 1879-1960*. Göttingen 1969, S. 185ff.

(16) ノールによる創刊の辞。*Die Sammlung*, 1. Jg., 1945/46.

(17) Hans-Georg Herrlitz: Göttinger pädagogische Zeitschriften. in, K. Rheinländer（Hrsg.): *Göttinger Pädagogik in der zweiten Hälfte des 20. Jahrhunderts*. S. 116.

(18) ヴェーニガーは一九四五年一〇月から一二月にかけて、ゲッティンゲン教育大学の設立準備に携わった。翌年一九四六年二月八日の同教育大学創設にともない、ヴェーニガーは初代学長兼教育学教授となった。その後、一九四九年一一月にノールの後任としてゲッティンゲン大学の教育学教授兼教育学ゼミナール長となった。この間、一九四七年初頭から長期にわたる非ナチ化手続きを受け、一九四八年九月九日、ゲッティンゲン非ナチ化中央委員会によりカテゴリーV（「無罪の者」）に認定された。

(19) J・テーラー／W・ショー（吉田八岑監訳）『ナチス第三帝国事典』三交社、一九九三年、一〇五頁。

(20) Erich Weniger: Zur Vorgeschichte des 20. Juli 1944; Heinrich von Stülpnagel. in, *Die Sammlung*. 4. Jg., 1949, S. 477.

(21) ibid., S. 491.

(22) ibid., S. 477-481.

(23) ibid., S. 476.

(24) 對馬『ナチズム・抵抗運動・戦後教育』、二五二～二五三頁。

(25) Weniger: Zur Vorgeschichte des 20. Juli 1944, S. 475.

(26) 對馬『ナチズム・抵抗運動・戦後教育』、二五六～二五七頁。

（27） Adolf Grimme: *Zur geschichtspädagogischen Tagung.* in, *Die Schule.* 1. Jg., 1946, S. 32.

（28） K. Mlynek / W. R. Röhrbein（Hrsg.）: *Hannover Chronik. Von den Anfängen bis zur Gegenwart. Zahlen, Daten, Fakten.* Hannover 1991, S. 190.

（29） N. N.: Geschichtspädagogische Tagung in Hannover. in, *Neuer Hannoverscher Kurier*, Nr. 50, 7. 12. 1945, S. 4. 同紙は終戦間もないこの時期にハノーファーで発行されていた唯一の新聞で、毎週、火曜日と金曜日の二回のみの発行であった。ざら半紙に刷られた全六頁で、副題には、五〇号（一九四五年一二月七日）までは「連合軍政府の情報誌」、五一号（一九四五年一二月一一日）からは「イギリス軍当局により編集」と書かれた。

（30） N.N.: Mittler zwischen Ost und West. Adolf Grimme und Frank Thieß auf der Geschichtspädagogischen Tagung in Hannover — Erziehung zum freien Bürger. in, *Neuer Hannoverscher Kurier*, Nr. 52, 14. 12. 1945, S.3.

（31） 以下の文献より筆者作成。N. N.: Geschichtspädagogische Tagung in Hannover, im Henriettenstift. in, *Die Schule.* 1. Jg., 1946, S. 48.

（32） Protokoll der Diskussionen am runden Tisch: 11. 12. 1945（Cod. Ms. E. Weniger 6: 4, 3, SUBG）. 歴史的養生期間の問題は、その後ニーダーザクセン州文部省において、レンネベックの主張に沿ったかたちで検討された。一九四七年以来、いかなる教師も歴史教育の実施を強制されることはなかった。ただし結果的には、心情的理由により歴史教育を実施できないと申し出た教師はいなかったとされる。Vgl. Günter Rönnebeck: Die Bekämpfung des Autoritarismus und Nationalismus aus der Sicht der Schulverwaltung. in, W. v. Baeyer-Katte u.s.（Hrsg.）: *Autotatismus und Nationalismus; ein deutsches Proble?.* Frankfurt a. M. 1963, S. 77-78.

（33） Brief von E. Weniger an F. Thiess, 17. 1. 1946（Cod. Ms. E. Weniger 1: 904, SUBG）.

（34） Blochmann: *Herman Nohl in der pädagogischen Bewegung seiner Zeit 1879-1960.* S. 153.

（35） Brief von E. Weniger an H. Körner, 18. 5. 1949（Cod. Ms. E. Weniger 1: 459, SUBG）. 本書簡のなかでヴェーニガーは、ケルナーに『新たな道』への寄稿を依頼している。

（36） Brief von E. Weniger an G. Rönnebeck, 12. 7. 1950（VVP55. Acc 83/85, Niedersächsisches Landesarchiv）.

(37) Weniger: *Neue Wege im Geschichtsunterricht*. S. 11.
(38) Ebenda.
(39) ibid., S. 11-12.
(40) ibid., S. 13.
(41) ibid., S. 15.
(42) Ebenda.
(43) ibid., S. 27.
(44) ibid., S. 28.
(45) ibid., S. 30. ノールからヴェーニガーへの「責任」概念の継承については、次の文献を参照。池野範男「精神科学的歴史教授学の独立性の問題について——ブランディ・ノール・ヴェーニガー」広島史学研究会編『史学研究』第一八九号、一九九〇年。
(46) ibid., S. 28.
(47) Ebenda.
(48) ibid., S. 36.
(49) Ebenda.
(50) ibid., S. 29.
(51) Wolfgang Klafki: Erich Weniger zum Gedächtnis. in, *Schulverwaltungsblatt für Niedersachsen*, 13. Jg., 1961, S. 138.
(52) Dietrich Hoffmann: *Politische Bildung 1890-1933. Ein Beitragzur Geschichte der pädagogischen Theorie*. Hannover / Berlin / Darmstadt / Dortmund 1970, S. 311.
(53) Schwenk: Erich Weniger-Leben und Werk. S. 15.
(54) Erich Weniger: *Zur Frage der staatsbürgerlichen Erziehung*. Oldenburg 1951, S. 26.
(55) Ebenda.

(56) ibid., S. 26-27.

(57) ibid., S. 27.

(58) ibid., S. 15.

(59) ibid., S. 27.

(60) Ebenda.

(61) ibid., S. 40.

(62) Weniger: *Neue Wege im Geschichtsunterricht*. S. VIII.

(63) ibid., S. 69.

(64) ibid., S. 76.

(65) ibid., S. 78.

(66) ibid., S. 78-79.

(67) Erich Weniger: Selbstanzeige. “Neue Wege im Geschichtsunterricht”. in, *Die Sammlung*. 5. Jg., 1950, S. 448.

(68) Hermann Körner: (Buchbesprechung) Erich Weniger: Neue Wege im Geschichtsunterricht. in, *Schulverwaltungsblatt für Niedersachsen*. 2. Jg., H. 8, 1950, S. 189.

(69) Josef Antz: (Buchbesprechung) Erich Weniger: Neue Wege im Geschichtsunterricht. in, *Pädagogische Rundschau*. 4. Jg., 1950, S. 585.

(70) Felix Messerschmid: Neue Wege im Geschichtsunterricht. in, *Geschichte in Wissenschaft und Unterricht*. 1. Jg., 1950, S. 40.

(71) Ebenda.

(72) ibid., S. 45.

(73) Weniger: *Neue Wege im Geschichtsunterricht*. S. 71.

(74) Ernst Willmanns: Politische Entscheidung und Geschichtesunterricht. Zu Weniger, Neue Wege im Geschichtsunterricht.

in, *Geschichte in Wissenschaft und Unterricht*. 1. Jg., 1950, S. 491.

(75) Ebenda.

(76) ibid., S. 491-493.

(77) Erich Weniger: Die Angust vor der politischen Geschichte. in, *Die Sammlung*. 1. Jg., 1950.

(78) メッサーシュミットとヴィルマンスの書評以降、『新たな道』をめぐるまとまった議論はなされなかった。その理由の一つは、一九五〇年代にはヴェーニガー自身の関心が歴史教育から政治的陶冶そのものに向かっていったことにある。Horst Kuss: Geschichtsdidaktik und Geschichtsunterricht in der Bundesrepublik Deutschland（1945/1949-1990）. in, *Geschichte in Wissenschaft und Unterricht*. 45. Jg., 1994, S. 742.

(79) *Richtlinien für den Unterricht an den Schulen des Landes Niedersachsen. Geschichtsunterricht an höheren Schulen*, 1951（Bibliothek des Georg-Eckert-Instituts für Internationale Schulbuchforschung）.

(80) ibid., S. 8.

(81) ibid., S. 29.

(82) *Richtlinien für die Volksschulen des Landes Niedersachsen*. 1957, S. 59-60（Bibliothek des Georg-Eckert-Instituts für Internationale Schulbuchforschung）.

(83) ibid., S. 60-61.

(84) ibid., S. 67.

(85) Erich Weniger: Die Epoche der Umerziehung 1945-1949. Herman Nohl zum 80. Geburtstag. in, *Westermanns Pädagogische Beiträge*. 11. Jg., 1959, S. 403.

(86) Erich Weniger: Die Epoche der Umerziehung 1945-1949. III-IV. in, *Westermanns Pädagogische Beiträge*. 12. Jg., 1960, S. 13.

(87) Horst Kuss: Determination des Geschichtsunterrichts. Richtlinien und Lehrpläne in Zeiten des politischen und sozialen Wandels. in, H. Süssmuth（Hrsg.）: *Geschichtsunterricht im vereinten Deutschland. Auf der Suche nach Neuorientierung,*

Teil II. Baden-Baden 1991, S. 19-22.

(88) Ilse Dahmer / Wolfgang Klafki (Hrsg.): *Geisteswissenschaftliche Pädagogik am Ausgang ihrer Epoche—Erich Weniger*. Weinheim / Berlin 1968.

第4章

ヨーロッパ精神の〈起源〉への追慕による〈過去の克服〉
——ハイデガー、リット、ヤスパースの場合

池田全之

はじめに

西ドイツの精神復興を支えた思想家として光彩を放つのがヤスパースであることには、大方の賛同が得られるだろう。ところが、そのヤスパースが、私信で率直に、弟子であった亡命ユダヤ人の政治思想家、アーレントに向けて西ドイツ社会が反ナチ抵抗運動を記憶に留めようとする傾向について、疑義を呈しているのである。この意外な事実を指摘することから本章の考察を始めよう。

> ユリウス・レーバーを例外として（そしてもちろん、すでに一九四二／四三年に立ち上がった素晴らしいショル姉弟も、このグループには属さないけれど例外です）、これら抵抗運動の闘士たちはだれもかも考えが混乱したままで、明確なあれかこれかの二者択一に到達しなかった。……しかし彼らは覚悟して自分たちを犠牲にした。こういうことすべてを正しく描くのはたいへん難しい。政治的には、あのわずかな例外を別として、抵抗運動の闘士たちを賛美することは災いとなる。そういう賛美自体がナショナリスティックな伝統に立っていて、それを永続化することになりますからね。[1]

この書簡が記された一九六五年は、ナチス支配の「過去」を積極的に取り上げることにより、記憶継承の努力が組織的に始まっていた時期である。[2] そうした時期であるにもかかわらず、この書簡が、西ドイツ社会による記憶継承の努力が孕む負の側面をあえて指摘しているのはなぜなのか。『戦争の罪を問う』での議論を参照すれば、そこには、ドイツ国民のなかにもナチスの暴虐に抵抗した人びとが存在したという事実を顕彰することにより、戦争責任のいくばくかを贖罪したとみなし、真摯にナチスの罪に向きあうドイツ人の姿勢を鈍磨させかねないことへのヤスパースの危惧が反映されていることを予想できる。たしかにこうしたヤスパースの判断には異論もあろう。だが、問題なのはヤスパースがそのように判断せざるをえなかった当時の思想状況だと、筆者は考える。「過去の克服」の問題をめぐる当時の状況を象徴するのは、ヤスパースが、一九四七年にバーゼルに移住したことである。このことの理由にはさまざまなことがあるが、その一つに、ナチスの蛮行へのドイツ国民の深い反省を訴えた『戦争の罪を問う』に対する西ドイツ国内における反響の鈍さがあったことをヤスパース自身が告白している。[3] ではなぜ戦争責任への問いかけが反響を呼ばなかったのだろうか。このことについて、たとえば三島憲一は、ナチス支配の「過去」への忘却傾向がこの時期を覆っていたことを明らかにしている。[4] そして社会思想史からみれば、この忘却を正当化する発想法の典型がハイデガーの後期思想である。

本章が出発点に定める一九四〇年代後半には、ハイデガー自身はナチス体制に協力していた廉で公職追放に遭っていた。だが、一九五三年に若きハーバーマスが、なぜ、ヘーゲルの『精神現象学』以来の哲学上の金字塔である『存在と時間』を著したハイデガーがナチス期にはフライブルク大学総長に就任してナチス体制を積極的に擁護したにとどまらず、一九三三年に公刊された『形而上学入門』を戦後復刊するに際して、「あの［ナチズム］運動の内的真理と偉大さ」というナチスを擁護する文言をそのまま残したことが社会的に許されたのか、と声を上げざるをえなかったように、[5] 当時の西ドイツの大学の哲学講座はハイデガーの弟子たちに占められ、彼の思想について際限なくコメンタリーが書かれて、世間に流布されていたのである。ハイデガーが、哲学者にありがちな現実感覚の欠如から一時期ナチスに協力したという説は、現在では詳細な伝記研究によって否定されている。同時に、ハイデガーが人種差別に帰着する生物主義的なナチスのイデオロギーそのものに心酔していたということもまた否定されている。[6] だが、ナチス支配の「過去」といかに向きあうのかという問題意識からみれば、一九五一年に講義の再開を文部省に認められるのに先立って、戦後はじめて公衆の面前でハイデガーがおこなった講義『存在するものへと観入ること』（以下、講義がおこなわれた都市名にちなみ『ブレーメン講義』と略記する）には、驚くべき発言が記されているのである。

農耕さえも、いつしか、〈用立てて活用する働き〉へ移行してしまった。その同じ働きが、大気を窒素に向けて、大地を石炭と鉱物に向けて用立てて、さらに、鉱物をウランに向けて、ウランを原子力に向けて用立てる。そして、原子力を破壊行為に向けて用立てる。今や農業は、機械化された食糧産業となっており、その本質においては、ガス室や強制収容所における死体の製造と同じものであり、各国の封鎖や飢餓化と同じものであり、水素爆弾の製造と同じものである（GA. 79, 27）。

にわかには理解しがたい一節であるが、ここで確認しておきたいのは、大量の作物を栽培して供給するという目的のもとに大地を単なる生産手段として、農産物の生産システムに組み込む現代農業批判と、特定の人種やある境遇の人びとを計画的に抹殺するという目的に適合するために構築された殺人システムである強制収容所を同一視しているということである。ここには、ナチスの蛮行の比類なさや特異性を真剣に考察することなく、それを、技術の時代を規定する人間中心主義という根本特徴のもとへとスライドさせるという問題の拡散が図られるのである。(7) たしかに、技術論を語るこのテキストは直接にはナチズム批判を意図してはいない。だが、一九五〇年当時、このような欺瞞を孕んだ思想がアカデミズムの世界で公然と語られ、しかも社会もそのことを黙許していたという事実は、確認されなければならないだろう。

それでは、このような過去反省の鈍さはどのように正当化されたのだろうか。戦後のハイデガー思想の基本的枠組みを記した『哲学への寄与』（以下『寄与』と略記する）によれば、ヨーロッパの思惟の歴史は古代ギリシアで誕生した「第一の元初《アンファング》」をめぐる思索のあり様を変容させつつ繰り返している。そして、この反復が現在に招いた危機が『ブレーメン講義』で語られていた。そして、こうした時代の直面する危機においては、「別の元初」からの思索へ移行するほかはないとハイデガーは主張する。すると問題は、ナチズムすらもその現れの一つと説明される「第一の元初」からの思索の経歴がどのようなものなのかということであり、このことを踏まえたうえでハイデガーによる「過去」の反省の妥当性を判断しなければならないだろう。そしてこの判断において基準になるのは、人間の自由への眼差しである。というのも、カント以来、歴史を前進させるのは自律した人間たちの理性的行為であるという信念が支配的であったとすれば、自由への眼差しは、どうして一九三〇年代にドイツ人たちは自発的にナチズムを選択したのかという倫理的責任への問いに直結するはずだからである。

さて、人間の自由の本質構造について、戦後のハイデガーのテキストは端的に、人間になしうることは、存在物《ダス・ザイエンデ》に自身を現しつつ同時に自身のすべてを現すことを拒む〈存在《ザイン》〉に従うことであると述べている。しかもこうした〈存在〉への従順さが招く結果について、注目すべきことをハイデガーは述べている。「技術の本質が、つまり〈存在〉における危機としての総かり立て体制《ゲーシュテル》が、存在それ自身であるとすれば、技術を、単に自立した人間の行為によって制御することは、積極的であれ消極的であれ、けっしてできない。存在それ自体を本質としている技術は、人間によってはけっして克服されないのである」(GA. 79, 69)。つまり、ナチスの絶滅政策もその一つの表れとみなされた技術について、人間が克服することは不可能であり、その克服は、内容が定かにされない〈存在〉の側からのみ可能であると述べられているのである。ナチス支配の「過去」への真剣な反省をこのように霧散させるハイデガーの論理を検証し、「過去」を見つめ戦後ドイツの精神的復興を目ざしたヤスパースや、同時代の良心的な文化教育学者であるリットによる過去の反省とを向きあわせるときに見えてくるものは何か。

そして、そこから見えてくるものが、アドルノら次の世代に示したものは何か。本章で考察されるのはこのことである。

第1節　ハイデガーの「過去」忘却論理の前提——究極的な所与としての民族の運命

本章が最初に目ざすのは、戦後のハイデガー思想におけるナチズムの評価、詳しく言えば、ナチズムへの人間の自由の関与のあり様を解明することである。だがこの課題に着手するためには、前期の主著である『存在と時間』について、この課題に関する基本事項を確認しておく必要がある。というのも、ハイデガー全集が出揃うなかで明らかにされたのは、前期思想と後期思想の間でのいわゆるハイデガーの思惟の転回は、人間中心の視点から存在中心の立場への転換だったのではなく、むしろそれは、〈存在〉そのものが現状とは別の現れへと自らを「転回」させることにハイデガーがつき従っていく過程だったからである。(8)

『存在と時間』が目ざすのは「基礎存在論」である。つまりそれは、存在の意味に到達するために、それを漠然とではあれ予感しているという比類ない性質を有する人間の存在構造の分析を目ざしている。ハイデガーは人間を、環境世界と緊密に関係しながら、生涯という限られた時間のなかで、まさに今自身の生き方を決然と選び取りうる存在物と定義する。すると人間の自由は無条件に自己実現を目ざすことができるのだろうか。じつは、この問いにすでにこの時期のハイデガーが出した答えが、ナチス支配の「過去」への向きあい方に深刻な影響を及ぼすことになるのである。『存在と時間』については、戦後のハイデガーがおこなったこの「過去」への免責の危うさを理解するための要点のみ指摘しよう。それは、自由の実現への問いかけに関する『存在と時間』の決定的な発見が、人間に所与として現れる時間・空間上の制約を徹底的に解明したことにある。『存在と時間』がさしあたり主題的に解明したのは、日常生活のなかで人間は、自分もそのなかで生きざるをえない大衆の寄る辺なさに起因する「不安」のなかで覚醒し、ひとり自分の死すべき運命を直視して決断するという生き方である。だが、『存在と時間』はその終わり近くで、「共同存在」という人間にとって所与ともいうべき生き方は、一人決然と生き方を選択する人間の本来的な生き様をも方向づけていると強調する。

「人間が［自分の将来を］先駆けて意識して、死すべき運命を力強く自覚するならば、人間は死に直面してさえ自由を実感し、有限な自由がじつは圧倒的な力を持っていることを知る。だが、人間は……本質的に他者との共同存在という形でしか生きられないのだから、この人間の生き様は、他者と共同する生き方であり、この生き方が運命として定められる。運命という語でわれわれが示すのは、民族という生き方のことである」[9]。この一節では、人間の決断は無条件になされるのではなく、民族に運命的にあらかじめ枠をはめられ方向づけられている旨が確認されている。そして、この時点の文化や風土とも置き換えうるような価値中立的な「民族」という概念が内包していたものは、一九三三年のフライブルク大学総長就任演説である『ドイツ的大学の自己主張』によって明らかになる。

図1　ハイデガー
出典：W. ビーメル／H. ザーナー編『ハイデッガー＝ヤスパース往復書簡――1920-1963』名古屋大学出版会、1994年、口絵より。

　この演説は、ハイデガーのナチス加担期になされたこともあり、大学の使命をドイツ民族に課された精神的・歴史的負託を負うことに求め、その具体例として民族への献身としての労働奉仕、国防奉仕、知的奉仕を挙げている。これだけを見れば、この演

den 3. November 1933

Deutsche Studenten

Die nationalsozialistische Revolution bringt die völlige Umwälzung unseres deutschen Daseins.

Prof. Dr. Martin Heidegger, Rektor

An Euch ist es, in diesem Geschehen die immer Drängenden und Bereiten, die immer Zähen und Wachsenden zu bleiben.

Euer Wissenwollen sucht das Wesentliche, Einfache und Große zu erfahren.

Es verlangt, dem Nächstbedrängenden und Weitestverpflichtenden ausgesetzt zu werden.

Seid hart und echt in Euerem Fordern.

Bleibt klar und sicher in der Ablehnung.

Verkehrt das errungene Wissen nicht zum eitlen Selbstbesitz. Verwahrt es als den notwendigen Urbesitz des führerischen Menschen in den völkischen Berufen des Staates. Ihr könnt nicht mehr die nur „Hörenden" sein. Ihr seid verpflichtet zum Mitwissen und Mithandeln an der Schaffung der künftigen hohen Schule des deutschen Geistes. Jeder muß jede Begabung und Bevorzugung erst bewähren und ins Recht setzen. Das geschieht durch die Macht des kämpferischen Einsatzes im Ringen des ganzen Volkes um sich selbst.

Täglich und stündlich festige sich die Treue des Gefolgschaftswillens.

Unaufhörlich wachse Euch der Mut zum Opfer für die Rettung des Wesens und für die Erhöhung der innersten Kraft unseres Volkes in seinem Staat.

Nicht Lehrsätze und „Ideen" seien die Regeln Eures Seins.

Der Führer selbst und allein ist die heutige und künftige deutsche Wirklichkeit und ihr Gesetz. Lernet immer tiefer zu wissen: Von nun an fordert jedwedes Ding Entscheidung und alles Tun Verantwortung.

Heil Hitler!

Martin Heidegger, Rektor

図２　フライブルク大学総長時代のハイデガーの学生向け檄文

出典：木田元編『ハイデガー』作品社、2001 年、108 頁。

説は戦時体制下での単なる体制寄りのアジテーションにすぎないと考えられるかもしれない。このテキストの特徴は、『存在と時間』以上に、ドイツ民族という集団の決断の重要性を強調していることである。しかもそれは、決断するドイツ民族に課された精神的・歴史的負託の背景として何がイメージされていたのかについて注目すべき暗示を含んでいる。

いかなる条件のもとに真に学問は存在できるのだろうか。それはただ、われわれが自らをふたたび、精神的で歴史的な人間の元初の力のもとに置く場合にのみである。この始まりとは、ギリシア哲学の始まりである（GA. 16. 108）。

元初はなお存在している。それはわれわれの背後にはるか以前にあったものとして横たわっているのではなく、われわれのゆく手にある。元初はもっとも偉大なものとして、あらかじめ、すべての来るべきものを、したがってまたわれわれを越えている。元初は、われわれの将来のなかに入り込んでおり、偉大さを取り戻せという、はるかな指令として屹立しているのである。ただちにわれわれがこのはるかなところから下される指令に決然と従い、元初の偉大さをふたたび得ようとする時にのみ、学問は人間の心にとって最高の必需品となろう（GA. 16. 110f.）。

この二つの言葉で言われているのは、ドイツ民族に課された学問的使命の模範は、ドイツ文化の母体である古代ギリシアの始まりにあり、それを現在に取り戻すことこそが求められるということと、この取り戻されるべき元初は単に過ぎ去ったものではなく、われわれの現在を規定し将来のあり様をも指し示すということである。つまりここから、ナチスへのハイデガーの傾斜が、その生物主義的で人種差別的なイデオロギーを直接信奉してのものなのではなく、たぶんに思想レベルでの動機よるものだったことの一端を窺い知ることができる。そして、ギリシアにあったとされる元初の取り戻しというモチーフが前面に押し出されていることが確認できる。そしてこのことは、この演説後ほどなく書きはじめられた、『寄与』に始まる後期思想の主要なモチーフを形作るものとなる。

第2節　技術批判からナチス支配の「過去」の免責へ

本節の課題は、ハイデガーがナチスの蛮行を事物の技術による支配の動向一般と同列視したことの背後にあった論理に迫ることである。しかし、技術の問題を集約的に論じるテキストを理解するためには、そこでの議論が踏まえているハイデガーの考察の特異な構図をおおまかに押さえておく必要がある。『存在と時間』から一貫しているハイデガーの問題は〈存在〉への問いであるが、この問いの扱いは、『存在と時間』以降、真理をめぐる西洋思想史の検討に重ねあわされて一つの歴史認識となる。そこで本節では、彼の議論を、まず特異な真理観、次にその真理観に基づく技術観の順で跡づけることにより、ナチス支配の「過去」を免責するために編まれた巧妙な論理のどこに〈ずらし〉があるのかを特定する。なお、以下の論旨では〈存在〉という語が頻出するが、それ自体が何であるかはハイデガーも定義していない〈行間からかろうじて、〈存在物を存在物として存在させる不思議な力〉程度のイメージを得ることができるだけである〉。そして、この定義不可能なものが議論の中心に置かれていることこそが、ハイデガーのテキストに深遠で晦渋な印象をまとわせている。だがここでは、〈存在がある〉ということをまずは疑わずにハイデガーの論旨を追っていきたい。そうすることにより、抽象的で難解な存在論が周到に免責の論理にずらされる様子が白日のもとに置かれることになる。

(1)〈隠されていないもの〉しての真理

『真理の本質について』によれば、普段真理という言葉でイメージする〈対象の本質に即応している定義〉は、真理の本質への問いに対する迷いの表れにすぎない。むしろ真理への問いの意味は、古代ギリシア語に保存されている真理という語の語源を理解することによってはじめて解明される。古代ギリシア語では、真理はアレーテイアである。そしてハイデガーの語源解釈によれば、アレーテイアの語源は、〈隠されていないこと〉である。つまりそれは、存在物が明るみのなかに立つ状態を表現している。すると、明るみに置かれる前に、〈隠されていたもの〉があることになる。その〈隠されていたもの〉が、ハイデガーの言う〈存在〉である。

すでに『存在と時間』において表明されていたように、存在物を〈存在〉そのものとみなすことは誤りである。反面、〈存在〉とは存在物の存在を意味することもまた事実である。こうした前期の存在観を踏襲しながら、後期思想へ移行しつつあるこの時期のハイデガーは、両者の違いをカテゴリーの違いのように静止的に押さえるのではなく、〈存在〉はそれ自体を存在物に現しながらも、同時に存在物からは自身を隠す運動として理解する。すると存在物は、その内に〈存在〉をいくばくか映しながらも、同時に〈存在〉そのものではないということになり、この事態を〈存在〉の側に目を移して述べるならば、存在物があるということにおいて起こっているのは、

〈存在〉が自身を現させようとする働きと隠そうとする働きの「闘争《シュトライト》」だということになる。
それでは、存在物があるという出来事を〈存在〉の現れと隠蔽の「闘争」とみなす真理観が、いつ存在物の現れだけを真理とみなす姿勢に変質したのであろうか。『寄与』は、すでにプラトンにおいてこうした見立てが確立してしまっていると言う。すなわち、プラトン以降の西洋思想においては、〈存在〉とは、存在物が自らを外に向かって立ち現させるあり様そのものであると考えられた。ハイデガーによれば、プラトンが存在物の本質であるとみなしたイデア（古代ギリシア語の〈見る〉を意味する動詞の過去分詞型）という語の原義に含まれているように、存在物の本質とは、それが隈なく「見られた相」であるということになる。このように西洋思想の確立と同時に、存在物において現れる〈存在〉のあり様のみが注目され、じつは現れているものが〈存在〉の一部にすぎず、存在物の背後には深淵のように隠されたままのものがあることが忘却されたとハイデガーは解釈する。そしてこうした存在忘却は時代とともに進展し、近代においては、ついに認識をつかさどる人間の心に浮かぶイメージのみが注目されて、心の認識作用の分析がすなわち真理が発生する場所の探究であると考えられるようになったとハイデガーは述べる[10]。

ただし、このように西洋思想史が説明されるとしても、ハイデガーが単純に、理性のおこなう認識に存在忘却を招いた責任を負わせているわけではないことには十分に注意が向けられなければならない。つまり存在物の隠れない現れを真理と考えたプラトン以来、人間が自らを主体的に存在物の中心に据えたと理解してはならない。逆に、〈本質とは存在物の隠れない現れのことである〉という形で〈存在〉が自身を人間に現したからこそ、プラトンに起源を有するような真理観が抱かれるようになったと考えられているのである。ハイデガーによれば、〈存在〉とは自身を現すと同時に隠すものである。だが、人間には〈存在〉が同時に自らを隠しているという事態に思いを馳せることが拒まれている。そしてこの思想こそが、ハイデガーによるナチス支配の「過去」への反省のあり様にも深刻な影響を及ぼすことになる。

(2) 用立てて活用する働きとしての技術

以上のようにハイデガーの真理観からは、〈存在〉の現れのあり方に起因する存在忘却へと、運命的に人間が巻き込まれているという歴史認識を確認できるだろう。現代をも縛るこうしたものの見方の傾向は、二〇世紀には技術という形を取って徹底されているとハイデガーは診断する。ハイデガーによれば、〈存在〉と人間との関わりからみれば、現代は困窮の時代である。作ることに関して、自由の実現形態に目を向けてみよう。『ブレーメン講義』が瓶や橋の製作を例示して説明していることによれば、あるものを製作するということは、元来は、〈存在〉の現れる働きに基づいて今あるがままに存在させられている存在物に呼応しながら、人間がその存在物に手を加えて自身の必要なものを作り出すことである。加藤尚武が指摘しているように、こうした自由観にはある目的論が含意されている。[11] ハイデガーが挙げる例によれば、瓶を製作するとは、単純に人間の必要を満たすために粘土を活用するのではない。粘土という存在物に内在するある種の目的(つまり、〈存在〉の現れ)を、人間の手を介して瓶という形に現す製作の結果が、目の前にある瓶であると考えられているのである(ハイデガーの〈本来的な製作〉の説明については、農作業を介して豊饒な大地に手を貸すことで、大地の恵みを手にするという農業観や、「大理石に像が隠れているから、私が手を貸してその像を外に現れるようにする」、という、創作にあたる芸術家の述懐を思い出せばある程度イメージできるだろう)。ハイデガーの立論を追うならば、現代においては、加工する存在物を介しての〈存在〉との共鳴への感性が失われ、人間が目の前にある存在物をひたすら人間の利便のために「用立てる《ベシュテーレン》」という思考パターンのみが支配していると考えられている。ハイデガーはこの現代の根本傾向を、『寄与』では「工作機構《マッヘンシャフト》」と、『ブレーメン講義』では「総かり立て体制」と命名している。

先に述べたように、古代ギリシアを模範として定義されていた最初の本来の技術においては、物と人間の間には親和的で協同的な近さが支配していた。これに対して、現代技術においては、人間の事物に向かっての、しかも人間の抱く目的にだけ即した、一方的な関わりだけが強調される。そしてこの技術を支える思考パターンにおいては、存在物は製造のための物資としてのみ用立てられる。そして、たとえば、石炭は物資として自然界から用立てられ、用立てられた石炭からさらに、エネルギーが用立てられる。そして取り出されたエネルギーは機械を動かし、機械は道具を生産する。このように存在物を用立てる過程は一連の製造システムを形成し、ぐるぐる回る機械のようになる。このなかで存在物は、恒常的にこの自動システムに投入される資源に、そしてさらに、このシステムを維持するための在庫になり下がる。こうした総かり立て体制という思考パターンこそが現代を支配し、目の前にある一切に、人間の目的を満たすための単なる材料であることを強要していく。そして、言うまでもないことであるが、このような「総かり立て体制」においては、人間もまた、「人材」や「人的資源」として用立てられる。

だが、人間中心主義であるとの技術の特徴づけについては、次節で検討するヤスパースの技術論と比べても、ハイデガーはさほど独創的なことを述べてはいない。ハイデガーの技術論の独自性は、一連の用立てからなる生産システムは人間が作ったものであるから、人間がそれを是正できるのかという問いへの答えにある。このことにハイデガーは、そうした回答は単なる幻想であると断言する。

> 人間が河川の水力をその圧力に向けて誘い出し、さらにこの圧力を活用して電流を発生させるとしよう。この場合、そうすることができるのは、人間がすでに「存在物を自分のために」用立てて活用する心を抱かされているかぎりにおいてである。人間は、存在物と関わる時に、「資源として」用立てようとする心の働きが利用可能とみなしたもの

として、いつでも存在物を思い描くようにされている（GA. 79, 30)。

つまり、この一連の用立てシステムを動かしているのは人間ではない。逆に、万物を人間のために用立てるという思考パターンにあらかじめ受動的に巻き込まれているからこそ、存在物が人間の目的を満たすために使用可能な資源としてのみ人間に思い描かれるようになってしまっているというのである。さらに言えば、〈存在〉がそのような形で自らを現すからこそ、現代技術は現にあるがままの体をなしているということである。すると本章の冒頭で確認したように、かりに強制収容所に収斂するナチスの蛮行が、現代の農業生産と並んで「総かり立て体制」の一つの現れであるとするならば、責任はむしろ、自らを「総かり立て体制」として現す〈存在〉にあることになる。その結果、ドイツ人はその蛮行に責任がないことになってしまうのである。

（３）〈存在〉の現れの運命とナチス支配の「過去」への免責

ハイデガーが生涯にわたり自身のナチス加担の誤りについて、公に弁明することがなかったことはつとに知られている。そして、戦後のハイデガーの真理観と技術観を見てくるならば、そのことのハイデガーなりの理由づけを瞥見できるように思われる。それをまとめれば、ナチスの蛮行は、人間にとって所与ともいうべき〈存在〉の現れのあり様に起因するということである。そしてこのことを傍証するかのように、「過ち」がやむをえなかったという趣旨の弁明を、ハイデガーはさまざまな機会にきわめて晦渋な形で表明している。一九四六年に記された『アナクシマンドロスの箴言』を検討してみよう。この論考は、〈存在〉がおこなう自己を現しかつ同時に自己を隠蔽する運動のうちで、存在物に現れた〈存在〉だけを〈存在〉そのものとみなせば、〈存在〉を見誤ることになると述べている。反面、西洋思想史は、イデアに始まり近代の人間理性に直面する対象がそうであるように、〈存在〉が自らを現させるあり様こそを存在自体とみなすことに慣らされてきた。すると、人間が〈存在〉を見誤り過ちを犯すのは運命だということになる。[12] このような思想が語られ、大学においては、それを深い思想であるとして祖述するテキストが膨大に生産され、読者や聴衆に受容されることを許していたのが一九五〇年代の西ドイツ社会だったのである。

それではどうすればいいというのだろうか。ハイデガー自身は詩人ヘルダーリンの一節を引用し、「危機のあるところで救いとなるものもまた萌す」と述べている。すなわち、一切を人間の目的充足のために用立てる思考パターンに浸透されていることに気づく時、こうした現れ即〈存在〉そのものという予断から向き直り、プラトン以前の古代ギリシアでまったき現れをしていたという〈存在〉が改めて別様に現れてくるのを静かに「慎み《フェアハルテンハイト》」をもって待ちつづけることが求められる。この別様の現れこそが「別の元初」となる。そしてこうした「別の元初」の到来は、〈存在〉そのものが現れると同時に自己を隠蔽する運動のただなかにあるのだから、どこまでも人間の認識能力にとって底なしの深淵を孕んだものである。こうした深淵の前に立ち尽くしつつ、将来あるかもしれない〈存在〉の別様な現れの〈場所〉を準備することに、「別の元初」がまだ到来していない時期の人間がなしうることは制限される。すると、人間の自由は、戦後のハイデガーによれば、〈存在〉の現れをひたすら待望することだけになる。

ここまで筆者は、戦後のハイデガー思想に即して、一九五〇年代にアカデミズムの世界で公然と語られつづけていた「過去」忘却の思考パターンを明らかにすることを目ざした。その結果明らかになったハイデガーの思考パターンでは、現状をプラトン以前にあったとされる元初の「追想」によって批判し、〈存在〉の別様な現れを待ち望むという主体性を欠いたきわめて受動的で静寂主義的な姿勢が支配的である。しかもそこには、〈起源〉としてのおおいなる「過去」の記憶によって現在にまで影響を及ぼしている「過去」を克服するという戦略を確認することができる。そしてこの戦略は、以下で検討されるヤスパースの政治教育思想にある、ヨーロッパ固有のヒューマニズムの記憶を想起し活性化させるという「過去の克服」の方向に重なりあうものがある。

しかし、ヤスパースには存在しハイデガーに欠けているものがある。それは、〈起源〉による「過去の克服」構想における公共性への配慮である。第4節でみるように、ヤスパースは公開討論により情報を共有しながら現状の改変を目ざす自由なコミュニケーションに希望を託そうとする。これに対して、ハイデガーの場合には、「別の元初」からの呼びかけを待望するとしても、この呼びかけられた内容が本物の到来であると判断する基準は何なのだろうか。ハイデガーだけが特権的に聴き取られた内容に権威を与えることができるのだろうか。そうだとするならば、たとえ一時的であれ、ナチズムという社会現象に〈存在〉の別様な現れを期待して加担したのもまたハイデガーである。このような過ちを防ぐための何かがハイデガーの思想には欠けているのではないだろうか。――このような疑問がどうしても残るのである。[13] 一九八〇年代フランスにおいて、ハイデガーの提唱した〈存在〉と存在物の関係についての議論から正義論が確立されたことを考慮すれば、ハイデガーの存在思想の潜在力を過度に低く見積もることは許されないだろう。だが、同時代の、しかも一九二〇年代にはハイデガーとの思想共同体の樹立までを夢想したヤスパースと比較するならば、戦後のハイデガー思想は、歴史認識を先鋭化させることこそが現在の行く末を指し示すことになるとの知見を示しえてはいるものの、その先鋭化のあり方について厳しく熟考を迫るものであると言えよう。そこで次節以降では、一九五〇年代のドイツが過去を克服するための歴史認識の拠り所をどこに求めたのかを、良心派の文化教育学者であるリットを経由して、ヤスパースに見ていくことにする。

第3節　良質なドイツ文化による「過去の克服」

――リットにおけるナチス支配の「過去の克服」構想

ハイデガーは、文化や伝統によって人間が制約されているという事実を『存在と時間』で強調し、ナチズム期のフライブルク大学総長演説において、ドイツ文化の根源がギリシア文化にあると主張していた。「過去の克服」をめぐりハイデガー自身が採用した戦略は、ドイツ文化の起源にあったとされる〈存在〉の記憶を呼び覚ますことにより、現代を批判するというものだった。視点を、一九五〇年代の教育学説史に転じるならば、本来的な文化の力に戦後ドイツの精神的復興の方向性を求める発想は、ナチスに対して一貫して距離を置きつづけた精神科学派の教育学者であるリットにも見ることができる[14]。リットは、戦後の精神的復興が模索されていた一九四七年に『歴史的思惟の道と迷いの道』を公刊し、ナチス党に雪崩を打って賛同したドイツ人を次のように分析している。

図3　リット

出典：テオドール・リット（小笠原道雄訳）『技術的思考と人間陶冶』玉川大学出版部、1996年、口絵より。

まさに自己自身を歴史の光のなかで見ることに慣れた民族において、こうした努力［国民の行為ばかりか『世界観』すらも、暴力的な権力者があてにできるように変えること」が、すべての人びとの頭脳を、暴力を行使する者の行いを正当化する歴史的見方に流し込んでいった。こうして、［権力者に］へつらう歴史記述の助けを借りて、ドイツ民族の歴史が修正され、調節され、改変されて、普通の人びとの心にひたすら宣伝された。政治的演出のあらゆる照明術が、光と影とを望ましい仕方で割り振るために働かなければならなかった。同時に、世論形成のために、とりわけ、後世代の育成のために意味を持つ組織をシステマティックに規制して監督することによって、いかなる［権力者側から］逸脱した歴史解釈も表現することが許されず、そうした歴史解釈が口にされず、いわんや、学び手にもたらされることがないように配慮された。そして、公に定められた歴史伝説が開かれた［青少年の］心に受容され、従順なままに彼らの心の深層に送り込まれるように配慮された。(15)

リットのこうした分析で目を引くのは、歴史認識が暴力的権力者であるナチスを正当化するために偽造され、この偽造された歴史認識が、巧妙なプロパガンダ戦略によって大衆の心に浸透していった結果、ナチスが支持されたという理解である。すなわち、リットによれば当時の大衆の教養のなさがナチスに欺かれた原因だということになり、こうした時代診断の裏には「ナチスによって欺かれたドイツ国民」という歴史認識があることを確認できる。しかも、左記の一節に目を凝らせば、ドイツ人が「自己自身を歴史の光のなかで見ることに慣れた民族」と表現されていることにも気づかれるだろう。リットはドイツ国民の精神性の基礎をその歴史認識に求め、この歴史認識を健全化することにこそ戦後ドイツの精神的復興の可能性があると主張する。

われわれ自身を歴史的観察の眼によって見ること、歴史的観察がわれわれに贈る洞察を、意志に基づくわれわれの決断に関わらせること――このことが今や、精神が発達するにつれて、われわれの習慣や欲求、そして身近な心映えとなる。[16]

個人のあり方の決断を、〈正しい〉歴史認識に浸透させて導くことこそが、リットによれば戦後の国民教育の課題となる。それでは、このリットが想定しているドイツ精神の根幹をなす〈正しい〉歴史認識はどこにあるのだろうか。『人間の自己認識』などの一九四〇年代後半の論著において、リットはそれを、個人を包み込み、なおかつその全体が汲みつくし難いという意味で個人の認識力を超えている「超個人的なもの《ダス・ユーバーペルゼンリッヒェ》」であると述べている。『歴史的思惟の道と迷いの道』は、そうした「超個人的なもの」に浸透されることを、「歴史的共同体が、前世紀ドイツの精神的生において到達した歴史的意識の明るさに到達する」[17]ことと表現している。さらにそれは、『ドイツ古典主義の教育理想と近代労働世界』では、「ヴィンケルマンの出現からヘーゲルとゲーテの晩年までの詩的―思想的努力」[18]と率直に述べられている。こうした名前を見る時、リットが例示し目ざそうとしたのは、ドイツ古典思想が理想とした文化に浸透された個人の自律の再確認と復興だったことが明らかになる。このように、ナチズム期から戦後復興期にかけての良心的な教育学者だったリットの場合にも、ナチス期の精神的崩壊への処方箋が〈良き〉ドイツ文化の記憶の想起だったことを確認できる。健全なドイツ文化と共鳴した個人のあり様の自発的決断――このような戦後ドイツの精神復興の構想は、リット以上に人間形成において主体的決断が果たす役割を強調しているという違いを含みつつも、哲学分野のドイツ的良心の代表者と目されていたヤスパースにも見られるのである。

第4節　ヒューマニズムへの回帰――ヤスパースの戦後復興の理念

それでは次に、身をもってナチス期を生き延び、ナチス期への反省を踏まえながらドイツの戦後復興に積極的に発言したヤスパースの思想を分析しよう。ヤスパースは戦後すぐに認可雑誌『ヴァンドゥルンク』を主宰し、主に大学の復興について積極的に発言することにより、戦後の精神的荒廃からの立ち直りを促した。そして、ドイツ国民の精神的復興を促すために、ナチス期にドイツが犯した罪への贖罪のあり方を『戦争の罪を問う』で提案している。

(1) 戦争犯罪の四分類と贖罪のあり方

ヤスパースは、『戦争の罪を問う』での考察の前提として、狭くドイツ人であることに心を閉ざすことなく、一人の人間として個々人が、ドイツ国家の犯した罪を自覚する時に、はじめて人間としての再生が果たされ、ひいてはドイツ国家が復興することを確認する。そして、ドイツ人の反省を促すために、ヤスパースは戦争の罪の有名な四分類を提案する。それが「刑法上の罪」、「政治上の罪」、「道徳上の罪」、「形而上的な罪」である。ヤスパースによれば、殺人などの刑法違反である「刑法上の罪」と、戦時中に国家の為政者が犯した罪とそうした為政者を選んだことによって国民が間接的に負わねばならない「政治上の罪」は、裁判所であれ、戦勝国によってであれ、国際法や自然法に基づいて公的機関に裁かれる。これに対して「道徳上の罪」と「形而上的な罪」は、公的機関には裁かれないものの、国民一人ひとりがその罪としての性格を自覚しなければならない。「道徳上の罪」は、命令を実行して犯された罪は、第一義的には、公的機関が命令者を処罰するに留まるとしても、実際に犯罪行為を実行した者が感じなければならない良心の呵責を意味する。「形而上的な罪」は、そもそも犯罪がおこなわれ、なおかつその事実を知っている時に何もせず、その結果、自分が生き残った場合に感じられる罪意識である。それは具体的には、圧倒的な暴力国家であるナチ体制のただなかにある時に、人類愛に促されて成功の見込みがないとしても抵抗のために無条件に生命を賭けるのか、成功がおぼつかないがゆえに生命を存えさせることを選ぶのかのどちらかを選ばねばならないという限界にぶつかる場合に感じられるとヤスパースは言う。ここには、前期の主著『哲学』において最終的な定式化をみた「限界状況」としての罪理解が反映されている。

「限界状況」のもとでヤスパースが見ているのは、日常生活では隠蔽されているものの、人が生きざるをえない赤裸々な事実である。つまり、人は生きる以上、死なねばならず、生存のために戦わねばならず、苦しまねばならず、自らが主体的に選択する余地なく特定の時代や場所で生きねばならず、罪を犯さざるをえない。これら五つは乗り越え難い壁のように立ちふさがる。通常、人はそうした「限界状況」に目を塞いで日常生活を過ごしている。だが、それらに絶望し、それらがあることの不可解さに震撼する時にこそ、人は自己を変革して超越者との繋がりを確信できるとヤスパースは説いた。このような思想に基づいて、『戦争の罪を問う』は贖罪のあり様について、「刑法上の罪」については犯罪者が処罰されることで、「政治上の罪」についてはドイツ国家として被害国に賠償することで贖罪されるとする。個々人の罪にあたる「道徳上の罪」については、一人ひとりに「罪

図4　ヤスパース

出典：ビーメル／ザーナー編『ハイデッガー＝ヤスパース往復書簡』口絵より。

滅ぼし」の感情が芽生えて、賠償を誠心誠意おこなうことによって、「形而上的な罪」については、「神の前に立って、自分が犯した罪への深い自覚」が生じることによって贖罪がなされるとした。

『戦争の罪を問う』は、「刑法上の罪」と「政治上の罪」については、戦勝国に敗戦国を裁く権利はあるのか、戦争という非道を犯したのだから同罪ではないのか、国民は騙されただけで直接犯罪に手を貸していないのではないかなど、読者から予想される異論に一つひとつ論理的に反論している。そして、「道徳上の罪」と「形而上的な罪」については、ドイツ人の内的覚醒を促すために、細かにナチス体制下でドイツ人が陥った錯誤の実態を省察している。「道徳上の罪」については、当時の国家や軍隊と自分の運命を同一視した錯誤に言及される。ヤスパースによれば、命令だと言われて悲壮に最高の義務を命じられたかのように陶酔に身を委ねてしまったことは、騙されたとあとから主張しようが、罪を免れることはできない。さらに、目先の生活を維持するためにナチスに迎合したこと、他者がナチスの暴力に迫害され、生命の危機に陥っていることを知っていてさえ、積極的に何もしなかったことについては、他者の災いや苦しみに共感する想像力に欠けていたと厳しく断罪される。「形而上的な罪」については、ヤスパースによれば、不正がなされている時、自分の生命を犠牲にしても不正を除去することが不可能である時に、道徳からは「自分の生命を犠牲にせよ」という命令は生じない。道徳は「生命を賭けよ」とは命じても、「生命を捨てろ」とまでは命令しない。ところが、人間としてのわれわれのなかには人びととの連帯を要求する声が響く。抵抗不可能な不正義がおこなわれた時には、それに居あわせただけでも、それを止めることができなかったというだけでは、さらに、死ぬことはなかったとしても、できるだけの抵抗を試みたというだけでは不十分であるとの声がする。ヤスパースの理解では、抵抗がおこなわれる場面に居あわせ、しかも他者が殺されるところで私が生き残ったとすれば、私の内面に良心の声が聞こえ、自分がまだ生きてしまっていることが私の罪なのだと知るのである。

この状況は、生きつづけなければならない人間にとっては「限界状況」である。こうした心の声を前にする時、義務も打算も沈黙せざるをえない。だが、この究極の沈黙のなかにこそ、ドイツ人の、ドイツ国家の再生の可能性が宿っているとヤスパースは考える。ヤスパースは言う。「その結果は、謙虚さである。超越者を前にした時心動かされて、人間としての有限性と不完全性が意識されるのである。その時われわれは、支配意欲を持たずに他者と愛しながらの闘争［真摯なコミュニケーション］をおこなうなかで何が真理なのかについての議論をする。そしてわれわれは、そこで見出された真理において互いに結びつきあうのである」(19)。

自己正当化することなく罪を罪として受け入れながら、他者と真摯に語らいつつ一人の人間として、今何をすべきなのかを決断すること。『戦争の罪を問う』の最後でヤスパースが示すのは、こうした個人の自由と、自覚を促された個人からなる集団が、自分の帰属する社会の政治に主体的に責任を負おうとする政治的自由の不可欠さなのである。

（2）ヤスパースにおける政治的自由の成立条件

『戦争の罪を問う』を刊行した後、ヤスパースはナチス体験を踏まえ、ナチズムを生み出したヨーロッパの歴史を反省し、一九四九年に『歴史の起源と目標について』（以下、『歴史』と略記する）を発表した。ヤスパースはその第二章「現在と未来」において、歴史における不易なものと、現代において新しく発生したものを整理している。現代において新しく発生し、ナチスの蛮行の基盤を提供したものとしてヤスパースが挙げているのは、近代技術と大衆である。

ヤスパースは技術の本質について、困窮や脅威や束縛がつきまとう外なる自然に拘束された状態から人間を解放する手段であると定義する。だから、技術とは、人間の生存という目的に奉仕するために事物に向かって行使される振る舞いであることになる。技術的に考える人間は、事物をもっぱら人間の目的にとっての使用価値の観点から評価する。つまりヤスパースによれば、技術は人間による人間の生存のための自然からの物資やエネルギーの収奪だということになる。そして、技術の発達によって人間はたしかに労働を単純化されて分業体制に組み込まれる機械の歯車とされてしまった反面、労働時間を短縮される利便を得て、技術がもたらしたものによって空前の快適な生活を過ごせるようになっている。その結果、人びとは、技術がもたらした問題は技術そのものによって解決可能であるという技術への信仰に無自覚に囚われている。だが、ナチズムにおいてヒトラーに破壊的な世界観を妄想させて大量破壊兵器を生み出し、ユダヤ人の輸送手段を保証し毒ガスを作り出すなど、計画的な民族絶滅を可能にしたのがほかならぬ近代技術だったという事実を前にする時、ヤスパースは技術の限界をしっかりと見据える必要があると主張する。ヤスパースによれば、技術の限界とは、技術はそれ自体のなかに目的を持たず、したがって目的に関しては外から指導を受けなければならないことにある。

技術との関わりについても、『戦争の罪を問う』の場合と同様、人間の運命を決定するものは人間自身の自由であると述べられる[20]。しかし、ヤスパースの診断によれば、技術のあり様を決定する人間の心の側にも、現代においては質的な変化が生じている。ヤスパースによれば、この変化は、現代人が自由を担う本来的な主体として生きているのではなく、第一義的に大衆として生きているということに起因する。

大衆

ヤスパースは大衆について、すでにワイマール体制末期に『現代の精神的状況』で分析し、本来的な自己である実存と対比しながら、実存であることへの覚醒を困難にする要因として批判的に分析していたが、『歴史』においても、その分析は踏襲されている。技術の進歩によって大量の人口の維持・扶養が可能になり巨大な産業社会が誕生した。その社会での生活は、自身と社会の過去や未来に関してきわめて狭いスパンでしか考えることができず、人びとはひたすら今を生きることに専念する。この巨大な産業社会では、人間は伝統と断絶され、人としての最終目標を求める意欲を失う。この社会では、労働は緊張とせわしなさのなかでおこなわれる単なる苦労となり、人間は業績達成を強いられて消耗してしまう。疲労した人間には衝動的な享楽への欲求しか残らない。こうして人間は、新聞と映画とともに生き、ニュースを聞き、いたるところで機械的な型にはまった生活をする。以上のように『歴史』は大衆社会の特徴を述べている。そして、このように歯車化された労働のあい間に刹那的な享楽を求めて生きざるをえない現代人は、自身の精神的基盤を見失い、自分のライフスタイルの決定を世論という不特定他者の意志に委ねている。そうした大衆社会では一人ひとりが取り換え可能な構成員に平均化され、自己の運命にも集団の運命にも無関心になり、その結果、無責任な扇動されやすい状態に陥っている。このような大衆分析は、ハイデガーらにも共通して見られ、今では現代社会批判の定番になっている。だが、『歴史』は、大衆のあり様について、次のような重大な発言もしている。

個人は民族であると同時に大衆である。彼は自分が大衆である場合と民族である場合にまったく異なる感じ方をする。状況は大衆であることを強いるが、人間は民族であることに固執する。比喩を用いて詳しく述べてみよう。私は大衆としては一般的なもの、流行、映画、単純な今日に向かい、民族としての私は、具体的なもの、取り換え不可能なもの、生き生きとした演劇、歴史的な現在を求める。――大衆としての私は陶酔して指揮者用譜面台の上のスターを賞賛し、民族としての私は心の奥底で、自身の生命を超えた音楽の美を経験する。――大衆としての私は数でものを考え、蓄積して均してしまう。民族としての私は、伝統的な価値秩序を基にして判断する（UZ. 165)。

ヤスパースは、『歴史』の刊行と同時期に、第二の主著である『真理について』において、人間の精神的所産である伝統に、実存が超越者へ覚醒するための一定の意義を確認している。しかしながら、伝統の肯定的評価を踏まえながらも、筆者はヤスパースが現代人を〈大衆かつ民族〉であると分析していることに注目したい。ヤスパースも言うように、大衆としての人間は、無自覚に服従している不特定他者である世論からの導きを、具体的には、宣伝とかスローガンを求めている。だが、そうした宣伝が訴えるのは、大衆のなかに眠る情動的な力である。そして、そうした眠った力へ訴えるものが、実際にはナチス期の宣伝を通じての扇動に見られたように、「血と大地」や「金髪のアーリア人種」のような民族の神話であったとするならば、無批判で宣伝を受け入れやすい大衆であると同時に伝統や歴史的価値を重んじる民族でもある現代人は、きわめて容易に扇動されることになる。ナチスの蛮行を支えた近代技術、野蛮なナチスに雪崩を打って賛同した〈大衆かつ民族〉である当時のドイツ人への分析を経て、ヤスパースが改めて未来への希望を託すのは、「自由」である。『歴史』はナチズムを生み出したヨーロッパの現在を反省した後に、次のように記している。

強制収容所についての報告にじっくり接すると、語る言葉を失ってしまう。危険は原子爆弾の場合よりも深層にまで及んでいる。というのも、それは人の心を脅かすからである。希望なき状態のいっそうの完成という思いがわれわれを襲うかもしれない。しかしわれわれが人間を信じるとすれば、この思いは究極的なものではない。ただその時「人間を信じる時」に、こうした［ナチスが犯した蛮行の］現実に下される心を打ちひしぐ診断がかならずしも出口なしではないと思われるのである（UZ. 188）。

人間が人間である以上、いかなる危機にもかかならず打開策があるはずである。このように確信するヤスパースが、ナチス体験の突きつける人間性の危機打開への手がかりを託したのはヨーロッパのヒューマニズムだった。『歴史』は紀元前八〇〇～五〇〇年頃に発生した「基軸的な思想」がそのつどの歴史状況において回想され、社会を動かしてきたと述べている。

> 西洋における教養の連続性――途方もない断絶や破壊、一見完全な衰退があったにもかかわらず、西洋の教養の連続性が失われることはなかった。少なくとも、数千年来通用してきた理解の形式や図式や言語、定式が存在する。そして、意識して過去へとつながりを求めて遡及する努力が止んだ時ですら、なんらかの連続性が残り、意識的な再結合が果たされた。……ヒューマニズムはスキピオの時代以来教養の一形式であり、それが当時から今日まで変転しながらも西洋史に通底してきたのである（UZ. 85f.）。

そして、ヨーロッパに関しては、ヤスパースが発見した「基軸的な思想」は自由であった。その自由の内実は、哲学的著作では理性の働きとして記されているが、『歴史』もその定義を踏まえている。それによれば、自由とは何をやってもいいという恣意のことではない。それは、自分の生き方は自分で決定すべきであると自覚する個々人が人間的な真摯で親密な交流を深めるなかで、共通の合意形成に向かう際に決定的に発揮される。この意味で自由とは、まず、自分のこだわりを離れて他者に耳を傾ける公明さであり、他者に傾聴しつつ同時に自身の置か

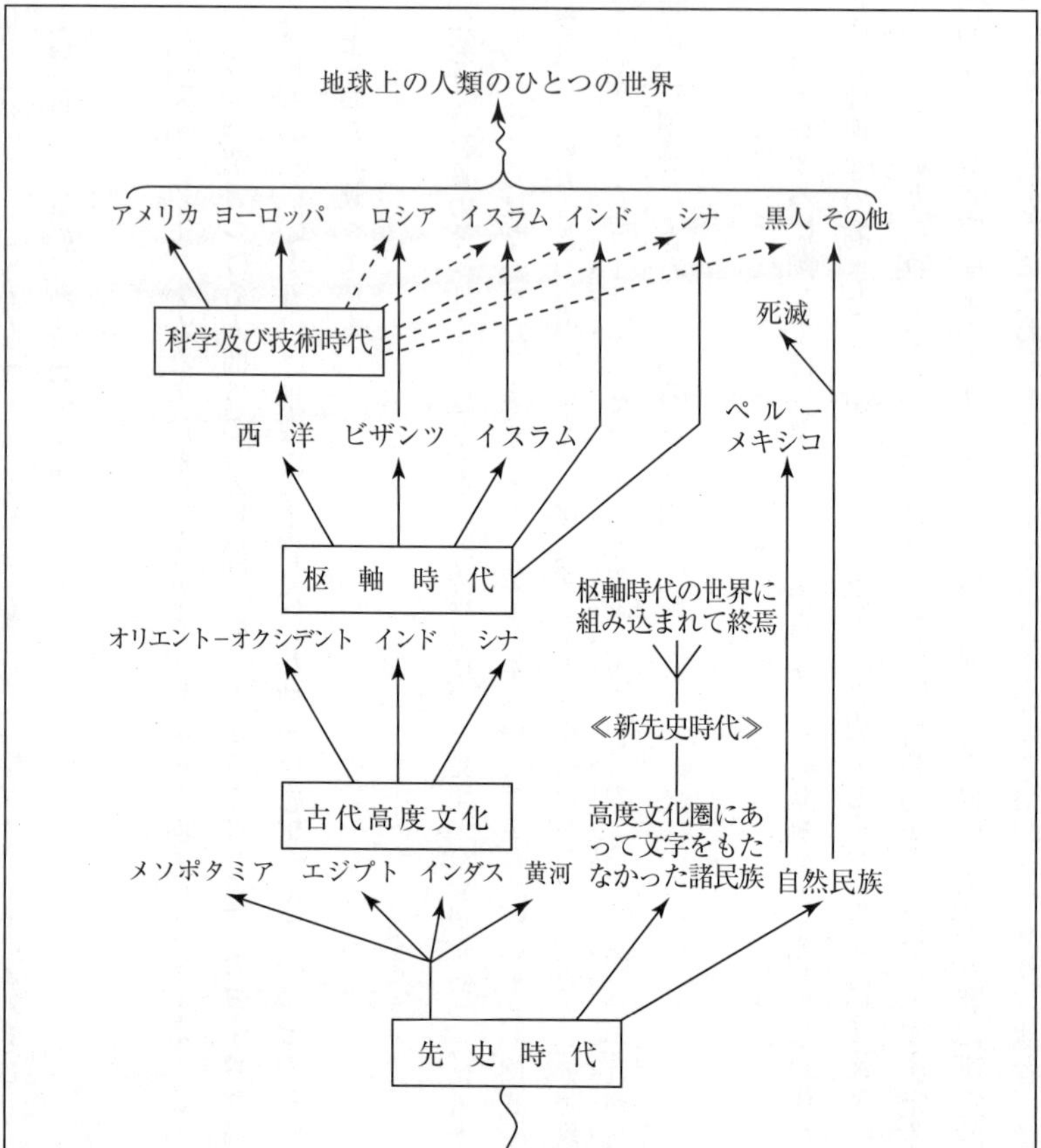

図５　歴史の概念図

出典：カール・ヤスパース（重田英世訳）『歴史の起源と目標』理想社、1964年、64頁。

れた状況のなかで生き方を決断する力でもある。たしかに自由の根拠を問う時に、人は超越者との繋がりを予感するだろう。だが、このような自由は完全な完成をみることがない。人はつねに自由の実現の途上にあることを意識すべきである。そして、現実社会においてヤスパースがとくに強調するのは、社会の合意形成へ果たす自由の機能である。こうした他者との真剣な交流を基本に置く合意形成の努力にこそ、ナチズムのような暴力的独裁に陥らないための希望が託される。

人類を自由なものとするとは、人類を互いに語りあわせることを意味する。だが［互いの間に］、表に語り出されない底意があったり、心の内では相手との関係を絶つことになる留保があったり、語りあいが一見成立している時にも、実のところは沈黙や単なる時間稼ぎや詭計があったりするならば、語らいは欺瞞となってしまう。邪心なくともに語りあうことは無私の仮借ない営みである。ただ語る者双方の完全な公明さという心構えにおいてのみ、共同性を保つ真理が生じるのである（UZ. 198f.）。

相互に腹蔵なく語りあいながら、一緒に真理を求めていく所作という、哲学のレベルで理性に結実した自由観は、現実社会においては政治的自由として実現される。それはまず、暴力の全面的支配に陥らないように、民主主義という合法的状態を形成し維持することから始まる。この状態の実現はひとえに、社会構成員の意志にかかっている。社会構成員は自分が帰属する社会が独裁や暴力秩序に陥り、抑圧装置に変貌しないために、無制限の公開討論を実施してできるだけ広い知識や情報や知見を熟知したうえで社会のあり様を決断しなければならない。これからの社会のあり様を自由に決断できるためには、構成員一人ひとりが選挙によって社会に意志表明しなければならない。ヤスパースによれば、自由な政治状態とは、住民のなかにある自由の意識が、自由を攻撃するあらゆる現実に対して感受性を保ち、自由の保持に配慮する場合にのみ維持されうるのである。そしてそのために、民主主義を社会習慣や社会倫理とする必要がある。そのための政治教育こそがヤスパースが求めて止まないものだった。

第5節　開かれた思惟へ――ヤスパースの理性の哲学が示唆するもの

歴史認識の方法論を練り上げる過程でヤスパースが強調したのは、理性の擁護と理性の働きを促す政治教育の必要性だった。ヤスパースは、個々人の内面的な覚醒と変容が社会改革に帰着すると確信していたのであり、その実現のために、広い知識の共有と獲得された知識に基づく社会全体のあり方についての真摯な対話を求めていた。政治的省察の総決算である一九五八年の『原子爆弾と人間の未来』は政治教育の要諦を次のように述べている。

あらゆる偉大な政治は一致して、理性へ向かう自己教育に起因する。……個々人の理性がいつでも公明さを保持して働くために、自由な世界に生きる理性的な生命は、自己を啓発し批判し吟味し告発することによって心の公明さを保持する。この道は、すべての個々人の考え方を経て民衆の自己教育へと通じる。後の世代の教育についての方針は、このことにある。民主主義社会がこうした自己教育過程を続けるためには、青年の教育ほど重要なものはないのである。[21]

歴史教育の重視は、困難な時代を生き抜いた哲学者の発言だけに訴えかけるものがある。さらにメディアやプ

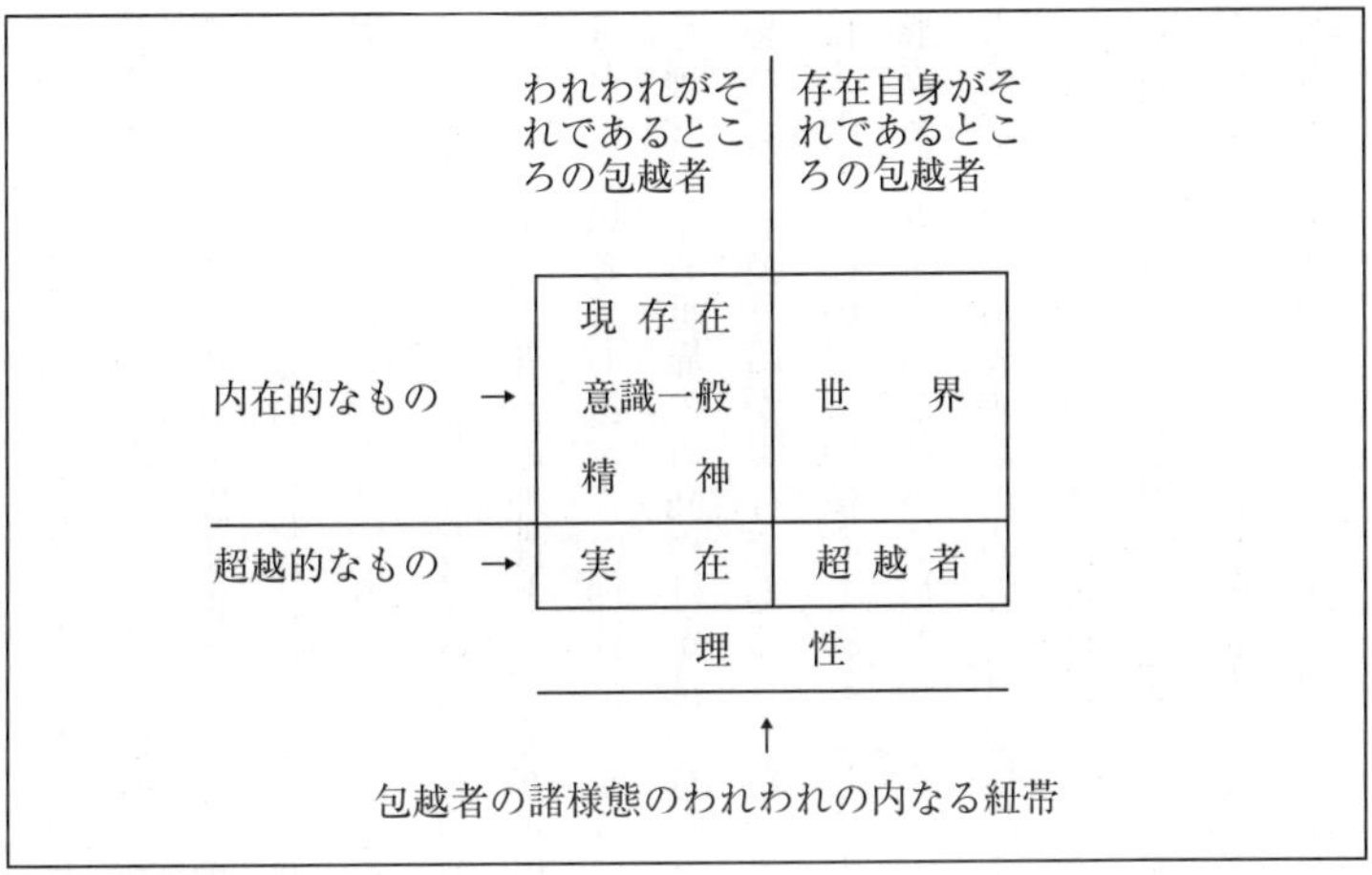

	われわれがそれであるところの包越者	存在自身がそれであるところの包越者
内在的なもの →	現存在 意識一般 精神	世 界
超越的なもの →	実 在	超越者
	理 性	

包越者の諸様態のわれわれの内なる紐帯

図6　包越者に関する図
出典：カール・ヤスパース（林田新二訳）『真理について　第一巻』理想社、1976年、107頁。

ロパガンダ技術が発展し、何が真実なのかを一九五〇年代以上に見極めることを求められている現状を考えれば、ヤスパースの思想は、現在にも理念としての意味を持つと考えられる。透徹した眼差しを育成するための政治教育。それはどのような人間観に支えられているのだろうか。このことを明らかにするために、その政治思想の根本にある哲学理論に遡りながら、ヤスパースの理性の哲学の含意を考えてみたい。

『哲学』は、個人に固有な客観化できない自己であり、他者との誠実な交わりを希求し自己生成の自由を本質とする自己であり、歴史的な存在者でありながら同時に永遠へと思いを馳せる自己である実存に人間の本質をみた。こうした人間理解に立脚して『哲学』は、従来の自然科学や講壇哲学にみられる人間理解の一面性を指摘しながら実存の特徴を緻密に記述し、本来的な自己への覚醒のあり方を解明した。そして、ヤスパースがはじめて理性について詳細に言及したのは、ナチスによって公職追放され国内亡命を余儀なくされる直前の一九三五年にオランダでおこなった講演『理性と実存』においてである。従来の哲学では、理性については事物の認識や人間の行動を制御する最高の精神能力と考えられてきた。こうした伝統的な理性観に対して、ヤスパースは端的に、「実存は理性によってのみ明晰になり、理性は実存によってのみ内容を得る」と言う。ヤスパースによれば、人間は、動物的で衝動的な生命である現存在、科学的知識に代表されるような明晰ではあるが機械的な法則性を目ざす意識一般、社会理想のような理念に導かれた組織的な全体から自身の生命と環境世界の意味を理解する精神、『哲学』で実存と呼ばれたものという四つの互いに関係し支えあう心の能力（「われわれがそれであるところの包越者」）からなり、その各々が客観の領域全体としての世界（「存在それ自身がそれであるところの包越者」）と特徴的な関わり方をしている。そして、実存とほかの三つの心の能力ならびに世界を繋ぐ絆として理性が見出される。

ヤスパースの考える理性とは、心が世界を思い浮かべて得られるさまざまな知識の一面性や限界を乗り越えようとする思考である。この理性に導かれて人間は、たとえば、ほんとうに自分を形成するために、科学的世界観や理念による世界の方向づけが持つ意味とその限界を明らかにする。さらに、これらの領域が人間に有する意義を判定する拠り所が実存である。また、このことを別の形で表現するならば、実存が各人にもっとも固有で取り換えの効かない自己の核心であるとしても、それが他者や環境世界に開かれなければ独りよがりで盲目的な自己形成を目ざす意志となってしまう。それゆえ、世界が実存にとって持っている意義を明らかにし、実存としての人間が自己を形成するための素材を提供する働きが理性に求められた。

このようにヤスパースが理性に求めたものは、意識一般や精神といった単独の心の能力が世界について見出す知識に留まることに起因する一面的な世界把握を乗り越える「世界開放性」だった。しかも、ヤスパースはそれらを単純に乗り越えることを求めただけではなく、それぞれが人間形成にとって持つ意義や価値も認めるべきであると主張した。つまり、四つの心の能力と世界を包み超えた究極的なものとして超越者が想定され、実存がそれとの繋がりを確信することにヤスパースの理性の哲学の究極目標がある。超越者は一切を包み込んでいるものの、人間にそのものとしては絶対に知られることがない。存在物はすべて、超越者の存在の痕跡である「暗号」を刻印しているものの、それらが直接に超越者を表現していることはありえない。むしろあらゆる存在物が超越者にどのような形であれ到達できないという挫折体験こそが、超越者の存在確信へと転化する究極の「暗号」となる。

ヤスパースの理性の哲学が教えるのは、科学的認識であれ、たとえばヘーゲルがすべてのものの究極根拠とみなした絶対精神のような思弁的な理念や理想であれ、いかなる知識も世界や人間を含めて存在物の意味を全面的に捉え切ることはないということである。『哲学』末尾で、存在をめぐるあらゆる知識の究極的な挫折として描かれていたこの事態が示唆するのは、世界全体を覆う広がりと絶対的な確実さを持つ知識の獲得は不可能であり、人間が獲得する知識は、彼のそのつどの観点からの知識にすぎないということである。このことを踏まえてヤスパースは政治教育においても、知識の一面性を免れるためにもできるだけ広い情報の獲得と同時に、独りよがりな一面的判断に陥らないための理性的な公開討論の必要性を訴えていたのである。

おわりに

かたや〈起源〉忘却の論理を述べ立ててナチス支配の「過去」からの免責を試み、かたやその「過去」に誠実に向きあいながら、民主主義の習慣や倫理に「過去の克服」の希望を託すというふうに、何をそこに見てとるのかを異にしてはいるが、ハイデガーとリットやヤスパースは、時間的に隔絶し、文化にとってより深層的な〈起源〉の記憶を呼び覚まし、そこからナチス支配の「過去」を逆照射しようとする歴史認識の傾向では一致している。しかし、こうした発想には盲点がないだろうか。つまり、三者が想定するように、ヨーロッパ文化の起源が豊かさを湛えているということを認めるとしても、そうした豊かなドイツ的なものやヨーロッパ的なものがナチズムを生み出してしまったという事実が説明されないと思われるのである。じつはこのことがまさに、一九六〇年代に広範に影響力を持ちはじめたフランクフルト学派が提起した問いなのである。

ホルクハイマーとアドルノは『啓蒙の弁証法』において、ヨーロッパ文化史の底流では、自然（アドルノらが考える〈自然〉には、理性以外の人間の心である欲求とか感情も含まれる）支配を目ざした理性が、自然へふたたび従属（野蛮へ逆転）する反転が連綿と続いてきたという歴史認識を開陳している。そして、二〇世紀にナチズムを生むに到った萌芽がすでにヨーロッパ文化の初発段階にあったことを指摘している。さらに、彼らがアメリカ亡命中に実施した「権威主義的パーソナリティ」についての実証研究は、反ユダヤ主義やナチズムにつながる、社会的に上位の者に迎合し、下位の者に峻厳に接する権威主義的性格が、民主主義国家にも広く蔓延していることを明らかにした。このような指摘を真摯に受け止めるならば、単純にヨーロッパの〈本来的〉な伝統と不純なそれを判別して、前者によって後者を批判するという戦略には慎重でなければならないだろう。

さらに、一九七〇年代になると、おおいなる〈起源〉を想定して「過去」を克服するという戦略は、認識の及ばない本来的なものの存在を仮定し、それとの関係で現状を一方的に評価し去っていると批判されるようになる。つまり、ハイデガーの〈存在〉やヤスパースにおける自由の根拠としての超越者は、人間の認識に閉ざされてしまっているのだから、彼らが唱える〈起源〉がほんとうに〈本来的なもの〉なのかを判別する拠り所を、どこにも置くことができないはずではないのかというのである。こうした一九五〇年代の「過去の克服」構想の盲点を認めたうえでも、なおかつそれらの構想に従うならば、冷静な証明を欠いたままに言い立てられる〈起源〉により、ややもすれば自らの信じる〈起源〉から現状を一方的に断罪する不寛容や暴力肯定に陥る危険がある。[22]

「過去」を克服するための拠り所はどこにあるのか。ハイデガーやヤスパース以降の世代に属すアドルノらは、すでに一九四七年に亡命先のアメリカで、ヤスパースやリットが「過去の克服」のための拠り所とした良きヨーロッパ文化の遺産であるはずの自律的な理性が、現代社会では快適な生活を求める生存欲求の道具に堕落してしまったと述べている。彼らはさらに、現在では、個人の自律は許容されることがないことや、堕落した理性が、産業秩序を維持するために権威主義的な人間を再生産するという新たな野蛮の実現に共犯していることを告発している。そうした到来しつつある新たな野蛮に対抗するために、アドルノは新しい普遍的な道徳規則を提案する。

> ヒトラー体験は……新しい道徳命令を［人類に］突きつけた。それは、アウシュヴィッツが繰り返されないように、それと似たことが起こらないように思考し行動せよというものである。……この命令は、かつてのカントの道徳命令のように、基礎づけを目ざす詮索に抵抗するものではある。［だが、そもそも］その妥当性をうんぬんするのは冒涜というものだろう。[23]

ナチズムの直接的な暴威が過去のものとなっても潜在しつづける、復興された民主的な戦後社会に潜むナチズムへの転落の危機。そうした脅威を予感しつつ、第二次世界大戦下に失われたものすべてが訴える「アウシュヴィッツを繰り返さないこと」をいかに実現するのか。アドルノの思想・教育学分野での活動が一九六〇年代に異彩を放つのは、まさにこうした思想模様のただなかにおいてだったのである。

注

本文中のクロスターマン社版『ハイデガー全集』からの引用については、GA. と略記のうえ巻数と頁数を示した。ヤスパースの『歴史の起源と目標について』(Karl Jaspers: *Vom Ursprung und Ziel der Geschichte.* München [8]1983) からの引用については、UZ. と略記のうえ、頁数を示した。なお、テキストの理解のために諸訳を参照したが、本文中の引用は試訳による。また、引用文中の傍点と［　］内は筆者による補足である。

(1) L・ケーラー／H・ザーナー編（大島かおり訳）『アーレント＝ヤスパース往復書簡　一九二六―一九六九　第三巻』みすず書房、二〇〇四年、一五六～一五七頁。

(2) ナチスの蛮行および反ナチ抵抗運動の記憶の継承を目ざす西ドイツ社会の取り組みについては、對馬達雄『ナチズム・抵抗運動・戦後教育――「過去の克服」の原風景』昭和堂、二〇〇六年、一九二～二六〇頁参照。さらに對馬が検討した戦後初期以降、記憶文化が確立された一九九〇年代までの経過については、本書第七章の山名論文参照。

(3) このことについては、バーゼル移住を決心した理由を語るヤスパースの言葉を引用しておく。「私は一九四六年に『戦争の罪を問う』を刊行した。アメリカ側の大学関係将校は、その本はドイツ人のためにだけ書かれたものではなくて連合国側の良心のためにも書かれたものだと私に感謝して言った。しかしドイツでは……この本は――その売れ行きは慎ましいものだった――（私のハイデルベルク大学の同僚たちにすら）拒否されたし、しばしば侮辱を受けた。……当時は物質的に窮迫していたので、私は、こうした状況ではそのような議論に興味が持たれないのだと考えていた。しかしその後もこの事情は変わらず、今日［一九六七年］に至るまで、この書物はごくわずかしか知られていない。……ナチスによるユダヤ人の大量殺人については何も知ろうとはせず、それに興味が示されることもなかった。われわれドイツ人に関しては、自分たち自身によっておこなわれたことが根本的に意識されていなかった。われわれの陥った全体主義的犯罪国家が放棄されなかったのである」(Karl Jaspers: *Schicksal und Wille.* München 1967, S. 173-174)。

(4) 三島憲一『戦後ドイツ――その知的歴史』岩波書店、一九九一年、五一～九三頁参照。三島は、ハイデガーの論理に見られる、ナチスの美辞麗句に酔ったすり寄りから現実を思い知らされてのナチスからの離脱へ、抽象的な現代批判への自分の過ちのすり替え、そして戦後の美的瞑想的な態度への隠棲は、当時の多くの知識人が辿った道であると指摘している。

(5) Vgl. Jürgen Habermas: *Philosophisch-politische Profile*. Frankfurt a. M. 3 1984, S. 65-71. ただし、このハーバーマスによる批判について、シルヴィオ・ヴィエッタは、ハイデガーの言語使用の傾向から判断して『形而上学入門』にある Größe という単語の意味は、「巨大さ」という意味であり、それは、『寄与』にある「工作機構」の表現に対応するのであり、この文言の意図はナチズムの賛美にあるのではなく、それに代表される技術的思考の「巨怪さ」を批難したものである、と述べている(谷崎秋彦訳『ハイデガー——ナチズム/技術』文化書房博文社、一九九七年、四八〜四九頁)。本章ではこの読み方についての判断は留保するが、かりにヴィエッタの主張が正しいとしても、技術一般の批判によってナチスの蛮行を覆ってしまうハイデガー流の過去への向きあいの妥当性への疑義は残ると思われる。

(6) 歴史学者であるフーゴ・オットーも(北川東子他訳『マルティン・ハイデガー——伝記の途上で』未来社、一九九五年、二七六頁)、リュティガー・ザフランスキーも(山本尤訳『ハイデガー——ドイツの生んだ巨匠とその時代』法政大学出版局、一九九六年、三七五頁以下)、ハイデガーが生物主義的・人種差別的な意味での反ユダヤ主義者ではなかったことを、ナチス期の交友関係や言動から証明している。こうした歴史学からの解明によって、アドルノが『本来性という隠語——ドイツ的なイデオロギーについて』で提起した、〈ハイデガーの思想は徹頭徹尾ナチス的である〉というセンセーショナルな主張はおおむね否定されている。しかし、たとえそうであるとしても、戦後のハイデガーが周到に編み出した、ナチスの罪についての責任のすり替えの論理が孕む問題は、今日も残りつづけると思われる。なお、ハイデガーのナチス加担についての論争史としては、中田光雄『政治と哲学——〈ハイデガーとナチズム〉論争史の一決算　上巻・下巻』岩波書店、二〇〇二年が詳しい。

(7) このことについては、フィリップ・ラクー=ラバルトが非常に鋭く問題点を抉り出している。「この文〔本文中で引用した一節〕は大量殲滅を技術に結びつけているから不十分であるというわけではない。この観点からすれば、それは逆に絶対に正当である。しかし、それは破廉恥である。だから哀れなまでに不十分である。というのもこの文は、この大量殲滅が本質において、そのドイツ的展開では……ユダヤ人の大量殲滅であったということ、そしてこのことは経済封鎖という経済

——軍事的行動や核兵器の使用とは通約不可能であるということを言い落としているからである。農業―食品工業については、いわずもがなである。ハイデガーがこの差異を口にすることもできず、おそらくはそれを欲しもしなかったということ、これこそが厳密に——そして永久に——許容しえないことなのである」（浅利誠他訳『政治と虚構——ハイデガー　芸術そして政治』藤原書店、一九九二年、六八～六九頁）。

（8）このような前期思想と後期思想の問題設定上の連続性を唱えるものとしては、管見に入ったかぎりでも、小野紀明『政治哲学の起源——ハイデガー研究の視角から』岩波書店、二〇〇二年、ギュンター・フィガル（伊藤徹訳）『ハイデガー入門』世界思想社、二〇〇三年、Friedrich Wilhelm von Hermann: *Wege ins Ereignis*. Frankfurt a. M. 1994, S. 5-26 などがある。

（9）Martin Heidegger: *Sein und Zeit*. Tübingen [15]1984, S. 384f.

（10）存在とアレーテイアの関係をめぐるハイデガーの議論については、ライナー・シュルマンの明晰な整理を参考にした。cf. Reiner Schürmann, Chrisstine-Marie Gros (trans.): *Heidegger on being and acting*. Bloomington 1990, pp. 106-119.

（11）加藤尚武編『ハイデガーの技術論』理想社、二〇〇三年、一六五～一六八頁参照。また、ハイデガーが、〈存在〉からの呼びかけに共振しながらそれが現れる〈場所〉として、芸術作品と同等な資格で国家をあげていたことにアレクサンダー・シュヴァンは注意を喚起している。シュヴァンによれば、こうした〈存在〉の現れのための民族の協同という発想が、一九三〇年代のハイデガーのナチズム加担の背景にあったというのである。Vgl. Alexander Schwan: *Politische Philosophie im Denken Heideggers*. Köln u. Opladen 1965, S. 9-106. なお、この問題の解説としては、小野紀明『二十世紀の政治思想』岩波書店、一九九六年、六五～七八頁も参照。

（12）ヤスパースの皮肉交じりの一節が、こうしたハイデガーによる〈弁明〉の論理が孕む根本的な問題を表明している。「時代の大衆運動［ナチズム］とともに歩み、その運動を一緒に歩んだ後で、災禍に遭ってこう言える人びとがいる。「お前たちはこの災禍と破滅を直ちに認識した事情通だった。われわれはたしかに過ちを犯した。しかしわれわれの方が、お前たちよりも〈存在〉の歴史の真理により近かったのだ」と。ハイデガーさん。あなたのお考えでは、こうした人びとのうちにこそ「〈存在〉の運命」はとりわけ優れたかたちで働いていることになるのでしょうか。乱暴狼藉に連座することには、犠牲者であり宿命を担う者であり罪深い者として選ばれたという優位があるとでもいうのでしょうか。——それが本来的な真理のもたらす優位なのでしょうか」(Karl Jaspers: *Notionen zu Martin Heidegger.* München 1978, S. 98)。

(13) この点については斎藤慶典に教えられた(『思考の臨界――現象学的超越論の徹底』勁草書房、二〇〇〇年、二〇六頁以下)。なお斎藤は、存在忘却が現代という時代を覆う運命であるとすれば、どうして存在忘却の事実にハイデガーは気づくことができるのか。存在忘却という予断を持つに到る理由は、世界が存在するからには根源や根拠があるにちがいないと想定するという暗黙の前提があるのではないかと指摘している。ハイデガーの歴史認識が孕む根本問題を指摘していると言えよう。

(14) ナチス体制に抵抗したリットの姿について簡便に読めるものとしては、増渕幸男『ナチズムと教育――ナチス教育政策の原風景』東信堂、一八三〜二〇二頁参照。増渕はフリードリッヒ・ニコリンの研究に依拠しながら、ナチスに迎合したシュプランガーらに対するリットの時代批判の炯眼を紹介している。また、ナチスの人種差別政策へのリットの抵抗については、Vgl. Thomas Friedrich: *Theodor Litts Warnung vor »allzu direkten Methoden«.* in Wolfgang Fritz Haug (Hrsg.): *Deutsche Philosophen 1933.* Hamburg 1989, S. 99-124. この論文でトーマス・フリードリッヒは、リットの人種差別批判がその非科学性に向かうだけで、それを解体する積極的方向に向かっていない点に彼の限界があると指摘している。

(15) Theodor Litt: *Wege und Irrwege geschichitlichen Denkens.* München 1948, S. 34f.

(16) ibid., S. 37.

(17) ibid., S. 37.

(18) Theodor Litt: *Das Bildungsideal der deutschen Klassik und die modern Arbeitwelt.* Bochum ^{3}1964, S. 11.

(19) Karl Jaspers: *Schuldfrage.* in, *Lebensfrage der deutschen Politik.* München 1963, S. 107.

(20) ヤスパースによる、技術を人間の管理下に置くことによる技術の危機の克服構想について、大峯顕はハイデガーの技術論を引きあいに出しながら、「しかしながら、ヤスパースのこのような技術の捉え方それ自身が、ハイデッガーの言う「意志」の立場をひそかに前提しているのではないだろうか。いったい、人間を支配している技術をもう一度人間の支配の下におこうとすることは、いうまでもなく主体的意志の立場を意味する。しかし技術を支配しようとする人間の意志が技術によって裏切られているという現状は、要するに人間の意志はそれだけでは自己自身を支配できないということを物語っているのではないか。もしそうとすれば、技術とは人間的意志の使用する手段であると言うヤスパースにとって自明な出発点それ自身が、疑わしいものになってくるようである」(『永遠なるもの——歴史と自然の根底』法藏館、二〇〇三年、一四〜一五頁)と述べている。だが、大峯が評価するハイデガーのように、技術を形而上学的思考の帰結と捉えるとして、そこからの脱却を、主体的意志を放棄しての〈存在〉への従順さとしてしまっては、そもそも〈存在〉が何であるのかが不明であるかぎりは、そうした受容的姿勢は技術社会の現状を変更することに何ら寄与しないことになるのではないだろうか。また、ヤスパースが技術を克服する実存を単なる「主体的意志」と捉えているのではなく、〈絶対的なもの〉を知りえないという謙虚さの自覚(これは大峯自身の立場である、知ろうとし活用しようとする意志の放棄にも繋がるだろう)を伴った意志と考えていたことにも十分に注意を払わねばならないだろう。

(21) Karl Jaspers: *Die Autobombe und die Zukunft des Menschen.* München 1958, S. 444.

(22) この傾向はハイデガーにおいて強く見られると思われる。彼は、ヨーロッパ文明の起源にあるという〈存在〉のイメージを、その妥当性の議論を一切欠いて、ゴッホが描く農婦の靴(『芸術作品の起源』)やヘルダーリンの詩句(『ヘルダーリンの詩の解明』)を通して直接語り出している。また理性に基づく開かれたコミュニケーションを志向していたヤスパースですら、アーレントへの私信では、現実に目を向けるようにとのアーレントの再三の忠告にもかかわらず、冷戦体制下で、世界各地で戦争を遂行し紛争を援助していた当時のアメリカに〈自由の国〉という自身の理想を投影している(一九四九年一月二六日付書簡、一九五七年二月二四日付書簡。それぞれ、『アーレント=ヤスパース往復書簡 一九二六―一九六九 第一巻』、一四七頁、『アーレント=ヤスパース往復書簡 一九二六―一九六九 第二巻』、九五〜九六頁)。こうした事実を踏まえるならば、当時の知識人が採用していた〈起源〉を想定して現実を批判する戦略の危うさを教えられるのである。

(23) Theodor W. Adorno: *Gesammelte Schriften.* Bd. 6, Frankfurt a. M. 1997, S. 358. また、アウシュヴィッツを繰り返さないための一九六〇年代のアドルノの知的努力については、本書第五章の今井論文を参照。

第5章

「過去の克服」と教育
——アドルノの場合

今井康雄

はじめに――『アンネの日記』とアドルノ

一九五〇年代末から、西ドイツでは反ユダヤ主義の根強い残存をうかがわせる事件が目立つようになる。[1] シナゴーグには鉤十字の落書きがされ、ユダヤ人墓地が荒らされた。政府の白書によれば、五九年のクリスマスから六〇年一月二八日までのわずか一ヵ月あまりの間に、その種の事件は西ドイツ全土で四七〇件を数えたという。[2] 西ドイツ政府内部では、こうした反ユダヤ主義的事件の頻発を、西ドイツの対外的信用の失墜を狙った東ドイツなど東側諸国の謀略に帰する意見が強かった。首相のアデナウアー自身がこうした見方を強く主張していた。しかし政府全体がこうした見方で一枚岩になっていたわけではない。たとえば外務省には別の見方があった。外務次官のファン・シェルペンベルクが在外公館に送った回状（六〇年一月二〇日付）には、むしろこうした事件によって、「忌まわしい過去との、しばらく前からすでに始まっている開かれた公共的な取り組みが力強く活性化」され、「連邦共和国の民主主義が強化されるだろう」との期待が表明されている。そしてこうした好ましい展開を期待させる予兆として挙げられたのが、西ドイツにおける『アンネの日記』の熱狂的な受容ぶりであった。[3]

フランク一家をかくまったミープ・ギースらの機転でかろうじて官憲の押収を免れたアンネ・フランクの日記は、戦後、強制収容所からただ一人生還した父親のオットー・フランクに手渡され、一九四七年にオランダで出版される。一九五〇年にはドイツ語の翻訳が出され、それは七〇万部を売る大ベストセラーとなった。舞台化もなされた。一九五六年から五九年の間に、『アンネの日記』の上演はのべ二一五〇回に上り、一七五万人がそれを見たと推定されている。[4] 普通の市民のこうした反応に照らせば、前記外務省の見解は、政府内の良識派を代表

図１　ベルゲン・ベルゼンの強制収容所跡にあるアンネ・フランクの記念碑（對馬達雄撮影）

する堅実な見通しと映るだろう。

同じ頃——一九五九年秋——におこなった講演「過去の総括——それは何を意味するか」のなかで、アドルノはこの『アンネの日記』現象に触れている。そこでのアドルノの議論は、上述のような良識派の意識をも逆なでせずにはいない類いのものである。

> 舞台化された『アンネの日記』をたまたま見て、ともかくあの娘だけは少なくとも生かしておくべきだったのにと、上演後感動しながら語ったというあるご婦人の話を私は聞かされたことがあります。……反ユダヤ主義は本質的な点でユダヤ人と関係しており、ユダヤ人との具体的経験によって克服できるとする前提に、人はあまりに依拠しすぎております。正真正銘の反ユダヤ主義者は、そもそもいかなる経験もなしえないこと、聞く耳を持たないことによって定義されるのです。[(5)]

『アンネの日記』のような作品がもたらす感動でさえ、根深い偏見の核心部分には到達できないのだとしたら、何が可能なのだろうか。アドルノによれば、だからこそ啓蒙が必要なのである。「彼ら自身のなかで人種的偏見を引き起こしているメカニズムを意識させる」こと。「啓蒙としての過去の総括とは、本質的にそうした主体への転回（Wendung aufs Subjekt）であり、主体の自己意識の、従ってまた自我の、強化[6]」なのである。ここで言う啓蒙は、したがって、たとえば『アンネの日記』の舞台が上演されるのを友人と一緒に見るといった、通常の文化的・社会的経験には還元できない。啓蒙のためには、個々人の経験（あるいは経験不能）への意図的介入が、言い換えれば教育的作為が必要となる。ここに、五〇年代末以降アドルノがますます教育の問題に積極的に発言するようになっていった理由の一つを見ることができるだろう。未公刊資料を駆使してアドルノの教育論を詳細に再構成したパフラートも、教育へのアドルノの積極的関心の背後に「主体への転回」というモチーフを見ている。[7]

第1節　アドルノと教育と「過去の克服」

普通、アドルノは教育に対して冷淡だったと見られている。[8]そうした通念には、『啓蒙の弁証法』『ミニマ・モラリア』『否定弁証法』そして遺著『美の理論』といった一連の主要著作に横溢する高踏的な知識人としてのアドルノのイメージが何ほどか作用しているだろう。たしかに、三〇年代・四〇年代のホルクハイマーやアドルノの論著に教育への関心は希薄である。その背後には、「リベラル派のユダヤ系知識人の教育オプティミズム」とは対照的な彼らの歴史観があった。[9]古代ギリシア以来の啓蒙の試みは結局ナチズムの野蛮に帰着した、という『啓蒙の弁証法』（一九四六年）のペシミスティックな歴史的展望のなかに、教育の占める積極的な場所はありそうもないのである。『権威主義的パーソナリティ』では、アドルノは「社会変革のかわりに教育を」という見方に疑惑の目を向けている。[10]ドイツへの帰還後も、たとえば音楽の領域で、アドルノは音楽を教育や人間形成の手段と見るような音楽観を徹底的に批判した。[11] ボルノーについての「哲学者気分の教育学者」[12]、クリークについての「正教授に任用された国民学校教師」[13] といった『本来性の隠語』での言い回しからは、この両者がともにナチズム体制に協力的だったことを差し引くとしても、「教育」一般に対する悪意さえ漂ってくるだろう。批判理論の枠組みと教育学の問題設定とはそもそも相容れない――たとえば、「理論と実践は結合されねばならないという教育学者に共通する要求は、批判理論の根源的な懐疑とは相容れない」[14]――という主張は、批判理論を教育学に導入しようとした「解放的教育学」の試みが一旦挫折した後ではなおさら、[15] かなりの説得力を持って響いたのである。

しかしアドルノは、後のハーバーマスほどではないにしても、公的問題に積極的に発言する知識人としての一面も持っていた。公的議論の場にアドルノが進出するうえで大きなきっかけとなったのが、ほかでもない五〇年代末からの「克服されざる過去」の社会問題化である。これに対するアドルノの発言のなかでは、先にも見たように教育は中心的なテーマとなった。しかも、彼は単なるディレッタントとして教育について発言したわけではない。一九五八年、ドイツ社会学会のなかに教育社会学部会が作られるが、アドルノはその設立メンバーの一人であった。彼はそこでさまざまなプロジェクトを提案するなど主導的な役割を果たし、一九六二年から六八年まで部会長を務めている。[16] 教育社会学部会はまた、ハーバーマス、フリーデブルクなど、フランクフルト学派第二世代の活躍の舞台ともなった。

今日では、有名な一九八五年のヴァイツゼッカー演説「荒れ野の四〇年」に象徴されるように、ドイツは自らのネガティヴな過去を真摯に反省している国だ――ついでに言えば日本などとは違って――という評価が定着している。しかし、五〇年代末の西ドイツは、冒頭にも見た通りこれとはかけ離れた状況にあった。二〇年ほどの間のこのような変貌は、いかにして可能になったのだろうか。その要因はさまざまに挙げられるだろうが、「過去の克服」問題をめぐって六〇年代にフランクフルト学派――言うまでもなくアドルノはその中心的存在であった――が強力な知的陣営を形成したということも要因の一つに数えられてよい。教育論を核心部分に組み込んだアドルノの議論が、「過去の克服」問題のその後の展開に決定的な影響を与え、ひいては、「連邦共和国の知的建国[17]」とさえ呼ばれるような西ドイツにおける社会意識の巨大な地殻変動へとつながっていくことになった。

本稿の目的は、「過去の克服」問題という文脈を仲立ちにして、一九五〇年代から六〇年代にかけての西ドイツ社会の動態とアドルノの教育論とを結びつけ、そのことを通してアドルノの教育論の特質を浮き彫りにすることにある。以下ではまず「克服されざる過去」についてのアドルノの認識の土台となったと思われる「集団実験」プロジェクトについて概観した後（第2節）、先にも触れた「過去の総括」講演の内容をより立ち入って紹介し（第3節）、「知的建国」に至る過程でアドルノとフランクフルト学派が果たした役割を描き出す（第4節）。そして、こうした文脈にアドルノの教育論を位置づけることで、その特質を明らかにしたい（第5節）。

第2節 「集団実験」のプロジェクト

（1） 社会研究所の三つのプロジェクト

戦前から戦後にかけて社会研究所がおこなった共同研究の成果として、『権威と家族に関する研究[18]』、『権威主義的パーソナリティ[19]』、そして『集団実験[20]』の三つを挙げることができる。アドルノは、『権威と家族に関する研究』には参加していないが、後二者の共同研究には中心的なメンバーとして加わり、主導的な役割を果たしている。これら三つの共同研究は、ドイツにおけるナチズムの勝利という同時代的経験を三者三様に映し出すとともに、ナチズムによって強いられた社会研究所の「長征」の痕跡をも示している。『権威と家族に関する研究』はパリのアルカン社からドイツ語（一部フランス語）で、『権威主義的パーソナリティ』はニューヨークのハーパー社から英語で、『集団実験』はフランクフルトのヨーロッパ出版局からドイツ語で、それぞれ刊行されているのである。

『権威と家族に関する研究』は、ナチズムのような反民主主義的な体制はなぜ、またいかにして民衆の支持を得ることができたのか、という問いに答えるために、当時水と油と見られていたマルクス主義と精神分析を統合するという斬新な理論枠組みを提出した。『権威主義的パーソナリティ』は、より一般的に、ファシズムを支えるような性格構造、言い換えれば、制度的には確保されているはずの自由を自ら放棄し喜んで権威に服従するような性格構造の経験的解明をめざした。「ファシズム尺度」——「F尺度」、別名「A尺度」(アドルノのAである)——が開発され、「権威主義的パーソナリティ」の構造や形成条件が探究されていった。権威主義的性格の極致と言えるのが、硬直したステレオタイプに支配され、ひたすらそのステレオタイプによって事を処理しようとするような「操作的性格」である。先の引用にもある「正真正銘の反ユダヤ主義者」はその典型であった。

『権威と家族に関する研究』が「フランクフルト学派」の金字塔として、『権威主義的パーソナリティ』が社会学の古典として、それぞれ確固たる位置づけを与えられているのに対して、三番目の『集団実験』は取り上げられることが少なく位置づけも曖昧である。しかし、戦後の社会研究所が取り組んだこの巨大プロジェクトは、以下に見るように、きわめて野心的な方法論的目論見を持っていた。しかもこの目論見は本章の関心事である「過去の克服」問題と深く結びついている。「集団実験」プロジェクトの方法論は、ナチズムを可能にした社会心理学的条件が戦後西ドイツにおいてどの程度、またどのように残存しているか、を解明するために開発されたと言ってもよい。そして、「過去の克服」問題に関するその後のアドルノの発言は、この共同研究で得られた知見を主要な源泉にしているように思われる。

(2)「集団実験」プロジェクトの方法論

「集団実験」プロジェクトは「「世論」研究への寄与[21]」を意図したものであった。ただし、フランツ・ベームが「序言」で述べているように、そこで考えられていたのは、選挙、新聞記事、政党綱領、等々に表れるような表向きの世論(öffentliche Meinung)ではない。それとは区別された「裏の世論」(nicht-öffentliche Meinung)の解明がめざされた[22]。こうした裏の世論を取り出すためには、通常の質問紙調査では不十分であることが当然予想される。そこで考案されたのが、書名にもなっている「集団実験」という手法であった。見知らぬ旅人同士が列車のコンパートメントで出会い、ひととき議論に興じる、といった状況が「集団実験」のモデルとなった[23]。そうした状況でこそ、単なるタテマエでも、またむき出しのホンネでもない、人びとの間で前意識的に共有された意見があらわになると考えられたのである。「集団実験」が解明をめざしたのは、「前意識のなか、潜在的な構えのなかに準備されている超主観的要素[24]」であった。そのような「社会心理学的性向」は、「現在の状況下では十分な影響力を持つに至っていないとしても、……強力な客観的勢力と再度結びつくことがあれば、ふたたび予想もつかない威力をふるう可能性がある[25]」と考えられたのである。

「集団実験」の調査は一九五〇年から五一年にかけておこなわれ、ホワイトカラー、熟練・未熟練労働者、主婦、学生、農民といった、属性を異にする約一八〇〇人がその対象となった。年齢も一〇代から七〇代までとさまざまであった。被験者は八人から一六人のグループごとに、研究員の司会のもと討論をおこなった。その議論の模様が記録されたが、プロトコル化されたのは一六三五人による一二一グループの討論、プロトコルは全体で六三九二頁にもなったという[26]。討論を活発化するために、研究所や大学に被験者を集めるのではなく、従業員食堂、組合の談話室、酒場の片隅など、人びとが日常的に議論を交わす場所が選ばれた。バイエルンの農村でおこなわれた討論では、議論が白熱して殴り合いが起きかねない状況が出来したという[27]。

討論の活発化と方向づけに重要な役割を果たしたのが、「基本刺激」として考案された架空の新聞投稿である。これは、戦争末期から一九五〇年八月（つまり調査時点の直前）まで占領軍の一員としてドイツ各地を見聞したアメリカ軍士官が、敗戦後のドイツの実情を故国の人びとに知らせるためにアメリカの新聞に書き送った報告、という形をとっている。その報告は、勤勉で知的で善意に満ちたドイツ人の積極的側面を強調する一方で、過去を直視しようとしないドイツ人の傾向も指摘する。「ヒトラーがそれ［ようやく過ぎ去った災厄］（以下、［ ］内は引用者による補足）の火付け役を演じたのだ、ということについては、彼らは耳を貸そうとしない」[28]。彼らは自分たちが不当な仕打ちをされたと感じている。また、自国の誤りを認めてそれについて議論することは弱さのしるしだと見ている。ユダヤ人に対する敵意も依然として根強い。アメリカ南部で起きた黒人に対するリンチ事件について報道がなされると、勇んでその話題を持ち出しナチスのユダヤ人迫害を相対化しようとする。今後またドイツ人がヒトラーやスターリンのような人物に追随することは可能性として十分ありうる。一人の強固な男が現れて最良の政治を実現してくれると今なお彼らが考えている点に危険がある。真の民主主義をドイツにも実現することが必要である。そうなってはじめて「この国民はほんとうの意味で偉大な貢献をなすことができるだろう」[29]。

このような「基本刺激」が感情的なものを含む激しい反応を――それがアメリカ軍士官の報告という形をとっているだけになおさら――引き起したであろうことは容易に想像できる。それこそ、「裏の世論」を明らかにするために「被験者のより深い層から発する情動を伴った発言を引き起こす」[30]というこのプロジェクトのねらい通りのことであった。シェルスキーと並んで社会研究所のライバルとなるケルン学派の中心人物ルネ・ケーニヒは、アドルノ宛の書簡で、この「基本刺激」が「あなたたちの作業チームの主要業績」であり「小さな傑作」だと賞賛しているという[31]。

（3）量的分析

記録された個々の発言は、そこに含まれる主題（たとえば「強制収容所と戦争での残虐行為への共同責任」）とそれに関する主張（「条件付き容認」「歴史的正当化」「拒否」など）ごとに分解されてコード化され、定量的な処理がなされた。処理されたデータは、「民主主義に対する態度」「罪に対する態度」「ユダヤ人に対する態度」「西側諸国への態度」「東側諸国への態度」「再軍備に対する態度」「ドイツ人の自己評価」という七つの大主題に即して集計・分析されている。その結果はまさに「胸ふたぐもの《デプリミーレント》[32]」であった。以下では、本章の主題と密接に関連する最初の三つの主題について概要を述べる。

民主主義への態度

民主主義への態度について見ると、もっとも多いのが民主主義に条件つきで同意する者で六八パーセント、これに対して二二パーセントは民主主義を根本的に拒否しており、民主主義に心から同意しているとみなせるのは一〇パーセントにすぎなかった[33]。民主主義を拒否する立場に属する典型的な発言をいくつか挙げておこう。

A 「民主主義のドイツ、ですか。民主主義はどんな国にも合うというものではないと思います。たぶんイギリスには合うでしょうし、アメリカにも合うでしょう。でもドイツでどうかと言えば、絶対に合わないと私は思います[34]」。

B 「このアメリカ人は将来に不安を感じている……ドイツ国民がまたヒトラーのような人間に追随するかもしれない、ヒトラーでなければスターリンか、と。このアメリカ人の不安は間違っていないと私には思えます。一人の強固な人物のなかにしか政治のリーダーシップを確立する手立てはないわけで、その意味ではこのアメリカ人の不安は間違っていない[35]」。

C 「やっぱりね、良いことがずいぶんあったのです。一九四五年になって悪いことを聞かされたけれど、当時はまだそんなこと何一つ聞いていませんでしたし。正直な話、一九三三年から一九三九年までの間、六年間ですね、これは庶民にとってもたいへんな躍進の時代でした。もちろん、それが軍備拡張のおかげだったことは確かです。しかし戦争を避けることだってやろうと思えばできたでしょう[36]」。

罪に対する態度

罪に対する態度はどうであったか。ナチズムへの共同責任、戦争や強制収容所でおこなわれた残虐行為に対する共同責任について、もっとも多かったのがこれを拒否する者で五一パーセント、条件つきで共同責任を認める者は四四パーセント、共同責任を積極的に認める者は五パーセントにすぎなかった[37]。まず、条件付きで責任を認めるタイプの発言。

D 「あの連中がわれわれに後から語って聞かせていること、あれは全部ナンセンスですよ。だって私たちだけに罪があるというわけじゃないんだから[38]」。

E 「端的に言えば、若者を断罪するのは大きな間違いで、その間違いが今おこなわれているんです。ああしたことになんとか抵抗し、抵抗することで人種憎悪や人種迫害をなんとかやめさせるというような可能性は、若者にはまったくなかったと思います[39]」。

F 「自分の考えを口に出すことなんてそもそもできなかったんです。自分が同じ不幸に突き落とされるかもしれないという危険がいつでもあったんですから[40]」。

次に、責任を拒否するタイプの発言をいくつか拾ってみよう。

G　「ヒトラーは全世界から承認されたんですよ。全世界がヒトラーを承認した後で、それまでヒトラーに反対していたドイツの大多数の人もようやく自分にこう言い聞かせるようになったんです。そうか、全世界がヒトラーを承認したのか。自分だけがそこからはずれていていいのか、とね。お偉い政治家たちがヒトラーをもう承認しているんです。しがない庶民の私ならなおさら、歩調を合わせないわけにはいかないでしょう[41]」。

H　「このアメリカ人、自分たちがドイツ人に加えた被害に対して罪の気持ちはかけらもないんでしょうかね。彼が破壊したドイツの町のことですよ。彼はそれに対して何の罪の気持ちも持ってないんでしょうか[42]」。

I　「強制収容所について言えば、強制収容所で何がおこなわれていたか、ドイツでは誰も知らなかったというのが偽りのない事実です。そこに近寄ることさえできなかったんですから[43]」。

J　「プロパガンダが徹底していましてね、強制収容所で何が起こっているかなど、ほとんど漏れ聞えてくることもなかったんです。新聞は読んでいましたよ。でも新聞にそんなことは載っていなかったです[44]」。

ユダヤ人に対する態度

ユダヤ人に対する態度では、反ユダヤ主義に関する発言が分析されている。反ユダヤ主義的でない、あるいは際立って親ユダヤ的であるとされた者が計三八パーセントであったのに対して、限定的ではあるが反ユダヤ主義的とされた者が二五パーセント、きわめて反ユダヤ主義的とされた者が三七パーセントに上った。特徴的であったのは、ほかのテーマに比べて発言者が少なかったことである。このテーマに触れたのは被験者の二二パーセントにとどまった。これは、この問題がナチズム下で起こった事柄のなかでも特別に強く情動に働きかける微妙なテーマであることをうかがわせる、という[45]。限定的ではあるが反ユダヤ主義的、きわめて反ユダヤ主義的、とされた発言を一つずつ挙げておく。最初の発言は、東欧のユダヤ人とドイツのユダヤ人を区別している点で「限定的」と評定されている。

K 「ユダヤ人は、というか一部のユダヤ人ですね、とくにポーランドのユダヤ人、彼らは今また大手を振って歩いてますが、私はどうも性に合いません。もしユダヤ人というのがああいう連中のことを言うのなら、できれば姿も見たくないですね。しかしドイツのユダヤ人に対しては、ドイツ国民はたぶん何のわだかまりももう持っていないでしょう(46)」。

L 「われわれがユダヤ人を好きになれない理由はユダヤ人が労働をしないからですよ。ユダヤ人がやるのは商売だけです(47)」。

(4) 質的分析

以上のように、「集団実験」は戦後ドイツにおける「克服されざる過去」の問題を容赦なく暴き出した。しかし分析はこれまで見てきたような定量的な分析にとどまらない。詳細な質的な分析もおこなわれており、そこでは、精神分析的な枠組みを利用して、「罪と防衛」——質的分析の中心をなす第五章のタイトル——の社会心理学的なメカニズムが分析されている。『集団実験』は、「序言」のなかでこのプロジェクトに関わった所員の名前がまとめて挙げられるだけで、各章別の執筆者は挙げられていない。しかし、この「罪と防衛」の章は、ヴィガースハウスによればアドルノの手になるものである(48)。

「罪と防衛」の分析を主導するのは、共同責任の否認が抑圧を伴っている、という視点である。上に挙げた例にも表れているように(I、J)、共同責任を否認する人びとの多くが、残虐行為の事実を知らなかったと主張する。あるいは、それは噂でしかなく、事実と確認できるような確かな情報はなかったと主張する。しかし噂こそ、ナチズム下の市民生活において情報源として頼りにされていたものなのである。ここには「知ることの防衛［＝受け入れ拒否］へと向う欲動経済的傾向」[49]が見られる。誰もが残虐行為の事実について何かしら耳にしていたにちがいない。しかしそれがあまりにも常軌を逸した事実であったために、「聞いたことを一種の検閲機制によって消し去る」[50]方向に向ったと考えられる。この防衛機制・検閲機制が、引き続き、ただし今度は戦後の状況における自己正当化のために、利用されているわけである。一見ナイーヴな「私は知らなかった」という告白の背後には、こうした無意識レベルをも含めた抑圧の構図が隠されている。こうした構図を、罪や共同責任を否認する態度の背後に見通すことができる。つまり、「罪の潜在的経験と呼べるようなものが事実そこにある」のだが、にもかかわらず「この経験が抑圧され合理化されている」[51]と想定されるのである。ナチの所業に対する罪や共同責任を拒否する人は、単に自分の身の潔白を主張したくてそうしているのではない。「なされてしまったことをやはり不当だと見て、それゆえに否認している」[52]と見るべきなのである。個々人の意識によってはコントロールされていないこうした非合理的なメカニズムは、同様に非合理的な反応をもたらす可能性がある。たとえば投射という防衛機制がそれである。「自分自身の欲動の動き、自分自身の無意識と自分自身のなかの抑圧されたものが、他者に押し付けられることになる。人はそれによって自分自身の超自我の要求に応えるのであり、同時に、当然の報いという名目のもと、自分自身の攻撃的傾向を解き放つ機会を見出す」[53]。先に挙げた例でも、連合軍の空爆に対する非難（H）や東欧ユダヤ人に対する嫌悪（K）に、そうした投射の一端を見ることができるだろう。

このように、「集団実験」のプロジェクトは、「克服されざる過去」の現実を暴き出しただけでない。それは、罪や共同責任の否認が、単なる知的不誠実あるいは自己欺瞞の問題であるにとどまらず、抑圧という力動的なメカニズムを伴っていることを浮き彫りにした。とすればなおさら、「克服されざる過去」は、政治的に見てもゆゆしい問題として現れてくると言えるだろう。「克服されざる過去」は、たとえば投射といった防衛機制を作動させ、合理的にはコントロール困難な集団的な攻撃性を生みだしてしまうかもしれない。それはまさに、「社会心理学的性向」が「ふたたび予想もつかない威力をふるう」という事態であろう。さらに、そうした将来的な危惧にとどまらず、「克服されざる過去」はすでに現在の時点である種の「威力」をふるっているかもしれない。『集団実験』の報告書のなかでは明示的に述べられていないが、民主主義に対する予想外に否定的な反応と「克服されざる過去」の存在との間になんらかの関係を想定することは十分に可能であろう。前述のA、Bの発言に見られるように、民主主義に対する否定的な態度と戦勝国に対するルサンチマンとの間には相関があり、戦勝国に対するルサンチマンは、「集団実験」プロジェクトの仮説に従えば、「克服されざる過去」が要請する投射の一帰結と考えることができるからである。「民主主義への態度」を定量的分析の際の筆頭テーマとして掲げるという構成自体が、「克服されざる過去」と民主主義への態度との間の関係を想定していたとも言えるだろう。この問題は「過去の総括」講演で主題的に論じられることになる。ともあれ、『集団実験』において、「過去の克服」問題は、個々人の心理に深く根ざすとともに政治的な広がりを持ち、かつ西ドイツ社会の将来を左右するような緊急性を持った問題として捉え直されたのであった。

第3節　「過去の総括」講演

以上のように、社会研究所の「集団実験」プロジェクトは、すでに一九五〇年代半ばの段階で、西ドイツ社会に根強く残る「克服されざる過去」にスポットライトを当てていたのであった。冒頭に述べたように、反ユダヤ主義が西ドイツで社会問題化するのが一九五九年末から一九六〇年にかけてのことである。「集団実験」プロジェクトを主導したアドルノにとって、こうした事態は、自らの認識の正当性を再確認するものと映ったにちがいない。であればこそ、それを偶発的な事件と見ることはできず、西ドイツ社会の現状に対する危機感はいっそう強まったであろう。五〇年代末以降、アドルノは「過去の克服」問題を中心として公的な議論の場で積極的に発言していく。その結果、彼はアカデミックな研究の枠を越えて知識人として脚光を浴びるようになる。公的な議論へのこうしたアドルノの進出の重要なきっかけとなったのが、冒頭でも触れた一九五九年の講演「過去の総括——それは何を意味するか」であった。この講演は、「過去の克服」という概念が西ドイツ社会に浸透していくに当って決定的な意味を持つことになる。ノルベルト・フライによれば、「克服されざる過去」という言葉はそれ以前から使われていたが、五〇年代末からこの問題が政治的対立をはらんだ論争的テーマとして表面化する。アドルノの講演は、この言葉の「用法を決定づけた同時代のテキストのなかでもっとも重要なもの[54]」だという。

この講演で、アドルノはまず、過去を記憶から消し去ろうとする傾向が戦後西ドイツに顕著であり、にもかかわらず、あるいはそれゆえに、「人びとがそこから逃れようと欲している過去はまだ最高度に生命力を保っている[55]」という現実を指摘する。「ナチズムは生き延びている[56]」。しかも、「民主主義のなかでナチズムが生き延びることの方が、民主主義に対抗してファシズム的な傾向が生き延びることよりも、潜在的にはより危険[57]」なのである。

ナチズム残存の徴候は、ナチズムの過去を忘れ去り取り繕おうとするさまざまな試みのなかに表れる。そうした徴候が次々と指摘されることになるが、そこでアドルノが依拠しているのは「集団実験」プロジェクトの成果である。個々の事象については、したがってここでは繰り返さない。過去の忘却によるナチズムの残存ということの問題を、アドルノは、『集団実験』でも示唆されていたような西ドイツにおける民主主義の未成熟という問題に収斂させていく。過去の忘却が重大なのは、それが「裏の世論[58]」——先に見た通り、この言葉も『集団実験』に由来する——になっている点にある。過去の忘却は、ナチズムによって膨らまされたドイツ人の「集団的ナルシシズム[59]」を、なんとか保持しようとする集団的努力に根ざしている。このために、過去に目をつぶろうとする傾向は、たとえ公言はされなくとも「世論」となるほどに広く共有されているのである。ナチズムの時代への回帰を暗に希求しているという点でも、集団への同化を通して個々人の有能感を確保しようとしているという点でも、そこには反民主主義的な傾向が認められるだろう。しかしアデナウアー時代の「過去処理政策[60]」を支えていたのはこうした「世論」であった。「克服されざる過去」は民主主義のなかで生き延びているナチズムそのものであり、それは民主主義を内部から掘り崩すだけになおさら危険だとアドルノは認識したにちがいない。

ただしアドルノは、民主主義の空洞化が、集団的ナルシシズムといった心理学的な概念だけでは説明できないことも強調している。心理学的な状況は、客観的な条件の主観における現れであるかぎりで意味を持つ。「さんざん論じられてきた過去の総括が今日まで成就せず、その戯画に、空疎で冷酷な忘却に変質したのは、ファシズムに結実した客観的な社会的条件が存続していることに由来する[61]」。その社会的条件とは、大多数の人びとが置かれている他律状態であり、これが自律という民主主義の理念を空洞化させてしまう。「彼ら［大多数の人びと］が生きようとすれば、所与のものに順応しそれに自分を合わせるほかに道はない。民主主義の理念が訴える自律的な主体性を彼らは揉み消さざるをえず、自我を断念する限りでのみ自己を維持することができる[62]」。こうした状態では、人びとが「自律への義務を免れようと欲し……、集合的自我のるつぼへと自らを投じる[63]」のも、まったく不合理とは言えないだろう。

アドルノは、自らの提示する以上のような現実像が誇張を含んだ一面的なものであることを認めている。戦後西ドイツの民主主義の状況は、ワイマール時代に比べてけっして悪くないのである。「ドイツの民主主義も、したがってまた過去の真の総括も、もしそのために時間やその他のものが十分に与えられさえすれば、見通しはけっして悪くない、といった主張があるが、確かにこれは楽観的すぎるとは言えないだろう[64]」。しかしアドルノが警告するのは、そうした一見バランスのとれた判断が「悪しき意味で静観的なもの」[65]を含んでいるということだ。「時間が十分に与えられさえすれば」などと述べる人は、自らの社会の運命を傍観者的に見てしまっているのである。こうした警告から、アドルノは一挙に「民主的な教育《ペダゴーギク》」の必要を導き出す。その一節を多少長くなるが引用しておきたい。

> われわれは世界史の単なる傍観者ではない。世界史の大空間のなかを勝手にあちこちと動き回るわけにはいかないのである。また、世界史そのものも、ますます破局へのリズムに歩調を合わせつつある。おのずからすべてが良くなっていくような時間を、歴史の主体に許容してくれているようには見えないのである。これは民主的な教育の必要を直接的に指し示している。何よりも、起こったことについて啓蒙することで忘却に対抗する必要がある。忘却は、忘れ去られたことの正当化へと実に手もなく合流してしまう。たとえば、我が子からヒトラーについての気づまりな質問を受けるはめになった親が、自分の身の潔白を証明しようとするあまり、あの時代にも良いところがあったとか、本当のところそれほどひどくもなかったとかと語ってしまうような場合がそれである。ドイツでは政治の授業をけなすことが流行になっている。政治の授業に改善の余地があることは確かだろう。しかし、教育社会学が手にしているデータが示すところによれば、政治の授業は、それがわずらわしい義務としてではなく真剣に行われれば、普通思われている以上に良い働きをするのである[66](強調引用者)。

歴史の趨勢に信頼が置けず、傍観者的な態度がありえないだけでなく許されないからこそ、現実に意図的に介入する働きとしての教育が求められることになる。その第一の課題は過去に関する啓蒙であり、政治の授業にそのための中心的な役割が期待されている。この一節に見られるように、アドルノは教育に対して諦観的でも悲観的でもない。むしろ、傍観者的な態度を越えて人びとの意識に「啓蒙」という形で介入するその働きを積極的に評価しているのである。

ここから思弁的な教育学への彼の辛辣な批判も出てくる。「教育学は、人間の存在をめぐる沈思黙考の二番煎じに無駄な時間を費やすのではなく、その扱いが不十分だと言って盛んに非難されている再教育《リエジュケーション》のような課題を、自らに引き受けるべき」[67]だと言うのである。教育学は、哲学的観想《テオリア》——それ自体が、ここでハイデガーがあてこすられているようにアドルノにとっては疑わしいものだが——のまねごとに走るのではなく、人びとの意識への作用という、教育本来の実践的《プラクシス》・制作的《ポイエーシス》課題にもっとまともに取り組むべきだ、というのがアドルノの主張であろう。もちろんアドルノは、こうした「啓蒙」の作用が容易なものでないことを十分認識していた。これは本章の冒頭で見た通りである。そこで取り上げられた経験の不可能という問題は、反ユダヤ主義のみならず「過去の克服」一般にもあてはまる困難であろう。しかしアドルノの場合、こうした困難は、教育の作用に対する悲観や諦観に結びつくのではなく、むしろ逆に、「主体への転回」としての教育の必要性をいっそう強調することにつながったのであった。

第4節 「過去の克服」から連邦共和国の「知的建国」へ

アルブレヒトによれば、「連邦共和国の知的建国は、その過程においてある時点をそもそも特定できるとするなら、一九五九年に始まる」[68]という。それは、「克服されざる過去についての議論が勃発し、政治的教育学がこのテーマを引き受けた」年であった。[69]「政治的教育学《ポリティッシェ・ペダゴーギク》」というのはいささか曖昧な言葉だが、念頭に置かれているのはアドルノをはじめとしてハーバーマス、フリーデブルクらフランクフルト学派の教育論であろう。ここで

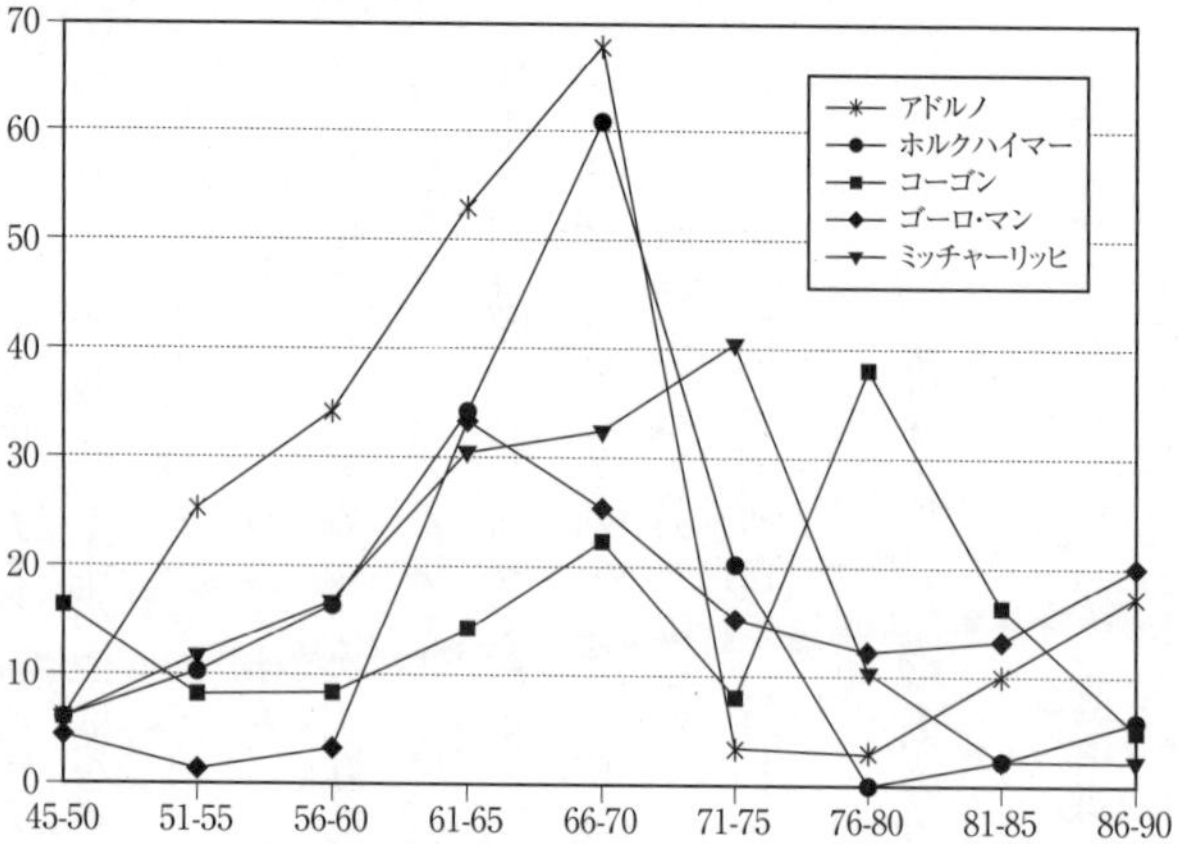

図２　ラジオ・テレビ放送の時期的推移

出典：Clemens Albrecht / Günter C. Behrmann / Michael Bock / Harald Homann / Friedrich H. Tenbruck: *Die intellektuelle Gründung der Bundesrepublik. Eine Wirkungsgeschichte der Frankfurter Schule*. Frankfurt a. M. / New York 1999, S. 230.

アルブレヒトが言う「知的建国」とは、「過去の克服」を通しての西ドイツ国家の正統性の再獲得の過程であり、同時にドイツ人の新しいアイデンティティー――「ドイツ人であるとは、ナチズムの過去と対決している、ということを意味する」[70]――の獲得の過程である。前節で見た「過去の総括」講演をはじめとするアドルノの言論活動はこの過程において重要な役割を演じたと考えられる。以下、主にアルブレヒトの研究に従いながら、「過去の克服」に関するアドルノ（およびフランクフルト学派）の主張がこの「知的建国」にいかなる役割を果たしたかを概観しておきたい。

（1）アドルノへの公的関心

上の図2[71]は、ドイツ放送アーカイヴに登録された一二二五のラジオおよびテレビ番組のデータからアルブレヒトが集計したものである。それぞれの人物が出演した、あるいは話題として取り上げられた番組の合計を示している。これを見ると、マスメディアへのアドルノの登場は、五〇年代後半から急増し、六〇年代後半に頂点を迎えることが分かる。ホルクハイマーも同様の傾向を示している。

もう一つ図を見ていただこう。次頁の図3[72]は、ホルクハイマーが業者に委託して収集させていた社会研究所関連の新聞記事をアルブ

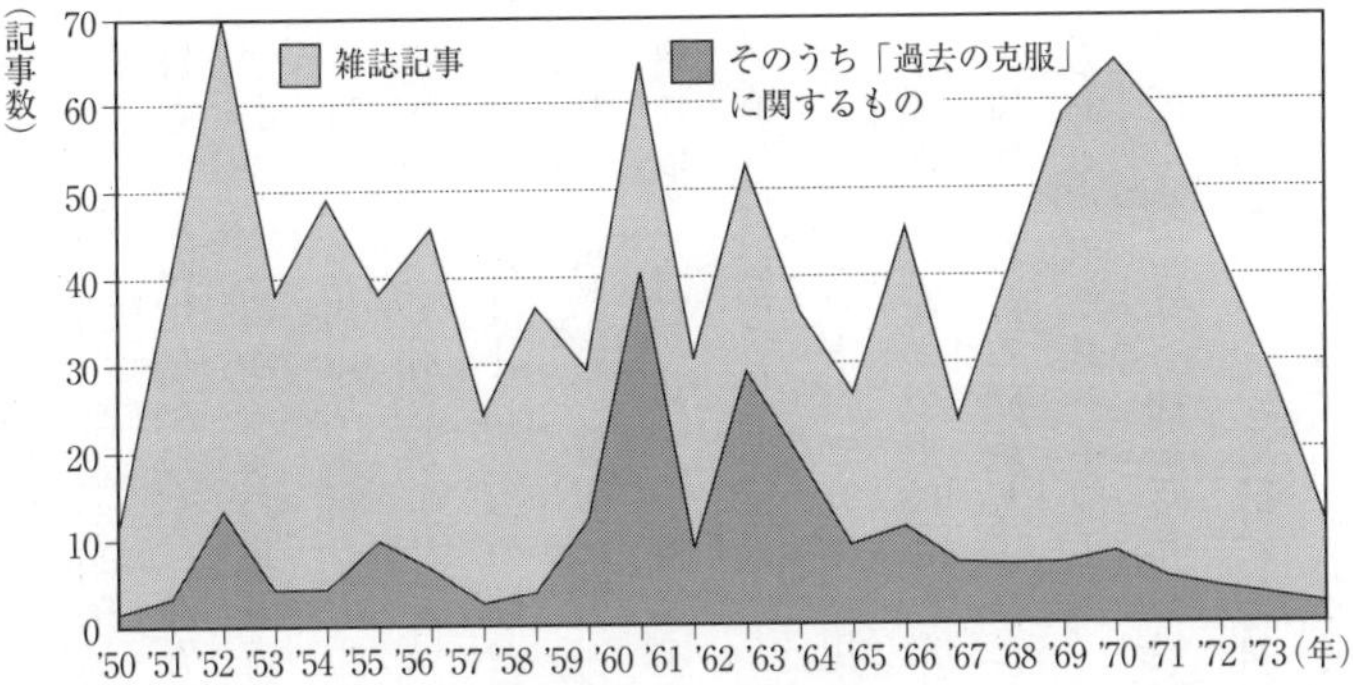

図３　フランクフルト学派に関する雑誌記事

出典：Albrecht et al.: *Die intellektuelle Gründung der Bundesrepublik*. S. 206.

レヒトが整理・集計したものである。これを見ると、集計された一九五〇年から七三年までの期間に、社会研究所に対する関心の高まりには三つの波があることが分かる。最初の波は社会研究所がフランクフルトに再建された一九五一年、最後は学生運動が盛んになった七〇年前後である。その中間の六〇年代前半に第二の波が見られるが、濃いグレーの部分が示すように、この第二の波を押し上げていたのが「過去の克服」問題への関心の高まりであった（「国民社会主義」「ユダヤ人」「反ユダヤ主義」といったキーワードを含む記事を、アルブレヒトは「過去の克服」に関わるものとして分類している）。一九五〇年代末に顕在化する反ユダヤ主義の波に際して、アドルノとホルクハイマーはしばしば講演やラジオ討論などに招かれ、公的な注目を浴びる存在になっていった。以上の二つのデータを重ね合わせるなら、アドルノ（およびホルクハイマー）への公的な関心は五〇年代末の「克服されざる過去」の社会問題化を一つのきっかけとして高まり、そのまま六〇年代末の学生運動の時代に引き継がれていったと見てよいだろう。

（2）「フランクフルト学派」の遡及的形成

一九五九年はまた、ドイツ社会学における学派対立が表面化した年でもあった。五〇年代初頭までは、社会研究所も、ケルンのケーニヒ、ハンブルクのシェルスキー（一九六〇年にミュンスターに転じる）といったほかの社会学派も、経験的研究の推進という点では関心が一致していた。ところが、五〇年代半ばになって対立が芽生えてくる。一九五六年、ケーニヒは、「一九五五年のドイツ社会学」と題する論文のなかで、シェルスキーとゲーレンの規範的な議論を明示的に批判し、社会研究所のヘーゲル＝マルクス的な背景を暗に批判した。[73] こうした対立が表面化したのが一九五九年ベルリンでの社会学会大会（アドルノが「半教養の理論」を講演した大会でもある）であった。この大会の基調講演「社会学と哲学」[74]で、ホルクハイマーは、経験的研究の前提として、正しい社会とは何かを規定する哲学の重要性を指摘した。社会学の対象たる「社会」をどう構想するか、という原理的な問題をめぐって対立が生じ、五〇年代の学派間の合意は終焉する。シェルスキーの著書『ドイツ社会学の位置決定』についての書評「三つの社会学」で、ダーレンドルフは規範的・存在論的（シェルスキー）／経験的・分析的（ケーニヒ）／批判的・弁証法的（アドルノ、ホルクハイマー）という三分割図式を提案したが、この図式は多くの入門書に取り入れられて定説化する。[75] こうした対立が六〇年代の「実証主義論争」へとつながっていくことになる（その直接の発端となったのは一九六一年テュービンゲンでの社会学会大会におけるポパーとアドルノの論争であるが）。

アルブレヒトによれば、現在われわれが思い浮かべるような「フランクフルト学派」のイメージは、こうした学派対立のなかで形成されたものである。五〇年代には、社会研究所、とくにホルクハイマーは、戦前の研究所の歴史をむしろ隠蔽しようとしていた。それが典型的に見られるのが『社会研究誌』復刻に対する一貫した躊躇である。[76] ホルクハイマーは、アデナウアー体制下の西ドイツにおいて社会研究所の地歩を築くべく腐心しており、そのためには、社会研究所のマルクス主義的伝統を前面に出すことは得策とは考えられなかった。六〇年代末の学生運動につながる政治的意識の高揚のなかで、三〇年代の社会研究所のマルクス主義的伝統が再発見され、そこに遡及する形で「フランクフルト学派」のイメージが形成されていったのである。

誰もが知る左のカリカチュア[77]はフォルカー・クリーゲルによるもので、一九六八年にホルクハイマーの著作の書評のなかで使われた。このカリカチュアは、アルブレヒトによれば、ここに描かれた四人の理論の諸要素を「一つの永遠の複合体へと融合させる「フランクフルト学派」という理論的な理念像を構築するうえで、あまたある学位論文以上に貢献した」という。[78]

フランクフルト学派は、六〇年代の、とくに知的・政治的な関心を持った若者にとっては、単なる社会学の一学派以上の存在であった。イェーガーによれば、フランクフルト学派の社会理論は、「多くある仮説の一つにすぎないのではなく、包括的な自己認識の仕方を提供し、人生の意味に関する知的なプログラムとなるものであり、ある種の生活の雰囲気だったのである」。[79] フランクフルト学派の理論は、六〇年代末の学生運動を担った「六八年世代」ないし「抗議世代」（一九三八〜四八年生まれ）の生活感情や生活様式の一部になっていった。

図４　フォルカー・クリーゲルによるカリカチュア。ホルクハイマーを背景に、左からマルクーゼ、アドルノ、ハーバーマス。
出典：Wolfram Schütte（Hrsg.): *Adorno in Frankfurt*, Frankfurt a. M. 2003, S. 403.

「抗議世代」に典型的な経験として、権威的な親世代に対する心理的な反撥と社会の現状に対する批判との密接な結びつきがある。「過去の克服」問題はこの両者の結節環として働いた。自分自身が痛切に経験し反撥した家庭内の権威主義は、かつてのファシズムの残滓であり源泉でもある権威主義、として解釈可能になり、親世代が作り上げた戦後の社会秩序に対する批判は、ファシズム的過去を克服し将来のファシズムの芽を摘む行為として解釈可能になる。

このような解釈を可能にしたのが、家族の権威的構造や権威主義的パーソナリティの問題に着目するフランクフルト学派の社会心理学的なファシズム理論であった。親世代やその生活形式を「フランクフルト学派の諸理論の助けを借りて解釈」することで、「個人的生活経験と社会政治的課題との結合が作り出された」のである。[80]

（3）「過去の克服」の諸理論

アルブレヒトは、西ドイツにおける「過去の克服」問題の展開を象徴する三つの著作を挙げている。[81] まず、マイネッケの『ドイツの悲劇』（一九四六年）がある。マイネッケは、ナチズムをキリスト教的西洋の価値からの離反の帰結と見て、ゲーテ時代の人文主義的伝統への回帰によるナチズム克服を展望した。これが敗戦直後の「過去の克服」の基本テキストとなった。次にプレスナーの『遅れてきた国民』（一九五九年）が挙げられる。プレスナーは、英仏と比べた国民国家の成立の遅れと、そこから来る「ドイツ特有の道」にナチズムの遠因を見て、ドイツもまた西欧的な理念・制度を指針とすべきだとした。このプレスナーの主張は、シェルスキーの言う「懐疑的世代」（一九二六～三七年生まれ）の経験に適合的であった。最後に、アレクサンダー・ミッチャーリッヒとマルガレーテ・ミッチャーリッヒの『哀悼の不能』（一九六七年）がある。両ミッチャーリッヒは、第三帝国時代の過去が心理的に抑圧されている点に問題を見た。ヒトラーへの同一化によって補償されていた自我の弱さが表面化し、ナルシシズムが傷つけられる不安から過去を直視できない点が問題なのである。ナチズムのメカニズムを直視できるようにするための個人意識の変革が必要とされる。この主張は「抗議世代」の若者たちに受容されていった。ナチズムの問題を、過去の問題としてではなく、現代を生きる個々人の問題として捉えることがこの理論によって可能になったのであった。

この三つの理論とフランクフルト学派の位置関係はどうだったのだろうか。A・ミッチャーリッヒは、フランクフルト学派の一員に数えることはできないだろうが、制度的にはフランクフルト大学の同僚であり、フロイト研究所の所長として社会研究所と良好な協力関係にあった。[82] 彼は思想的にもフランクフルト学派に強い影響を受けている。[83]「過去の克服」の理論においても両者の間には多くの共通性を見ることができるだろう。フランクフルト学派もまた、「過去の克服」の社会心理学的な側面を強調することで、現代を生きる個々人の生き方の問題として「過去の克服」を捉え直すことを可能にしたのであった。同時に、フランクフルト学派、とりわけアドルノには、「ゲーテ、ベートーベン、そしてカントへの入り口を再度開いた[84]」という側面がある。また、とりわけドイツへの帰還直後は、東西対立のなかで西ドイツを西欧的な民主主義理念につなぎ止めることに社会研究所は熱心であった。アルブレヒトによれば、フランクフルト学派の立場は、ミッチャーリッヒ的な社会心理学的な見方を基盤にしつつ、ドイツ文化の人文的遺産を重視する点ではマイネッケ理論に、西欧的な民主主義の理念に準拠する点ではプレスナー理論に（プレスナーも「集団実験」プロジェクトの時期には社会研究所と密接な関係にあった[85]）、それぞれ通じる要素を含んでいる。こうした統合的な立場ゆえに、フランクフルト学派の理論は「過去の克服」問題をテコに「知的建国」へと至る過程を推進するうえできわめて適合的であった。

フランクフルト学派は、六〇年代のイデオロギー的・政治的対立の高揚のなかで、アカデミックな「学派」であることを越えて広く人びとの社会的・政治的意識や生活意識に影響を及ぼす「知的陣営」となっていった。[86] 先に触れたように、一九五九年に端を発する「知的建国」のプロセスは、それまでの「過去処理政策」を批判し、「過去の克服」を通して、西ドイツ国家の正統性を、単なる法的・制度的な正統性を越えて再獲得する過程であった。フランクフルト学派、とりわけアドルノは、「克服されざる過去」を告発し、また「克服されざる過去」の背後にあるドイツ社会の社会心理学的な状況を指摘することで、「知的建国」の重要な推進力となったと考えられるのである。ミュラー＝ドームによれば、「指導的な大学教師であり公的な知識人であるという二重の活動によって、アドルノは重要な政治的役割を果たしたが、その役割は連邦共和国における民主主義的意識の形成にとって明らかに僥倖であった(87)」。

第5節 アドルノの教育論再考

アドルノのなかに教育論を探ろうとした場合、人間の成長・成熟についての独自のアイデアを彼の本領である文化論、文化産業論、芸術論から取り出す、という行き方がまずは考えられる(88)。このような人間形成論《ビルドゥングステオリー》的な解釈の意義を疑おうとは思わない。しかし、これまでも示唆してきた通り、「過去の克服」という文脈のなかにアドルノの教育論を据えた場合には、別の側面が浮かび上がってくる。所与の現状（「克服されざる過去」という現状）を否定すべきものと見てこの現状を変えることを目指す教育論、としての側面である。同時代のボルノーに典型的に見られるような(89)、現状を基本的に肯定して、現状のなかの「教育的」なるものを解釈学的に取り出すことを課題と見る教育論とは問題設定が根本的に異なるのである。しかも、冒頭で述べたように、それ自身は積極的な意味を持った文化的・芸術的・社会的経験を、「過去の克服」の文脈に限って言えばアドルノはかならずしも信用していない。だからこそ、結果をコントロールできないそうした通常の経験とは異なる、教育的な作用が必要とされた。この両方の意味で、アドルノは、結果のコントロールを目指すような優れて「教育的」なコミュニケーションを問題にし、そこへの積極的介入を構想していた、と考えられるのである。以下では、こうしたアドルノの教育論の特質をよく示すインタビュー記事をまず取り上げる（1）(90)。そこからアドルノの教育論の主要な論点を取り出したうえで、それぞれの論点について、ほかのテキストも参照しつつ順次論じていくことにしたい（2

〜4）。

（1）『生徒シュピーゲル』誌インタビュー

『生徒シュピーゲル』はフランクフルトのクリンガー・シューレを拠点に発行されていた「フランクフルトの経済学校（商業学校、高等商業学校、経済ギムナジウム、職業学校）のための生徒新聞」（同誌奥付）である。管見のかぎりではドイツのどの公立図書館・大学図書館にも所蔵されておらず、雑誌本体に巻号なども記されていないため、この雑誌の来歴や刊行時期については不詳である。このきわめて「マイナー」な雑誌の一九六八年第二号（推定同年四月刊行、全五四頁）に、アドルノとホルクハイマーに対するインタビュー記事が二段組み四頁にわたって掲載されている。[91] クリンガー・シューレは一八〇三年創設の伝統ある職業学校で、現在も六〇年代当時と同じマウアー通りに存続しているが、校舎改築中のため詳しい調査をおこなうことはできなかった。インタビューを含む第二号は、編集部からの連絡書簡などの関連資料とともに、フランクフルト大学図書館のマックス・ホルクハイマー・アルヒーフに保管されており閲覧可能である（資料番号はV 151, 44; 44a; 44b; 45; 46およびXII, 29, 2）。

この『生徒シュピーゲル』誌インタビューでのアドルノの発言は、彼の教育論の主要な論点を手短かに要約するものになっている。このインタビューの背景には高揚する学生運動があった。第二号には「大学は現代の動物園？――なぜ学生たちは街に出るのか」という解説記事も見られる。また、第二号の巻頭記事「前号の公開書簡に対する返答」は、「もっと政治の授業を増やしてほしい」「カリキュラム編成に生徒も関わらせてほしい」といった生徒側の要求に対する校長からの「返答」である。インタビューでも、学生運動の急進化という状況が議論の前提にされている。二人は同席してインタビューに答えており、このインタビューは二人の間の間接的な討論にもなっている。ホルクハイマーとアドルノの発言は核心的な部分できわめて対照的である。インタビューに表れたアドルノの教育論の主要な論点を、ホルクハイマーの立場と対比しつつ取り出してみたい。論点は、政治教育をめぐる問題、権威をめぐる問題、教養（教育内容）をめぐる問題、の三つに整理できる。

政治教育をめぐる問題

インタビューの大半を費やして論じられるのがこの問題である。議会制民主主義の道筋を放棄して直接行動に訴える若者たちの急進化を「政治教育の失敗」と見る意見があるが、という『生徒シュピーゲル』編集部の問いかけに対して、アドルノは以下のように答えている。政治的行動を引き起こしているという点にではなく、逆に政治的無気力を引き起こしている点に「政治教育の失敗」がある、というのである。

> 政治の授業の失敗という問題は一つのファクターとして存在しています。しかしそれは、政治の授業が政治的騒乱の原因だというよりも、ある種の政治的無気力に政治の授業が関与しているという意味においてです。[92]

この問題は、次の「良い政治の授業の規準としてどんなものが挙げられるでしょうか」という問いかけをきっかけとしてアドルノとホルクハイマーの立場の違いを際立たせることになる。ホルクハイマーは、現代の諸問題に明確に関わっていくことが政治の授業の最重要の規準だとしつつ、政治の授業が、「憲法が生徒たちに「愛される」ということに貢献する」ことも必要だと主張する。「憲法は、人びとにそれが浸透するように受容される必要があるのではないか」というのである。[93]これに続くアドルノの発言は、ホルクハイマーの意見に対する批判的な注釈であるとともに、政治教育に関する彼の立場をよく示してもいる。少し長くなるが引用しておきたい。

今の［ホルクハイマーの］発言は中心的なポイントの一つに触れるものです。……一方で、人びとが民主的憲法との一種の同一化をおこなうことは、期待されてよいことです。他方、現在の政党政治体制の内部では、授業自体が党派的であってはならないという命令が支配しています。そのことによって、民主的理念に内容を充当することには最初から狭い限界が設定されてしまっています。このため教師は自分がどうすべきか分からない状態に置かれるのです。一方では、教師は若者を民主主義へと教育するのだとされます。他方、実現された民主主義とは何かという問いを教師が真剣に考えた場合、政党政治的なプロパガンダをおこなっているという非難をただちに覚悟せねばなりません。……政治の授業をおこない、かつ民主主義を真剣に考えている人は、はじめから〈丸い四角〉のようなものに直面させられるのです。(94)

アドルノによれば、このようなジレンマゆえに、政治の授業がかえって政治的無気力を生む結果になっているのである。そうならないための良い政治の授業の規準として、アドルノは二点を挙げている。第一に、政治を「さまざまな利害の表現として見る」ことである。政治の授業は「議会制民主主義の手続き規則のような表面的現象を教えることで満足することは許されず、全体社会的な力のゲームを明らかにする必要がある」。しかも、「利害の状況は、相互了解がまったく不可能なほどに対立的である場合もある」のだ。第二に、「政治的成人性と呼べるものを達成すること」が挙げられる。言い換えれば、「出来合いの形で差し出される集団的スローガンのようなものを単純に受け入れるのではなく、洞察に基づいて政治的判断や政治的決断に至るということ」である。(95)

権威をめぐる問題

次に浮上するのが権威をめぐる問題である。編集部によれば、生徒からは、教師は権威を振りかざしすぎる、という意見が多く出ている、という。これに対する二人の対応にも対照的な部分が見られる。アドルノは、以下のように、教師の権威をできるかぎり「事柄の権威」に限定しようとする。

権威の問題は非常に本質的なことに触れています。教師が自分の教える事柄について理解しているということが決定的に重要だと私は以前から考えています。事柄の権威と呼ばれているものが支配している場合には、生徒はそれに依拠することができると私は思います。しかし、いわゆる全体社会的な支配状況の、単なる写しにすぎないような盲目の権威に対しては、生徒は反撥します。(96)

アドルノは、教師の側から教育の権威的な構造を解体していくべきだと主張する。「重要なのは、制度的に何かを変えることよりも、むしろ内的な権威構造を意識化によって――まさに教師の側から――変革すること」であり、「教師が伝統的な市民的権威理想をもはや単にナイーヴに受け継ぐのではなく、みずからそれに不信の念を持つということ」なのである。(97) これに対して、ホルクハイマーは人格的な権威にも積極的な意味を認めようとする。「教師がまじめに生徒のことを考えており、生徒を援助することに自分の課題を見ているということが生徒に感じ取られていれば、それは単なる事柄の権威ではなく、ある意味で人格的な権威でもある」というのがホルクハイマーの主張である。(98)

生徒による教師批判についての反応の違いは、以上のような権威についての両者の考え方の違いに対応している。「生徒が教師を批判することは正当でしょうか?」という質問に対して、アドルノが「言うまでもありません! それは無条件に正当です」と言下に答えるのに対して、ホルクハイマーは「もし批判すること自体がスローガンにならなければ、そうでしょう」と留保をつけているのである。(99)

教養（教育内容）をめぐる問題

この批判の正当性をめぐる議論は、教育内容についてのアドルノの特徴ある主張に結びついていく。ホルクハイマーは批判に対して留保をつけた。「批判は、もしそれが教師と生徒の間の意味ある対峙を許すような仕方で表明されるならまったく正当」であるが、「しかし批判は流行になることも、決まり文句になることもある」というのである。これに対してアドルノは、「批判の制限は大きな困難を引き起こす」としてホルクハイマーに反論する。アドルノによれば、批判のための批判という現象もあるが、それに対する対処は難しくないのである。というのも――

次のように言えば良いのです。批判は当然、伝達される教育内容《レールシュトッフ》との間でなんらかの調和を保っていなければならない、と。つまり、生徒はまず内容《シュトッフ》を習得し、それを身につけ、理解する必要があるわけです。そうなってはじめて、議論したり批判したりすることが可能になります。私は批判を、事柄《ザッヘ》に付け加わる何かではなく、本来、事柄それ自体を構成するものだと見ています。教師は、単に外面的であるにすぎない批判から、その外面性を奪取する能力を持つ必要があるのです。(100)

この一節でインタビューは終っている。この一節には難解な部分もあるが、アドルノが批判と「内容」や「事柄」との間を連続的に捉えようとしていることはただちに理解できるだろう。一方で、「批判」という形での事柄への関与が「事柄それ自体を構成する」とされる。たとえ「外面的」であるとしても、批判的関与は事柄の理解に深く関わっていると考えられるのである。他方、批判は内容との間で調和を保っている必要がある、とされる。つまり、批判は非合理的なものであってはならず、教育内容を理念的に基礎づけている合理性を先取りしている必要がある。この両者、つまり事柄への関与としての批判の実態と、批判の合理性への理念的要請とはかならずしも一致しないだろう（たとえば「外面的」批判の場合）。そこで内容の習得・理解の要求が出てくることになる。内容の習得・理解は、この両者の橋渡しをする、つまり批判の「外面性を奪取」するべきなのだ。したがって、ここでのアドルノの言葉を、まずは批判抜きの習得・理解を要求していると解するべきではなく、批判と習得・理解との関係はあくまで動的・相互浸透的に解するべきであろう。ここには、後で詳しく見るように、客体との関係における主体の変容というヘーゲル的な「経験」の弁証法を重ねて見ることができる。この一節には、教養をめぐるアドルノのヘーゲル的な立場が顔をのぞかせているように思われる。

（2） 政治教育の構想

『生徒シュピーゲル』誌のインタビューから、アドルノの教育論の三つの論点を取り出した。このうち、現実への積極的介入として教育を構想するという彼の教育論の特質がもっともよく表れているのは、政治教育をめぐる議論である。これについては、すでにしばしば言及してきた。アドルノの見るところ、「克服されざる過去」の問題は、自律という民主主義を支える理念を骨抜きにするような社会心理学的・全体社会的な条件と深く結びついているのであった。したがって政治教育は、それが民主主義を指向する以上、このような条件の改変をめざす必要がある。そのために彼は、インタビューでの発言にもあったように、政治的中立性を装って民主政治の手続き的側面のみを教授する、現にある利害対立を隠蔽して協力や話し合いのみを強調する、といった、当時支配的であった政治教育のあり方を厳しく批判したのであった。[101]

アドルノの政治教育構想は、政治が個々人の利害と結びついた問題であることを示すために、全体社会的な利害対立を洞察させること、そしてそうした政治教育を可能にするために、政治的中立性の見せかけを強制されないような前提条件を学校に作り出すこと、をめざすものであった。彼はこうした要求を以下のように「社会学」という言葉で総括している。

> あらゆる政治の授業は、アウシュヴィッツを反復しない、ということにそろそろ集中すべきであろう。これが可能になるのは、政治の授業が何らかの権力と衝突することに不安を持つことなく、大っぴらにこの最重要の事柄に取り組む場合に限られるだろう。そのためには、政治の授業は社会学に姿を変える必要があろう。つまり政治の授業は、政治の諸形態という表面の背後にその場所を持つような全体社会的な権力抗争について教示する必要があろう[102]。

こうした政治教育の目標として設定されるのが、インタビューでも強調されていた「成人性（成熟）」である。アドルノは、以下の引用に見られるように教育を「正しい意識の構築」と捉えるが、こうした教育概念は「成人性（成熟）」という政治教育の目標とも重なるものである。

> 私が教育ということでそもそも何を考えているかを、……思い切って述べてみたいと思います。いわゆる人づくりではありません。外から人間を作るような権利を人は持っていないからです。また、単なる知識伝達でもありません……。そうではなく、正しい意識の構築、です。これは際立った政治的な意味を持つでしょう。正しい意識という理念は、そう言って良ければ政治的に要請されているのです。つまり、単に機能するというのではなくその概念にふさわしく働く民主主義は、成熟した人間を必要とするのです[103]。

（3）教育における権威の両義性

以上のように自律と成人性を目標に据えて構想された政治教育は、しかし、学校においていかに実現されるのだろうか。というのも、学校自体が権威的な構造を根深く持っていることは、インタビューにも表れているようにアドルノ自身がしばしば強調する点である。教育内容がたとえどれほど民主主義の理念にかなっていても、その伝達の様式が権威主義的なものにとどまっていたのでは、結局効果は上がらないのではなかろうか。インタビューでは教師の意識改革に解決策が求められていた。また、教師批判の正当性を即座に認めているように、アドルノは学校における権威的関係の改変を重視していた。しかし、彼はこれが構造的な問題であることも十分に認識していたと思われる。

「教職に関するタブー」（一九六五年）のなかで、アドルノは、権威主義が「教師の存在論」と深く結びついている可能性を指摘する。出発点の問いは、教職に対する根強い軽蔑や嫌悪がどこから来るのか、である。アドルノは次のように言う。

> 教師の否定的イマゴの背後には、［カフカの『審判』にも出てくる］笞刑吏というイマゴがある。……私はこの「教師＝笞刑吏という」複合が、体罰が禁止された後も、教職に関するタブーを考える時の鍵になると見る[104]。

教師は社会秩序を根本のところで支えている身体的暴力の代理人役を強制させられている、というのである。アドルノによれば、「それなしではやってはいけないのだが、しかしそれが悪であると人々が知り抜いていること、直接そんなことに手を染めるには自分は高邁すぎるのだが、実は自分自身が後ろで糸を引いており、それゆえに二重に卑しめられていること、これを行うのが教師なのである[105]」。

しかも、教師が強制されているこうした不公正《アンフェアネス》は、インタビューでは「人格的権威」から区別されていた「事柄の権威」にまで及ぶ。以下で分析されているのは、この両方の権威が実態においては分かちがたく融合しているという事実である。

生徒に対する知識の優越さえ……そうした不公正を何ほどか持っている。この優越それ自体が教師としての機能と不可分であるため、教師は、正当な権利があるとは言えないこの優越を押し通すことになるのだから。ところが、この知識の優越は教師に、彼が欲しくてたまらない権威を何度でも与えてくれるのである。不公正は、ここでだけ例外的に存在論という用語を使わせてもらえれば、言わば教師の存在論のなかに埋め込まれている。(106)

以上のように、アドルノは、教師の、ひいては学校の、権威主義的構造とその不公正を容赦なく暴き出した。しかし他方で彼は、権威と自律との逆説的な関係をも指摘している。精神分析的な知見に基づいて、自律にとっての権威の内面化の必要性をも強調するのである。「おとなしい」子どもの方が後に自律的な態度を身につけ、「反抗的」な子どもがかえって権威に迎合する大人に育つ、という現象をアドルノは好んで引き合いに出す。(107) それを一般化すれば、「半教養の理論」における以下の一節のようになろう。

曲りなりにも伝統と個人の間の仲立ちをしてきたのは、権威であった。フロイトによれば、自我の原理としての自律はまず父親像との同一化において生じ、そこで獲得されたカテゴリーを用いてやがて家庭環境の非合理に楯突くことになるわけだが、似たような段取りで教養は社会的に発達した。その人道的な必要について疑問の余地のない学校改革は、時代遅れの権威を取り除いた。しかし改革は、精神的なものの体得と内面化が廃れる傾向にいっそう拍車をかけることにもなったのであって、実はそうした内面化に自由も依拠していたのである[108]。

（4）経験への能力、としての教養

教育における権威をめぐる以上のような一見両義的なアドルノの見解を理解するためには、第三の論点である教養の問題を考慮に入れる必要があるだろう。権威主義がもたらすネガティヴな帰結としてアドルノが危惧するのは、権威主義的パーソナリティの極致としての「操作的性格」をそれが形成してしまうことである。操作的性格は硬直した現実関係を特徴としており、冒頭で触れられた反ユダヤ主義者がその典型であるように、経験への能力を欠いている。「アウシュヴィッツの反復を阻止する試み」においてアドルノがまっさきに課題として挙げるのは、操作的性格の成立を阻止することである[109]。先の引用にある「精神的なものの体得と内面化」は、そのためのもっとも頼りになる橋頭堡であった。本来それは「自由」を可能にし経験の可能性を広げるはずのものだからである。権威、とりわけ「事柄の権威」は、ある時点で強制であったものが自由に転化するという、こうした経験の時間的な構造のなかで正当化されるべきものであろう。実際、アドルノは、ヘルムート・ベッカーとの対談のなかで、「経験への教育」と「成人性への教育」を以下のように「互いに相等しい」としている。

> 本来、意識を作りなしているものは、現実との、内容との関係における思考であり、主体の思考形式・思考構造と主体自身でないものとの間の関係です。意識あるいは思考能力のこうしたより深い意味は、形式論理的な進行に尽きるものではありません。むしろそれは、経験をする能力と文字通り重なり合うのです。思考することと精神的経験をすることとは、同じ一つのことだと申し上げたいと思います。そのかぎりでは、経験への教育と、成人性への教育とは……互いに相等しいのです[110]。

以上のような「経験」「経験への教育」の考え方は、対談相手のベッカーにアドルノ自身が「私は昔ながらのヘーゲル主義者です。これは自分ではどうしようもありません[111]」と漏らしているように、きわめてヘーゲル的なものだと言える。それは、「個々の人間の発展はヘーゲルが「外化」と呼んだものを介してのみ、つまり、一人の人間がある事柄にまったく我を忘れ、身を捧げるということによってのみ、達成される[112]」と考え、こうした外化を通しての自己還帰の過程を「経験」と見るような見方である。

しかし、このようなヘーゲル的な「経験」の現実的条件が現代においては奪われている、というのが、アドルノの文化産業論や人間形成論における大前提であった。経験能力の欠如は、「操作的性格」において極端な形で現れているとしても、現代社会に生きる人間全体が多かれ少なかれ共有している趨勢だとアドルノは見ていたはずである。たとえば「教育——何をめざして?」と題するベッカーとの対談を見てみよう。対談相手のベッカーは、教材過多による疎外状況を克服するために現代の教育学がいかに子どもの自発性を尊重した教育方法を開発しているかを強調している。ところがアドルノは、「それに対して私は一定の留保を表明しておきたい」と反論する。彼によれば、「今日われわれが直面しているもっとも深刻な問題は、経験への能力を人間がまったく失ってしまっていること[113]」なのである。

人間形成論のレベルでのアドルノの現状認識はあくまでペシミスティックである。アドルノとの対談のなかで、ベッカーは、不断の変化への対応が個々人に求められるという労働環境の変化を、教育の立場から積極的に評価しようとしている。「不断の変化を持ちこたえることへの教育は、個人的なものに対してまったく新しい重要性を与えるもの」だというのである。これに対して、アドルノは以下のように反論している。

しかし私が思うに、社会は一般的に言って今日でも非個人化を、つまり皆が同調することを優先させています。これと並行して、自我形成の内的な弱体化が進行しています。これは、以前から心理学においては「自我の弱さ」として知られているものです。結局のところ、個人それ自体は、つまり、自分の利害にひたすら固執するような仕方で個人化され、自己自身を言わば最終目標とみなすような人間は、それ自体おおいに問題があるということも考える必要があります。(114)

後段で指摘されているナルシシズム的個人は、まさに個人に固執することで経験への能力を喪失した状態にあると言えるだろう。人間形成論レベルでアドルノが提示する脱出口は、――ここでは触れることのできなかった美と芸術の領域をひとまず度外視すれば――以上のような否定的現実の意識化である。愛にあふれた子ども時代を子どもたちに過ごさせよう、と主張する「愛の奨励」にもアドルノは批判的な目を向ける。「愛は直接的なものであり、媒介された諸関係とは根本的に矛盾する」。したがって「愛の奨励……は、それ自身、冷酷さを永遠化するイデオロギーの構成部分である」。第一になすべきことは、愛の奨励ではなく、「冷酷さが自らを意識するように促すこと」なのである。(115)「半教養の理論」を締めくくる以下の一文は、こうした「意識化」という方策を綱領的に示している。

自らの必然的に変り果てた姿である半教養への、批判的な自己意識という形でしか、今日の教養は明日に生き残る可能性を持っていないのである。(116)

こうした意識化は、しかしいかにして可能になるのだろうか。アドルノの理論全体を見渡せば、意識化のメディアとして最も有望なものは芸術ないし美的経験である。しかし、「過去の克服」の文脈においては、すでに触れてきたとおり、まさに美と芸術の領域での経験に信頼が置けないからこそ「主体への転回」としての教育が求められたのである。教育の領域で有望と思える候補は現れる――教師自身による権威的構造の解体、教育内容の習得による経験能力の獲得、愛の奨励、など――が、そうしたものへの期待はアドルノ自身の批判的分析によって次々と背負い投げを食わされることになる。「意識化」という方策は、その引き受け手の見込みがないままに振り出されているように思われるのである。

おわりに

本章でわれわれは、一九五九年という年を起点として、アドルノと社会研究所の活動に焦点を合わせて「過去の克服」の文脈の再構成を試みた。一九五九年はさまざまな意味で節目となる年である。一方で「克服されざる過去」の社会問題化があった。この問題に対する決定的な態度表明によって、アドルノはアカデミズムの枠を越えて公的議論の場に自らを押し出す。アカデミズム内部を見ても、ドイツ社会学の学派対立が本格的に形をとりはじめるのがこの年である。六〇年代末の学生運動において頂点を迎えるイデオロギー対立の季節が始まり、やがて「フランクフルト学派」が次第に吸引力を発揮していく。この両者、つまり「過去の克服」問題へのアドルノの関与とフランクフルト学派の知的陣営化とが相まって、連邦共和国の「知的建国」へと至る過程の端緒が最終的に開かれたと言えるだろう。

アドルノの教育論は「過去の克服」問題を抜きにしては考えることができない。「アウシュヴィッツを繰り返してはならない」ということは、アドルノにとって「教育への第一番目の要求」であった[117]。「過去の克服」の文脈にアドルノの教育論を据えてみると、その現実介入的《アクティヴィスティッシュ》な性格が浮き彫りになる。既存の歴史的・文化的現実から教育への指針を読み取ることに教育学の課題を見る、当時支配的であった解釈学的な教育学理解とは対照的に、アドルノの教育論は、「克服されざる過去」という否定的現実を変えることに自らの課題を見ていたのである。こうした彼の教育論の性格に対応して、教育もまた、意識に介入して意図的に構築するという――「正しい意識の構築」というアドルノによる「教育」の定義を想起してほしい――実践的・制作的な側面において理解されることになる。アドルノの場合、教育には、民主主義にとって不可欠な「政治的成人性（成熟）」を、否定的な現実に抗して育成するというきわめて重大な使命が帰せられ、したがってまた大きな期待が寄せられていたと言えるだろう。他方、こうした教育本来の使命の実現には深刻な困難があることもアドルノは明確に認識していた。一つは学校の持つ権威的な構造であり、もう一つは現代文化の諸条件がもたらす構造的帰結としての経験能力の欠如である。経験能力の欠如を前提にせざるをえないからこそ、アドルノは「経験への教育」ないし「成人性への教育」を求めた、つまり教育的な作為のなかに経験と成人性への可能性を求めた、と言えるかもしれない。ところが、そうした作為のただなかに、「教師の存在論」に根ざすような困難が発見されるのである。

教育の使命への手放しとも言える信頼とは対照的に、教育の実践的・制作的側面についての分析にはアドルノらしい「批判的理性」の炯眼が光っている[118]。その結果あらわになった教育論のジレンマは「意識化」というレトリックによって解消されることになるが、この「意識化」がいかにして可能になるかについて、教育論のなかで立ち入って論じられることはなかった。

アドルノの教育論は、教育についての整合的な説明体系として人びとを説得したのではなく、「過去の克服」という文脈におけるその訴求力によって人びとに影響を与えた。しかしその影響は、「克服されざる過去」の呪縛を解き、学校に批判的理性の新鮮な空気を送り込むことに貢献した。教育理論としてのその破綻にもかかわらず、「政治的成人性（成熟）」の理念を教育の領域において活性化させたという意味で、アドルノの教育論と西ドイツ社会との遭遇はまさに「僥倖」だったと言えるだろう。

注

（1） Ulrich Brochhagen: *Nach Nürnberg. Vergangenheitsbewältigung und Westintegration in der Ära Adenauer*. Berlin 1999, S. 319-344. 石田勇治『過去の克服　ヒトラー後のドイツ』白水社、二〇〇二年、一四一～一四四頁。

（2） Brochhagen: *Nach Nürnberg*. S. 320.

（3） ibid., S. 337.

（4） ibid., S. 514.

（5） Theodor W. Adorno: Was bedeutet: Aufarbeitung der Vergangenheit (1959). in, *Gesammelte Schriften*. Bd. 10.2, Frankfurt a. M. 1977, S. 570-571（大久保健治訳「過去の清算の意味するところ」『批判的モデル集Ⅰ――介入』法政大学出版局、一九七一年、一八一～一八二頁）.

（6） ibid., S. 571（一八二～一八三頁）.

（7） Hartmut F. Paffrath: *Die Wendung aufs Subjekt. Pädagogische Perspektiven im Werk Theodor W. Adornos*. Weinheim 1992, S. 15.

（8） Hartmut F. Paffrath: Theodor W. Adornos Skepsis gegenüber Pädagogik und Erziehung. in, Hein Retter / Gerhard Meyer-Willner（Hrsg.）: *Zur Kritik und Neuorientierung der Pädagogik im 20. Jahrhundert. Festschrift für Walter Eisermann zum 65. Geburtstag*. Hildesheim 1987, S. 29-37.

（9） Clemens Albrecht / Günter C. Behrmann / Michael Bock / Harald Homann / Friedrich H. Tenbruck: *Die intellektuelle*

Gründung der Bundesrepublik. Eine Wirkungsgeschichte der Frankfurter Schule. Frankfurt a. M. / New York 1999, S. 389.

(10) Theodor W. Adorno: Studies in the Authoritarian Personality (1950). in, *Gesammelte Schriften.* Bd. 9.1, Frankfurt a. M. 1975, S. 395-397（田中義久・矢沢修次郎・小林修一訳『権威主義的パーソナリティ』青木書店、一九八〇年、三九七〜三九九頁）.

(11) Theodor W. Adorno: Zur Musikpädaogik (1956). in, *Gesammelte Schriften.* Bd. 14, Frankfurt a. M. 1973（三光長治・高辻知義訳「音楽教育によせて」『不協和音――管理社会における音楽』平凡社、一九九八年）.

(12) Theodor W. Adorno: Jargon der Eigentlichkeit. Zur deutschen Ideologie (1964). in, *Gesammelte Schriften.* Bd. 6, Frankfurt a. M. 1973, S. 429（笠原賢介訳『本来性という隠語――ドイツ的なイデオロギーについて』未来社、一九九二年、三四頁）.

(13) ibid., S. 480（一一九頁）.

(14) Andreas Gruschka: *Negative Pädagogik. Einführung in die Pädagogik mit Kritischer Theorie.* Wetzler 1988, S. 52-53.

(15) 今井康雄「解放的教育学」小笠原道雄編『教育学における理論＝実践問題』学文社、一九八五年、一一五〜一三八頁参照。

(16) Paffrath: *Die Wendung aufs Subjekt.* S. 107-109.

(17) Albrecht et al.: *Die intellektuelle Gründung der Bundesrepublik.*

(18) Max Horkheimer (Hrsg.): *Studien über Autorität und Familie.* Paris 1936.

(19) Adorno: Studies in the Authoritarian Personality（田中・矢沢・小林訳『権威主義的パーソナリティ』）.

(20) Friedrich Pollock (Hrsg.): *Gruppenexperiment. Ein Studienbericht.* Frankfurt a. M. 1955.

(21) ibid., S. 3.

(22) ibid., S. XI.

(23) ibid., S. 35.

(24) ibid., S. 279.

(25) ibid., S. 280.

(26) Rolf Wiggershaus: *Die Frankfurter Schule. Geschichte — Theoretische Entwicklung — Politische Bedeutung.* München / Wien 1986, S. 487.
(27) Pollock（Hrsg.): *Gruppenexperiment.* S. 286.
(28) ibid., S. 502.
(29) ibid., S. 503.
(30) ibid., S. 276.
(31) Alex Demirovic: *Der nonkoformistische Intellektuelle. Die Entwicklung der Kritischen Theorie zur Frankfurter Schule.* Frankfurt a. M. 1999, S. 361（仲正昌樹監訳『非体制順応的知識人――批判理論のフランクフルト学派への発展　第1分冊』御茶の水書房、二〇〇九年、一四五頁）.
(32) Wiggershaus: *Die Frankfurter Schule.* S. 490.
(33) Pollock（Hrsg.): *Gruppenexperiment.* S. 139.
(34) ibid., S. 145.
(35) ibid., S. 147.
(36) ibid.
(37) ibid., S. 151-152.
(38) ibid., S. 155.
(39) ibid., S. 156.
(40) ibid., S. 158.
(41) ibid., S. 156-157.
(42) ibid., S. 158.
(43) ibid., S. 159.
(44) ibid.

(45) ibid., S. 162.

(46) ibid., S. 166.

(47) ibid., S. 167.

(48) Wiggershaus: *Die Frankfurter Schule*. S. 527.

(49) Pollock（Hrsg.）: *Gruppenexperiment*. S. 285.

(50) ibid.

(51) ibid., S. 280.

(52) ibid.

(53) ibid., S. 350.

(54) Norbert Frei: *Vergangenheitspolitik. Die Anfänge der Bundesrepublik und die NS-Vergangenheit*. München 1999, S. 9.

(55) Adorno: Was bedeutet: Aufarbeitung der Vergangenheit. in, *Gesammelte Schriften*. Bd. 10. 2, S. 555（大久保訳「過去の清算の意味するところ」『批判的モデル集I——介入』、一五八頁）.

(56) ibid.（一五八頁）.

(57) ibid., S. 555-556（一五八頁）.

(58) ibid., S. 558（一六三頁）.

(59) ibid., S. 563（一七〇頁）.

(60) Frei: *Vergangenheitspolitik*.

(61) Adorno: Was bedeutet: Aufarbeitung der Vergangenheit. in, *Gesammelte Schriften*. Bd. 10. 2, S. 566（大久保訳「過去の清算の意味するところ」『批判的モデル集I——介入』、一七五頁）.

(62) ibid., S. 567（一七六頁）.

(63) ibid.（一七七頁）.

(64) ibid., S. 568（一七七～一七八頁）.

(65) ibid.（一七八頁）.

(66) ibid.（一七八頁）.

(67) ibid., S. 569（一八〇頁）.

(68) Albrecht et al.: *Die intellektuelle Gründung der Bundesrepublik*. S. 568.

(69) ibid.

(70) ibid., S. 570.

(71) ibid., S. 230.

(72) ibid., S. 206.

(73) ibid., S. 174-175.

(74) Max Horkheimer: Soziologie und Philosophie（1959）. in, *Gesammelte Schriften*. Bd. 7, Frankfurt a. M. 1985.

(75) Albrecht et al.: *Die intellektuelle Gründung der Bundesrepublik*. S. 182.

(76) ibid., S. 263-264.

(77) Wolfram Schütte（Hrsg.）: *Adorno in Frankfurt*, Frankfurt a. M. 2003, S. 403.

(78) Albrecht et al.: *Die intellektuelle Gründung der Bundesrepublik*. S. 219.

(79) Lorenz Jäger: *Adorno. Eine politische Biographie*. München 2003, S. 134-135（大貫妙子・三島憲一訳『アドルノ――政治的伝記』岩波書店、二〇〇七年、二七〇～二七一頁）.

(80) Albrecht et al.: *Die intellektuelle Gründung der Bundesrepublik*. S. 528.

(81) ibid., S. 507-519.

(82) ibid., S. 160-162.

(83) Martin Jay: *The Dialectical Imagination. A History of the Frankfurt School and the Institute of Social Research, 1923-1950*. Boston / Tronto 1973, pp. 127, 321（荒川幾男訳『弁証法的想像力　フランクフルト学派と社会研究所の歴史 1923-1950』みすず書房、一九七五年、一八〇頁、二〇一～二〇二頁）.

(84) Stefan Müller-Doohm: *Adorno-Portraits: Erinnerungen von Zeitgenossen.* Frankfurt a. M. 2007, S. 109.

(85) Albrecht et al.: *Die intellektuelle Gründung der Bundesrepublik.* S. 159-160.

(86) ibid., S. 187-188.

(87) Müller-Doohm: *Adorno-Portraits: Erinnerungen von Zeitgenossen.* S. 108.

(88) cf. Hans-Hartmut Kappner: *Die Bildungstheorie Adornos als Theorie der Erfahrung von Kultur und Kunst.* Frankfurt a. M. 1984. 白銀夏樹「人間形成における時間的連続性に関する一考察――時間意識をめぐるアドルノの思想を手がかりとして」『近代教育フォーラム』第一二号、二〇〇三年、二一一～二二三頁。

(89) Otto Friedrich Bollnow: *Die anthropologische Betrachtungsweise in der Pädagogik.* Essen 1965.

(90) 今井康雄「教育において「伝達」とは何か」『教育哲学研究』第九七号、二〇〇八年、一二四～一四八頁参照。

(91) Max Horkheimer / Theodor W. Adorno: Professor Dr. Max Horkheimer und Professor Dr. Theodor Adorno nehmen Stellung zu aktuellen Fragen. in, *Schülerspiegel.* (2). 1968, S. 19-22.

(92) ibid., S. 20.

(93) ibid.

(94) ibid.

(95) ibid., S. 21.

(96) ibid., S. 22.

(97) ibid.

(98) ibid.

(99) ibid.

(100) ibid.

(101) 近藤孝弘『ドイツの政治教育――成熟した民主社会への課題』岩波書店、二〇〇五年、一三三～一五五頁参照。

(102) Theodor W. Adorno: Erziehung nach Auschwitz (1967). in, *Gesammelte Schriften.* Bd. 10. 2. Frankfurt a. M. 1977, S. 690

（大久保健治訳「アウシュビッツ以後の教育」『批判的モデル集Ⅱ――見出し語』法政大学出版局、一九七一年、一三三頁）.

(103) Theodor W. Adorno: Erziehung — wozu?（1966）in, *Erziehung zur Mündigkeit. Vorträge und Gespräche mit Hellmut Becker 1959-1969*. Frankfurt a. M. 1971, S. 107.

(104) Theodor W. Adorno: Tabus über dem Lehrberuf（1965）. in, *Gesammelte Schriften*. Bd. 10. 2, Frankfurt a. M. 1977, S. 662（大久保健治訳「教職にかんするタブー」『批判的モデル集Ⅱ――見出し語』法政大学出版局、一九七一年、九四頁）.

(105) ibid., S. 664.（九七頁）。

(106) ibid., S. 662-663.（九五頁）。

(107) Theodor W. Adorno: Erziehung zur Entbarbarisierung（1968）. in, *Erziehung zur Mündigkeit. Vorträge und Gespräche mit Hellmut Becker 1959-1969*. Frankfurt a. M. 1971, S. 132; Theodor W. Adorno: Erziehung zur Mündigkeit（1969）. in, *Erziehung zur Mündigkeit*. S. 139-140.

(108) Theodor W. Adorno: Theorie der Halbbildung（1959）. in, *Gesammelte Schriften*. Bd. 8, Frankfurt a. M. 1972, S. 105（三光長治・市村仁訳「半教養の理論」『ゾチオロギカ――社会学の弁証法』イザラ書房、一九七〇年、六九頁）.

(109) Theodor W. Adorno: Philosophie und Lehrer（1962）. in, *Gesammelte Schriften*. Bd. 10. 2, Frankfurt a. M. 1977, S. 484（大久保健治訳「哲学と教師」『批判的モデル集Ⅰ――介入』法政大学出版局、一九七一年、四九頁）.

(110) Adorno: Erziehung — wozu? in, *Erziehung zur Mündigkeit*. S. 113.

(111) ibid., S. 118.

(112) Theodor W. Adorno / Hellmut Becker: Kann Aufklärung helfen? Erwachsenenbildung und Gesellschaft. Gespräch zwischen Theodor W. Adorno und Hellmut Becker im Abendstudio des Hessischen Rundfunk am 13. Dezember 1956, S. 19, Max-Horkheimer-Archiv. XIII, 8.

(113) Adorno: Erziehung — wozu? in, *Erziehung zur Mündigkeit*. S. 113.

(114) ibid., S. 117-118.

(115) Adorno: Erziehung nach Auschwitz. in, *Gesammelte Schriften*. Bd. 10. 2, S. 688-689（大久保訳「アウシュビッツ以後の教

育」『批判的モデル集 II——見出し語』一三〇～一三一頁）.

（116） Adorno: Theorie der Halbbildung. in, *Gesammelte Schriften.* Bd. 8, S. 121（三光・市村訳「半教養の理論」『ゾチオロギカ——社会学の弁証法』、九五頁）.

（117） Adorno: Erziehung nach Auschwitz. in, *Gesammelte Schriften.* Bd. 10. 2, S. 674（大久保訳「アウシュビッツ以後の教育」『批判的モデル集 II——見出し語』、一一〇頁）.

（118） 藤田省三「批判的理性の叙事詩——アドルノ『ミニマ・モラリア』について」『精神史的考察——いくつかの断面に即して』平凡社、一九八二年、二五三～二七六頁参照。

第6章

フリッツ・バウアーと《レーマー裁判》

對馬達雄

はじめに

「過去の克服」問題を反ナチ抵抗運動の復権という側面から検討しよう。抵抗運動が戦後ドイツを生きる国民に価値ある行動として受容される過程は、ナチ支配を国民自身が想起し拒否する過程ともなるからである。亡命ユダヤ系検事フリッツ・バウアー（一九〇三～一九六八年）の名前と結びついた「レーマー裁判」（一九五二年三月七日～一五日）は、これの好個の対象である。同裁判はナチ独裁制打倒のシンボル「一九四四年七月二〇日事件」に関わった人びとの名誉回復と反ナチ抵抗運動の復権を宣明した、建国まもない西ドイツ司法界最初の事例であり、内発的なナチズム清算の里程標となっているからである。

のみならず、ブラウンシュヴァイク上級地方裁判所検事長（一九四九～一九五六年）として訴訟を指揮したフリッツ・バウアーにすれば、反ナチ抵抗者たちの思想と行動を積極的に意義づけ公認することで、ナチ支配の過去から目を背けるかナチ思想にいまだに肯定的な国民意識を改めさせ、民主主義を定着させるねらいがあった。事実、ナチ独裁制に対峙させ人間個人の尊厳とキリスト教的倫理を基調とした、この裁判が転機となって、ようやく戦後民主主義を主体的に担う「自立した市民」の育成という政治教育の課題が浮上している。してみれば、小論は人間形成への問いに基づく教育研究の意義をもつことになるだろう。

ところで、フリッツ・バウアーおよび彼の指揮する「レーマー裁判」は、台頭する極右勢力に対する、しかも初期戦後の極右の牙城となったニーダーザクセン州ブラウンシュヴァイクでの司法の姿勢を問うものであっただけに、同時期のメディア世界のつよい関心を呼んではいる。だが、ゲッティンゲン大学国際法教授ヘルベルト・クラウスによる記録文書(1)や、バウアーの後任検事として司法改革に尽力したルドルフ・ヴァッサーマンによる裁判紹介の著作[2]が出されたほかは、彼の思想と活動はさして注目されず、死後も無名のまま放置されてきた。後に「闘う法律家」と称されたように[3]、彼がナチ・エリートを温存しナチ犯罪の訴追に消極的なドイツ司法界の痛烈な批判者であり、いわばアウトサイダー的な存在であったためかもしれない。再統一後の一九九〇年代に、諸学総体がナチズムにいかに関わり、清算したか否かの問いをも包括した「過去の克服」研究が本格化するなかで、ようやくフリッツ・バウアーは脚光を浴びるようになった。

実際、バウアーは一九五〇年代から六〇年代において抵抗運動の復権だけでなく、ヘッセン州上級裁判所検事長（一九五六〜一九六八年）としてフランクフルトでの安楽死裁判やアウシュヴィッツ裁判の訴訟を指揮し、さらには執筆による啓発活動をつうじて、ナチ犯罪に沈黙する政治風土を正すことに生涯をかけた「ドイツ戦後史のもっとも注目すべき人物の一人」[4]であったことは間違いない。没後二五年を経た一九九三年、ホロコーストの総合研究所として彼の名を冠した財団法人《フリッツ・バウアー研究所》（二〇〇〇年以降フランクフルト大学附属研究所）が設立されたことは、そうした評価を端的に示している。

同研究所を中心に、彼の著作選集[5]をはじめマッティアス・モイシュによる、ヘッセン州検事長時代のナチ犯罪との取り組みに関する本格的なバウアー研究[6]、クラウディア・フレーリヒによるバウアーの「抵抗概念」の研究[7]、さらにはイルムトルゥト・ヴォヤクの包括的な評伝[8]など、研究成果が相次いで出版されている。「過去の克服」という歴史的課題は、現代ドイツにおいて「記憶文化」という次元に昇華され、「記憶文化」自体が新たな研究領域を構成するまでになっているが、バウアー研究には初期戦後西ドイツが苦闘したナチズム克服の原像を明らかにする意味がある。

そこで問題は、抵抗運動を復権させた「レーマー裁判」である。「七月二〇日事件」の生存者・関係者たちを選挙戦で公然と売国奴と罵倒した極右ネオナチ＝「社会主義国家党」（以下SRP）副党首オットー・エルンスト・レーマー（一九一二〜一九九七年）を、名誉毀損罪で断罪したこの裁判内容は、これまで抵抗運動にまつわる政治史研究[9]をはじめ、メディア史研究[10]のなかで言及されてきている。だが小論はこれを単に跡付けようとするものではない。

反ナチ運動の最終局面となったヒトラー爆殺による体制転覆の未遂という「事件」の本体（暗号名ヴァルキューレ）は、一部軍上層部によって担われたにせよ、抵抗軍人だけでなく連座して処刑された市民的抵抗者の主張が、いかにバウアー検事によって汲みとられ普遍的に意味づけられたか、つまりバウアーがナチ克服の思想を五〇年代冷戦下アデナウアー期の「過去処理政策《フェアガンゲンハイツポリティーク》」（ノルベルト・フライ）の限界を越えて、今日に継承されるものとして意義づけたか、その具体相を追求することが目的である。少なくともこのような着想は、ドイツ戦後史の「過去の克服」にまつわる教育研究の一環に組み込まれてはいない。その意味でも小論はナチズムの否定を起点に展開したドイツ政治教育・歴史教育の基礎研究ともなるであろう。

以下、反ナチの北欧亡命者バウアーが「レーマー裁判」に取り組むにいたる行動の軌跡を簡略にたどることから、検討をすすめていく。

第1節　フリッツ・バウアーとブラウンシュヴァイク司法界

(1) バウアーの北欧亡命とドイツ帰国

一九〇三年七月一六日シュトゥットガルトでユダヤ人紡績商の子に生まれたフリッツ・バウアーが、ハイデルベルク大学で法学博士の学位を取得後（一九二五年）、同地の裁判所にドイツ最年少の判事として赴任したのは一九三〇年四月一日である。ちなみに、彼がアビトゥアを取得したシュトゥットガルトの名門ギムナジウム「エバーハルト・ルートヴィヒ・ギムナジウム」には、三年後輩に後に《クライザウ》のメンバーとなる福音派神学者オイゲン・ゲルステンマイアー（一九〇六～一九八六年）、四年後輩に「七月二〇日事件」の実行者クラウス・シェンク・フォン・シュタウフェンベルク大佐（一九〇五～一九四四年）がいる。バウアーはとくにシュタウフェンベルクについては「レーマー裁判」の論告を締めくくるにあたって、「われわれはギムナジウムで『ヴィルヘルム・テル』の〝リュートリの誓約の場面〟［スイスの暴君打倒の伝説的な誓約――以下［ ］内は引用者による補足］を上演した学友であった」と述べている。[11]

図１　60歳台のフリッツ・バウアーの写真

出典：Matthias Meusch: Vonder Diktatur zur Demokratie. Fritz Bauer und die Aufarbeitung der NS-Verbrechen in Hessen (1956-1968). Wiesbaden 2001. S. 3

彼はカップ一揆（一九二〇年）をきっかけに一七歳で社会民主党（ＳＰＤ）に入党するなど、積極的なワイマール体制支持者であった。また急速に台頭する極右勢力への対抗組織として結成された「ドイツ国旗党」のシュトゥットガルト支部長（一九三〇年）、さらに「共和主義的裁判官同盟」の共同設立者（一九三〇年）の活動を通じて、彼は戦後キリスト教民主同盟（ＣＤＵ）党首アデナウアーの政治的ライバルとなるＳＰＤ州議会議員クルト・シューマッハーと親密な交友関係にあった。加えて《クライザウ》のメンバーとして処刑されたＳＰＤのテオドア・ハウバッハやカルロ・ミーレンドルフとも、ハイデルベルク大学の文芸クラブ以来の仲間であった。

ナチスの政権奪取直後の一九三三年四月、彼がユダヤ人のためにではなく「政治的に好ましからざる人物」として、職業官吏再建法の適用を受けて判事職を罷免され、シューマッハーとともにホイベルク強制収容所に勾留されたのも、如上の反ナチ的活動の結果である。同年一一月彼は一時釈放され警察監視下の生活を過ごすが、二年後の一九三五年九月《ニュルンベルク人種法》が制定されるにおよんで、家族共々デンマークさらにスウェーデンへと長期間の亡命生活、政治的難民としての生活を余儀なくされ（彼は一九三八年九月にドイツ公民権を剥奪されている）、一九四九年四月ようやく帰国することになる。

北欧亡命中、後の連邦共和国首相ヴィリィ・ブラントと彼が出会うのは一九四三年末のことだが、当時ブラントはジャーナリストとしてノルウェー、スウェーデンで反ナチの政治活動をしていた。スウェーデンの市民権を得たバウアーは一九四四年一二月、ブラントとともに北欧の反ナチ組織・ドイツ社会民主主義者会議のメンバーに選ばれ、翌四五年一月には亡命者たちの雑誌『社会主義トリビューン』を発刊している。北欧の抵抗運動は、これら反ナチ亡命者たちの組織を母体の一つにして展開されていた。辛くも戦後に生き残る《クライザウ》のメンバー、テオドア・シュテルツァー（一八八五〜一九六四年）は、一九四〇年から四四年までオスロ駐留の国防軍士官という身分をまとって、彼らとの連絡役を務めている。[12] この間、ドイツ人亡命者たちが「一九四四年七月二〇日事件」をどのように受けとめたかは不明だが、ヴォヤクの評伝は、《クライザウ》メンバーの外交官アダム・フォン・トロット・ツゥ・ゾルツ（一九〇九〜一九四四年）がブラントを同年六月ストックホルムに訪ねた折に、ブラントを介してバウアーも事件の勃発を予感していただろうと指摘している。[13]

ところで、事件後まもない一九四四年八月、ストックホルム大学文書館の助手として働く傍ら、バウアーは同地の出版社から『裁かれる戦争犯罪者』（一九四五年一〇月ドイツ語版をチューリヒで出版）を著している。[14] このなかで、彼は戦争犯罪の歴史的記述に加え「ドイツの戦争責任」の章を特立し、ナチ・ドイツの侵略戦争による中立の侵害、強制収容所移送や強制労働などの犯罪行為に言及しつつ、世界平和のための国際的な刑法制度の樹立を提唱する。[15] さらに刊行直前に得たマイダネク強制収容所のホロコースト情報の詳細を、憤りを込めて「補遺」に記している。[16] ニュルンベルク裁判（一九四五年一一月〜一九四六年一〇月）に先立つ一年前の本書には、後年の彼の活動を貫く課題意識つまりナチ国家を「不法国家」と規定し、これを法制度だけでなく「共犯者」たるドイツ人自身の思想・内面からも克服しようとする「過去の克服」の課題意識[17]の萌芽が見てとれる。

バウアーのドイツ帰国については紆余曲折があり、ここでは以下のことを指摘しておこう。彼がブラントや強制収容所生活を生き延びＳＰＤを再建したシューマッハーの尽力により、一九四九年四月一二日イギリス占領地区ニーダーザクセン州司法省からブラウンシュヴァイクの地方裁判所長に任命されたこと、さらに翌一九五〇年八月一日ブラウンシュヴァイク上級地裁検事長に転出任命されたこと、である。

かねて法学生の頃より、彼には「検事は国家的理由とか国家的利益のためではなく、人間の権利の代弁者、国家的な恣意に対する人間の社会連帯的な存在の代弁者たるべき」であるという信念があった。[18] その立場からすれば、ナチ支配に協力した司法界はきびしく批判された。したがって西ドイツ司法界への復帰の動機についても、一九六二年に彼はこう回顧している。

　私が帰国したのは、幾分なりともワイマール共和制期の若い民主主義者が抱いた楽天主義や信念に加え、国家の不正と闘う亡命者の抵抗の精神と意思をもって事に臨むことができる、と考えたからである。……ドイツの民主主義は支えるべき民主主義者を欠いたために瓦解したのだ。私はそういう民主主義者の一員たろうとした。かつて民主主義を守るべき立場の司法当局がその権力を悪用したため、一九三三年から一九四五年までの不法国家において、国家的な犯罪はとめどなくつづいた。私は法と正義、人間性と平和に信従する法律家たろうとしたのである。[19]

(2) ネオナチの牙城ブラウンシュヴァイクと司法界

バウアーが一九五〇年八月に着任したニーダーザクセン州のブラウンシュヴァイクに、特徴的なことがある。それは、この州がイギリス軍政府のもとで周辺諸州と統合再編されたために、ほかのどの州よりも社会・経済・政治問題の混交した州となったこと、ブラウンシュヴァイク一帯（終戦時までブラウンシュヴァイク共和国と呼称）が《政権奪取》以前からナチ党支持の地域でありヒトラーの側近D・クラッゲス首相のもとで「ナチスのモデル国家」であったこと、こうした極右受容の政治風土に加えて、東欧圏からの数百万人の難民や追放民の流入による深刻な住宅難などの社会混乱、非ナチ化による失業・軍人の零落（＝非ナチ化の「被害者」意識の醸成）に対する「民族的ルサンチマン」が、とりわけこの地帯を「戦後極右の発祥の地」たらしめていたということである。[20]

もっとも、軍政府は占領当初からSPDを主体とした州政府内閣の樹立を指示し、クラッゲスに罷免迫害されたSPDのH・W・コプフを首相兼内相に、CDU創設者の一人W・ホフマイスターを司法相に充てるなどの非ナチ化の人事政策をすすめていた。[21] フリッツ・バウアーの検事長任命もこの人事政策の一環である。

ところが米英占領地区での非ナチ化が後退し、さらに一九四九年四月軍政府に代わる高等弁務官が設置され、五月に基本法が公布されるに伴い、結社禁止が撤廃され、翌年一月には政党の認可制も廃止された。アデナウアー政府・連邦議会による一九四九年一二月の赦免法（懲役六ヵ月〜一年のナチ戦犯対象）および連邦議会の非ナチ化終結要請（一九五〇年）がこれに対応している。[22]

こうした占領軍政の終結という事態は、一方で非ナチ化のために社会的に排除された人びとの組織を多数生みだしている。ちなみに、五〇年代に西ドイツ各地に族生した「在郷軍人会」は一〇〇〇組織、総計五〇万人の会員からなり、年金の受給、職業軍人の名誉回復を行動目的に掲げていたし、各種の名称を冠した「非ナチ化犠牲者」団体も二万名からなる全国組織を結成するにいたっている。[23]共通してこれらの組織はナチ犯罪を矮小化（＝ホロコーストの否定）し、ドイツの単独戦争責任否定のキャンペーンをおこなっている。これに加えて、三万〜四万名からなる旧ヒトラーユーゲントの幹部や指導者たちによる「民族青年連合」など、ナチズムに郷愁を抱く青年組織が連邦共和国草創期の政治システムへの過激な批判勢力となっていた。[24]

このようにSPDやCDU、自由民主党（FDP）などの認可政党に反感を抱き、自らを非ナチ化の「犠牲者」としたグループに支援されて、ニーダーザクセン州とりわけブラウンシュヴァイク一帯において極右政党が躍進している。その典型がSRPである。詳細は後述するが、同党は綱領で民族理念を強調し郷土の重視を謳う「ドイツ帝国党」（一九四八年・以下DRP）[25]から、一九四九年一〇月に分裂し結党された極右政党である。すでに一九四八年一一月二八日ブラウンシュヴァイク近隣の都市ヴォルフスブルクの自治体選挙で、SPDの得票率二一・八パーセントに対してDRPは五九・一パーセントと圧倒していたが、[26]一九五一年五月六日のニーダーザクセン州選挙ではSRPがブラウンシュヴァイクで一七・六パーセント、州平均で一一パーセント、DRPと合算すると一三・二パーセントを獲得している。[27]激変混乱する社会での生活不安と相俟って、ナチ思想を容易に払拭できない政治風土がこの数字に見てとれよう。[28]

ではバウアーが活動する司法界はどうか。まず指摘されるのは、司法の非ナチ化が当初から不徹底で、人的な連続性があったことである。これには戦後の激増する犯罪に対処する法律家が、絶対的に不足していた事情がある。軍政府指揮下に再開された裁判所の人員配置では、ナチ期に政治的人種的理由で解任されたか、軍隊召応に内的亡命を求めた法律家の復職が優先されたにしても、元来専門職として長期の養成が必要とされたために、新たな任用には限界があった。

モイシュによれば、イギリス占領地区の場合、一九四八年には裁判所長の三〇パーセント、地方裁判所の判事の八〇～九〇パーセントは元ナチ党員であり、バイエルンの場合、一九四九年には全判事・検事の八一パーセントは元ナチ党員、西ドイツ全体では一九五〇年には一万五〇〇〇名の判事と検事の六六～七五パーセントは元ナチ党員であった。(29)

ここに、戦後西ドイツの司法界がワイマール期以来の「反自由主義的権威主義的な基本姿勢」(30)だけでなく、ナチズムとその犯罪に「総じて無感覚」(31)であると指摘される所以がある。「ナチ犯罪の共犯者」であったという司法の「過去」に、自省的に立ち向かうことは拒否されていた。(32)「クラッゲス裁判」はそうした司法の「無感覚」を示す事例である。前掲の人物クラッゲスはナチ首相時代に社会主義者一一名を虐殺した容疑で終戦後逮捕され、一九五〇年四月ブラウンシュヴァイク地方裁判所で終身刑となった。だが告発の根拠とされた「連合国管理指令第一〇号」の失効により、新たに連邦裁判所の判例の適用が求められた。つまり司法はナチ犯罪を自国の法律で訴追できるようになった。その結果クラッゲスは一九五二年一一月の第二審では、「部下の暴走のため」という弁明により懲役一五年に減刑され、さらに彼の妻の嘆願を受け、三年後には釈放されている。すでに着任していたバウアーは、その判決に違憲抗告をもって臨んだが、五三年一二月連邦裁判所はこれを却下している。(33)ナチ犯罪に怠慢な戦後司法の姿勢は明らかである。

それでは反ナチ抵抗運動はどのように扱われるか。

第２節　「レーマー裁判」の発端

（1）「一九四四年七月二〇日事件」と西ドイツ建国期の世論

ナチ国家に郷愁を抱く極右勢力の立場からすれば、抵抗運動そのものが国家反逆の活動であり、それに与した人びとが裏切り者として全否定されることは、説明を要しないだろう。

一方、占領期には、ドイツ人反ナチ運動は評価の対象外となっていた。たといナチ期におけるその運動が、たとえば北欧経由で発信されていたにしても、ナチ独裁制が内部からではなく軍事的敗北とトータルな破局によって崩壊したという事実が、占領国側にその運動の意義を無視させていた。げんに、一切のメディアについて軍政府の許認可制が敷かれるなかで、抵抗関係の著述は出版されなかった。初期戦後の抵抗の記録文書がとくにスイスで刊行されたのも、このためである。その最初の書名が『もう一つのドイツ』であったことは比喩的である。[34] ちなみにエーリッヒ・ヴェーニガーは教育学者として「七月二〇日事件」（一九四六年）を紹介した最初の人物だが、一九四五年八月に著した著述は出版が許可されず、一九四九年秋になってようやく日の目を見ている。その彼もこの間の事情について、戦勝国がナチを無条件降伏でもって屈服させたことに熱狂し、「七月二〇日の抵抗運動には否定的」であり、「兵士や将軍の犠牲を人道のための闘いととらえることを拒否した」ためである、と説明している。[35]

したがって、「もう一つのドイツ」を証明するためには、内外に向かって絶えざる啓発活動が必要であった。夫を処刑された未亡人の喪服着用の禁止、処刑料の支払いと私財の没収、「家族の共同責任」による拘置など、苦難の道を歩んだ政治的被迫害者、とくに「七月二〇日事件」の遺族や生存者・関係者たちが[36]、戦後の窮乏生活を生き抜くために自助組織・団体をつくり、また公的補償を求めて反ナチ行動の正当性を主張するのも、このためである。しかも彼らには、なによりも「裏切り者」の烙印による深刻な疎外感から解放されたいという切望があった。[37] 占領地区を横断した「ナチ体制被迫害者連盟」や「七月二〇日事件救援機関」に代表される組織・団体が、反ナチ行動の認知を得るために展示や記録文書の刊行、そのほか各種のメディアをつうじ不断に社会に訴え、政治に働きかけていく所以である。

では軍政府が抵抗運動を無視したのに対して、ドイツ国民はどうであったか。少なくとも基本法以前の四〇年代までは、それは《匕首伝説》(国内裏切り説)と同一視されたか、せいぜい「準備なしの即興的な抵抗」だとする評価が流布していた。[38] しかも、ベルリン封鎖(一九四八年六月二四日)といった東西冷戦が顕在化するなかで、反ナチ運動も社会主義・共産主義的抵抗者たちの役割をタブー視して、「七月二〇日事件」に収斂させている。[39] このため反ナチ運動が、当時ソ連のスパイと解釈された草の根組織《ローテ・カペレ》などを含めた、多様な社会層出身のグループが独裁制打倒のために連携した、多元的な広がりの運動であるという理解は、いまだ支持されていない。それが修正されるのは、抵抗運動研究の進捗と軌を一にして、ヴィリィ・ブラントが「過去」の清算を政治課題に掲げ、西ベルリン市長さらに連邦首相となって以後、六〇年代末からである。

付言すれば、フリッツ・バウアーが「レーマー裁判」の審理から《ローテ・カペレ》さらに対ソ戦捕虜将校からなる《自由ドイツ国民委員会》の存在をあえて除外し、「七月二〇日事件」に問題の対象を限定したのも、このような反共感情に覆われた五〇年代西ドイツという時代の制約からすれば、法廷戦術として避けがたい措置であった。

一方、基本法制定後の一九五一年六月(設問一と二)、一九五二年一二月(設問三)一九五二年一一月(設問四)に実施されたアレンスバッハ世論研究所の全国調査の結果は、以下のようになっている。[40]

〈設問一〉「ヒトラー暗殺を企てた七月二〇日事件を知っているか」
知っている：男九五パーセント、女八五パーセント、全体八九パーセント
知らない：男五パーセント、女一五パーセント、全体一一パーセント
〈設問二〉「七月二〇事件の人びとをどう評価するか」
良いと思う：男四三パーセント、女三八パーセント、全体四〇パーセント
迷う：男三パーセント、女二パーセント、全体三パーセント
悪いと思う：男三八パーセント、女二四パーセント、全体三〇パーセント
判断できない：男一一パーセント、女二一パーセント、全体一六パーセント
事件がよく分からない：男五パーセント、女一五パーセント、全体一一パーセント
〈設問三〉「戦時下に抵抗すべきであったか、戦後まで待つべきであったか」
抵抗すべき：男二〇パーセント、女二〇パーセント、全体二〇パーセント
待つべき：男四一パーセント、女二九パーセント、全体三四パーセント
どっちみち抵抗すべきでない：男一五パーセント、女一四パーセント、全体一五パーセント
分からない：男二四パーセント、女三七パーセント、全体三一パーセント
〈設問四〉「反ヒトラーの抵抗運動がなかったら、ドイツは最終的に戦争に勝ったか」
勝った：男二一パーセント、女二一パーセント、全体二一パーセント
多分勝った：男一五パーセント、女一五パーセント、全体一五パーセント
敗けた：男五五パーセント、女三五パーセント、全体四五パーセント
分からない：男九パーセント、女二九パーセント、全体一九パーセント

この調査結果から、占領期に比べ抵抗運動への関心と肯定的な評価が増したことは明らかだが、四〇パーセントと半数に満たないし、さらには敗戦との理由づけが三六パーセントにも上っている。希薄な政治的責任意識と歴史への無知無関心と相俟って、反ナチ運動に、勝利すべきであると思われた侵略戦争の敗北責任までが転嫁されている。(41) しかもこの背景には、今世紀において戦後混乱期（一九四五～一九四八年）を「最悪の時期」と感じる一方で、(42) 失業もなければ給料も貰え昇給する、秩序だった「第三帝国」が「最良の時期」であったとする、(43) ナチ体制を支持した国民の追憶がある。

さらにまた、「七月二〇日事件」の行動主体が軍上層部の一部であったことをめぐって、前述の〈設問二〉「七月二〇事件の人びとをどう評価するか」が、職業軍人の場合、良いと思う：三五パーセント、悪いと思う：五九パーセント、その他：六パーセント、予備役の場合、良いと思う：四〇パーセント、悪いと思う：四〇パーセント、その他：二〇パーセント、一般市民の場合、良いと思う：四五パーセント、悪いと思う：二九パーセント、その他：二六パーセント、となっていることである。(44)

ここでの問題は、軍人層からの評価の低さである。つまり朝鮮戦争の勃発（一九五〇年六月二五日）という激化する東西緊張のなかで、再軍備は内政上の最大のテーマとなっていた。その際、ナチに汚された旧国防軍の伝統と決別した新たな連邦軍の理念に、反ナチ抵抗軍人の存在を顧慮すべきとする有力な主張が言論界にはあった。(45) だが、こうした否定的な数字を前にアデナウアー政府には、彼ら抵抗者を顕彰することは容易ではなかっただろう。しかも司法界の拒絶の姿勢が影を落としていた。

げんに一九五一年七月には首相アデナウアーは、反ナチ《ケルン・グループ》元メンバー、ベルリンCDU党首で連邦政府全ドイツ問題担当相ヤーコブ・カイザーの起草した「七月二〇日事件」七周年の声明文を出すことを、結局取りやめたし、基本法の起草にも参画した初代大統領テオドア・ホイスでさえ、抵抗運動に関わった知人・友人たちによる「事件」を正当に評価してほしいという懇請を実行することに、躊躇していた。[46]

以上の世論動向から窺われるように、極右政党の支持基盤はいまだに十分あったし、この政党が基本法体制を批判し「七月二〇日事件」を誹謗中傷することは、むしろ党勢拡大に意味があったのである。

(2) SRPの「七月二〇日事件」関係者の侮辱と告発

極右政党SRPがニーダーザクセン州とくにブラウンシュヴァイクを基盤に台頭した事情を念頭に、アデナウアー政府がこの勢力にいかに対応しようとしたかを見ることにしよう。

前述のように、非ナチ化への国民感情は否定的であった。新旧両キリスト教会を先頭に、ドイツ国民は圧倒的に非ナチ化の「被害者」(=戦争犯罪者)の大赦を求めたし、[47]連邦政府もその期待に応えることで「過去」を封印し、彼らを建国まもない新体制に統合しようとした。「過去」を自省的にとらえる態度は、ここにはない。基本法第一三一条(旧公務員の法律関係)を承けた「一三一条項法」(一九五一年五月一一日)によりナチ体制を支えた三〇万人の吏員、職業軍人が復職したのは、典型例である。[48]ナチ犯罪の被害者ではなく加害者の救済を意図したこの法の制定には、ドイツ人を悩ましつづけた「集団の罪」の非難から解放する作用があっただろう。ちなみに、連邦議会も党派を超え「過去」から逃避し、「未来」を語ることに努めていたことは、つとに指摘されている。[49]

とはいえ、CDU/CSU、SPDなどの大政党間には、基本法に基づく反ナチ体制づくりについて合意があった。つまり、ナチ体制を擁護し民主主義を敵視する政党の存在は否定するという原則である。「ヘドラー事件」にこの原則の一端を見ることができる。それは、こうである。一九四九年一一月二六日、《クライザウ》元メンバー・シュテルツァーが首相を務めるシュレスヴィヒ・ホルスタイン州ノイミュンスター市で、生粋の元ナチ党員・ドイツ党(以下DP)所属の連邦議会議員ヴォルフガンク・ヘドラー(一八九九〜一九八六年)

は、公然とシュテルツァーを指して「抵抗者は祖国の裏切り者」であると誹謗し、さらに反ユダヤ主義の立場から「ユダヤ人のガス殺の措置」をめぐって「ほかに解決する方法があったかもしれない」と演説し、「表現の自由の濫用」(基本法第一八条)の廉で告発された(「ヘドラー裁判」)。[50] マスコミを騒然とさせたこの事件のため一九五〇年一月、党は彼の除名を余儀なくされている。[51]

また、言論界に高まる反ナチ抵抗運動の評価を承け、ようやく一九五一年一〇月二日、アデナウアーとカイザーは報道陣に「七月二〇日」の抵抗者たちを記念し、侮辱から守ることを言明することで、[52] ネオナチの活動および在郷軍人会とくにその執行部による活動支援をあらためて牽制した。さらに翌一〇月三日、《クライザウ》の生存者として遺族の救援に努めてきた連邦議会議員オイゲン・ゲルステンマイアーおよびテオドア・ホイスの参加する《財団法人一九四四年七月二〇日事件救援機関》に、国家的支援をおこなうことも宣言している。[53]

ところが極右政党SRPは前述のように、一九五〇年代はじめから急速に勢力を伸ばし、一九五二年にはニーダーザクセン州(六五〇〇名)を中心に党員数一万名を数えるまでになった。[54] 同党は、ヘドラーとその仲間たちが合流するDRPから分離し、一九四九年一〇月二日ハノーファーで元ナチ党員・作家フリッツ・ドールス(一九一〇〜一九九五年)を党首に結成されている。党綱領には、ナチ用語と類似の「国家圏《ライヒスラウム》の全体性への要求」や「全ドイツ人の民族社会主義」、「祖国への義務」と「ドイツ人兵士の名誉を保護する要求」が掲げられている。[55] 党員の大半が元ナチ党員・SS隊員によって占められていただけではない。ヒトラーユーゲントに倣って下部団体「ライヒスユーゲント」を組織するなど、この党ははっきり「ナチ党の後継」[56] をめざしていた。アメリカ高等弁務官ジョン・マクロイが、一九五〇年二月、アデナウアーに西ドイツにおけるナショナリズムの異常な高揚と動静に憂慮の念を伝えたのも、[57] こうした事態をふまえている。いわばその台風の目となったのが、オットー・エルンスト・レーマー(一九一二〜一九九七年)である。

レーマーは、「七月二〇日事件」鎮圧に関わった功によりベルリン保安大隊少佐から少将に特進し、戦犯収容所釈放後、煉瓦工として生計を立てながら党の共同結成者となった人物である。彼は「反乱の鎮圧にいささかの歴史的貢献をした[58]」と自賛しつつ、支持者の多いニーダーザクセン、ノルトライン＝ヴェストファーレンなど北ドイツ諸州各地でアジ演説旅行をし、非ナチ化による没落体験者、追放難民とりわけ在郷軍人会などの熱狂的な支持を集めていた。アジ演説の力点は、抵抗者として戦後に生き残った人びとの主張、たとえばオイゲン・コーゴンを主筆とする『フランクフルター・ヘフテ』や《クライザウ》のペーター・ヨルク伯（一九〇四～一九四四年）の従姉妹マリオン・デンホフを共同発行人とする『ツァイト』、さらにはナチ期の発刊禁止を経て一九四九年から反ナチ運動に関わったパウル・ゼーテを共同発行人に再刊にこぎつけた『フランクフルター・アルゲマイネ・ツァイトゥンク[59]』（以下F・A・Zファッツ）など、言論界での反ナチ運動を戦後ドイツに継承すべき「遺産」と意義づける主張を、徹底的に否定することにあった。「七月二〇日の連中」は「[総統ヒトラーに対する]宣誓破り」である[60]、と。この時、ナチ体制の崩壊についてさえ、その一因として新たな「匕首伝説」を流布するねらいが込められていた[61]。ニーダーザクセン州内相による演説禁止の指示（一九五〇年二月）にもかかわらず、彼のアジ演説はエスカレートし、党員仲間と一緒に、「かつての〈裏切り者〉からなる連邦政府内閣はいざ戦争という時に備え、すでに逃亡の住居をロンドンに手配済みで

図２　1943年総統司令部でヒトラーから騎士十字勲章を受けるレーマー

出典：1994年6月23日発行『シュテルン』。

ある」とまで中傷した[62]。ここには抵抗運動中傷のキャンペーンを、連邦政府の正当性の否定にまで結びつけようという意図がある。

このような「レーマー党」（N・フライ[63]）とも言えるSRPの反政府活動を、反ナチ《ゲルデラー・グループ》の元メンバー、連邦政府内相ロベルト・レーア（CDU）は一九五〇年一〇月の就任以来つよく危惧し、解党させるべく法組織の整備に着手していた。こうした対応を切迫させた決定的な要因が、前述した一九五一年五月六日のニーダーザクセン州におけるSRPの大躍進という選挙結果である[64]。同党の州全体の得票率一一パーセントは、SPD三三・七パーセント、「追放難民同盟」（BHE）一四・九パーセントにつづき、州議会にネオナチ議員一六人が選出されたからである[65]。西側諸国の新国家西ドイツのイメージが著しく損なわれることを危惧した高等弁務官ジョン・マクロイは、アデナウアーにSRPの禁止を要請し、これを承けて連邦政府も一九五一年一一月中旬議会に禁止提案を上程している[66]。

問題は、抵抗運動そのものを誹謗中傷する行動をどうするかにあった。内相レーアは閣内の「勝訴の見込みが薄い」という批判を押し切り、私人の立場でレーマーに対する告発者となりブラウンシュヴァイク地方裁判所に提訴した（一九五一年六月二〇日）[67]。それを受けとめたのが、ほかならぬブラウンシュヴァイク上級地方裁判所の検事長フリッツ・バウアーである。レーアの告発は、強制収容所体験の北欧亡命抵抗者バウアー自身の人生行路に照らし、死せる知友のためにも取り組まざるをえない課題となったであろう。さらに重要なのは、この訴訟が一二年間のナチ体制に加担し「ヒトラーへの良き想い出に浸る精神的態度」を一夜で変えることはできないが、政治、ジャーナリズムとともに司法も「解明と処断」によって「ヒトラー神話」を覆し、「犯罪的なレジーム」であったことを知らしめる好機になると、バウアーが認識していたことである[68]。この認識は、バウアーがナチ崩壊によっても依然「覚醒」（＝それは市民的抵抗者の行動目標であった）しないドイツ人同胞への懐疑を、乗り越えて到達した立場にほかならない。

「レーマー裁判」も、以上のような文脈から生じている。それは、すぐれて政治的な背景と啓蒙的な意義をもった裁判であった。それだけに、裁判は国内外から大きく注目されることにもなる。

第３節　裁判の開始・審理・判決——争点としての「宣誓」と「抵抗」

（１）審理の目的と証言

地方裁判所への訴えを上級審の検察責任者が受理する異例の事態には、理由がある。それは一九五一年九月末、地裁の主席検事エーリヒ・ギュンター・トプフが訴訟手続きに入ることを拒否したためである。これについてヴォヤクの評伝は、四七年に復職した元突撃隊小隊長トプフが訴訟に消極的で、原告レーアに反ナチ抵抗グループの一員であったとする証拠が見いだせないとか、「ヘドラー裁判」が「表現の自由のレベル」での問題であるとして無罪になった前例を盾にとって拒否した経緯を伝えている。[69] このため、バウアーが直接に下級審の検事ヘルツォークを指揮して訴訟手続きに入ることになったのである。

訴因は、刑法第一八六条、第一八九条に規定する、公然たる誹謗中傷、追悼すべき死者への誹謗中傷という意味での名誉毀損罪であった。レーマーが一九五一年五月三日、ニーダーザクセン州選挙のための演説会で聴衆一〇〇〇名を前に、こう公言して憚らなかったからである。「〈一九四四年七月二〇日事件〉に与していたことを恥じて沈黙する時が「彼らにも」やってこよう。大逆罪を犯そうとした者には、それがほぼ間違いなく叛国罪だという問題が残っているのだ。こうした謀反人たちのうち、かなりの連中が外国からお金をもらっていた売国奴であった[70]」。

レーマーの発言が名誉毀損罪に当たるか否かをめぐって、一九五二年三月七、八、一〇、一一日にわたって、一九三九年に東部戦線に召応後五〇年までソ連抑留を体験した裁判長ヨアヒム・ヘッペ（ブラウンシュヴァイク地裁所長）、陪席判事二名、参審員二名、バウアーほか一名の地裁検事、書記官一名の構成で、専門家六名の鑑定文書・意見陳述をもとに審理され、一五日に判決が下された。審理では、原告レーアのほか、プレッツェンゼーで処刑された四名の軍人・文民の遺族を付帯訴訟原告とし、この四名を含めた二三名の原告側証人が出廷した。一方、かつて党大管区法務総監としてナチ司法の指導的地位にあったエルヴィン・ノアク博士（彼はSRPの実質的な顧問弁護士でもあった）とヨーゼフ・ヴェハーゲ博士が、レーマーの弁護を担当し、弁護側証人に元民族裁判所の検事長・ニュルンベルク継続裁判実刑判決で大赦保釈中のエルンスト・ラウツ、戦犯刑務所服役中の元陸軍元帥アルベルト・ケッセルリンク、同じく服役中の元空軍元帥エーリヒ・マンシュタインが申請召喚された(71)。傍聴する国内外のジャーナリストが六〇名以上を占め定員一二五の傍聴席は連日満席であったが、裁判所は混乱を避けるために、大挙して押しかけたSRPの議員やシンパには、彼らの要求する二五席に対して五席だけ認めたという(72)。

裁判はレーマー個人への名誉毀損の訴えではあったが、ここにいたる経緯、関わる人びとの歴史的対立の構図からすれば、うわべだけの誹謗か否かの審理に留まらないのは、明白である。名誉毀損は、公然とある人物の社会的評価が傷つけられた事実を前提にするが、抵抗者・抵抗運動をめぐる世論が二分しており、裁判によって事の真実が示され評価が公定されることになるからである。バウアーはそのために、細心の注意を払い準備もした。先にも触れたように、彼には「犯罪的なレジーム」に対する抵抗がはたして叛国の罪か、さらには大逆の罪かの問いに、ドイツ人の眼前で公式に回答を求めるねらいがあった。それはおのずと倫理的な価値判断を伴うことになるだろう。バウアーはこのような見地から福音派、カトリック派の神学・倫理学者や歴史家をも鑑定者に選任するとともに、人脈を駆使した証人を立てている。

そこで着目したいのは、弁護側が戦術の中心に据えたテーマ〈宣誓を破り戦時下に政府に反対して利敵行為を犯すのは国家への反逆である〉に対して、「宣誓破棄」と「抵抗」の行為が、いかに整序され意味づけられたかである。弁護側の主張は反ナチ運動拒否の理由として、極右にだけではなく社会意識としてもひろく受け入れられていたからである。もちろんこれに反駁するためには、抵抗のモチーフが明示されねばならない。四日間の審理で証人たちに求められたのも、大部分が抵抗者のモチーフをめぐる証言であった。[73] これを「判決文」のなかから引き出そう。[74]

原告をも兼ねたベルリン守備隊司令官パウル・フォン・ハーゼ将軍の子・哲学博士アレクサンダー・フォン・ハーゼは言う。「父はキリスト教的、倫理的な動機、それに軍人としてかくあるべしという動機から抵抗者に与し、ドイツ国民を究極の破局から守ろうとしていました」。

同じく原告となった、《クライザウ》と連携した経済学者イェンス・イェッセンの子・判事補ウーヴェ・イェッセンはこう証言する。「父は戦争の全面的な破局を阻止しようとしただけではなく、幾千の人びとの殺戮を終わらせようとしていました」。

さらに《クライザウ》のペーター・ヨルク伯未亡人ベルリン地裁判事マリオン・ヨルク・フォン・ヴァルテンブルクも言う。[75]「夫は戦争を終わらせなければならないという考えでした」。

フォン・トレスコウ将軍の副官としてヒトラー爆殺未遂に加担した法律家ファビアン・シュラープレンドルフの証言によると、「私はナチズムが人権と神の示す掟を侵害していると確信しました。剥き出しの暴力が法にとって代わったのです。……いつか国内において暴力ではなく法が支配し、ドイツがナチズムの暴力支配に満足していないことを、世界に示さねばなりませんでした」。

《クライザウ》元メンバーの連邦政府ドイツ難民問題相ハンス・ルカシェク（一八八五〜一九六〇年）は言う。「ヒトラーを暴力的に排除しようという計画の詳細は知りませんが、シュタウフェンベルク伯は私に、軍事的状況はまったく絶望的であり、残されているのはキリスト教的責任からの暴君の弑逆だけであると、告げました」。同じく《クライザウ》の生存者、ノルトライン＝ヴェストファーレン州上級行政裁判所長官パウルス・ファン・フーゼン（一八九一〜一九七一年）は証言する。「私ははじめから戦争に見込みがないと考えていましたし、破壊された祖国を再建するための計画［「クライザウ計画」］の立案が必要だと思い、グループに与しました」。

刑死した告白教会の神学者ディートリヒ・ボンヘッファーの兄・化学者ゲッティンゲン大学教授カール・フリードリヒ・ボンヘッファーは言う。「弟はアドルフ・ヒトラーに反キリスト者の正体を認め、心底身を捧げる祖国を彼から解放しようとして、抵抗者に与したのです」。

以上、列挙した証言では、抵抗者たちが無謀な戦争による祖国の破綻を救い、人倫に反するナチ暴力支配を終わらせようという意思をもって行動したことが強調されている。[76]

（2） 鑑定意見

では、このような証言に対する鑑定意見はどうか。裁判初日の、歴史家ゲッティンゲン大学教授パーシィ・エルンスト・シュラムの鑑定意見は、戦争の早期終結という抵抗者たちの共通の目標に関わって、戦況を分析した「一九四四年夏の戦況」がテーマである。

彼によれば、①一九四四年中頃には兵力の欠乏が危機的状況にあった、②軍需物資の調達や生産が、同年後半には爆撃被害のために困難になりはじめた、③同年五月の燃料貯蔵状況からすれば早晩軍事行動は停止に追い込まれた。これらの要因から、敗戦への道はすでに一九四四年中頃には確実となっていた。[77] サボタージュや裏切りが破局を早めたかという問いには、「否」である。戦況を変える可能性は何一つなく、破局は反戦行動をもって説明できないからである。[78] こうしたシュラムの鑑定意見を別言すると、「七月二〇日」にはすでに戦争の継続が無意味となり、その後は国土の破壊と死傷者の増大を招いただけだということになるだろう。[79]

抵抗運動を新たな「匕首伝説」に仕立てようとするレーマー・ＳＲＰのキャンペーンが論理的に否定されたことは、これによって明らかである。

「七月二〇日事件」がドイツの破局と結びつかないとすれば、反ナチ行動のモチーフについても、第三者による吟味が必要となる。裁判二日目、すでにニュルンベルク裁判の鑑定人を務めたゲッティンゲン大学国際法研究所教授ハンス＝ギュンター・セラフィンは「七月二〇日事件の抵抗者たちのモチーフ」を、綿密な抵抗者の記録文書・遺書の分析や聞き取り調査に基づいて、こう鑑定している。[80]

ドイツ人の反ナチ抵抗運動は統一的行動としては存在せず、原則的には独自に活動し、個別的に指導者たち相互の接触があった。一九四二／四三年の冬にはじめて、さまざまな抵抗グループの協力が見られ、一九四四年七月二〇日の事件に合流した。当時、事件の発案や計画に関する議論がベック、ゲルデラー、ハッセルなどのグループと、トレスコウ将軍やシュラープレンドルフなどの若手グループ、とくにモルトケ伯たちの《クライザウ》などの間で交わされた。ただし《クライザウ》の場合、ナチ体制の排除をめざすことではなく、体制瓦解後のドイツ人をいかに「精神的に再生」させるかに力点があった。そこにはモルトケの思想を典型例として、ドイツを救おうという「高次のエートス」が貫徹していた。

一方、ハッセル、ゲルデラーなどの文民を含めたシュタウフェンベルク、トレスコウらの軍人グループについて検討すると、戦況がやがて全面降伏になるという事態が熟慮され、ひとえに「良心上の理由」から蜂起が考えられていた。「もう一つのドイツが実際に存在し、また内部からいささかでも転換すべくあらゆる企てがなされ

図3　2007年に発行されたシュタウフェンベルク大佐と《クライザウ・グループ》を代表するモルトケ伯爵の肖像入り記念切手

たこと」を示そうとしたのである。

結論として、ドイツ人抵抗指導者たちの行動原理は、いかに外的状況がきびしくとも、「内部から法治国家への転換、ドイツ人の倫理性を賦活させ秩序ある状態に転換させる望み」に貫かれており、たとい挫折しても、ドイツ国民すべてがナチズムに屈してはいない「もう一つのドイツの狼煙」を上げようとしていた。セラフィンはこのように証言内容を裏づけた[81]。

では、反ナチの行動が倫理的モチーフに基づいていたとすれば、レーマーの攻撃する「宣誓破棄」——実際にヒトラーへの宣誓[82]は久しく軍人の意識と行動を呪縛していた——および「反逆」は、どのように解釈されるのか。「宣誓」とはすぐれて倫理的行為だからである。そうであるからこそ、検事バウアーは裁判初日カトリック道徳神学者ゲッティンゲン大学教授ルパート・アンゲルマイアーと、告白教会に与した教義学者ゲッティンゲン大学教授ハンス・ヨアヒム・イヴァント（教会史家同大学教授エルンスト・ヴォルフの協力による）に鑑定意見を要請した。

ここに、レーマーの弁護側が終始証言の証拠能力を否定し、「宣誓破りは裏切り」であり、抵抗者を「作動する機械のなかに入り込んだ砂」である、とまで言い切る弁論[83]に抗して、フリッツ・バウアーが審理の基調に、キリスト教倫理に照らした人間の内面性と行動に関する問いを貫徹させようとしたわけがある。事実、それは裁判の主調になった。彼にとって、依然としてナチ思想に寛大な戦後社会を生きるドイツ人に、抵抗者の「無私の倫理的真実」を明示することは、「溢れる負の精神的雰囲気の浄化」に連なっていたからである。[84]

アンゲルマイアーは「ヒトラーへの宣誓」について、こう報告する。いかなる形の宣誓であれ、その基本的な特徴は人間の信義に基づくきずなにある。このきずなが宣誓のなかに具現されるが、宣誓の本質は神への約束となりうる、良心に関する高次の倫理規範である。軍旗への忠誠の誓いといった場合、その行為によって兵士の行動が高次の倫理規範に結びつく。それは「倫理的に善なるもの」への義務、「公益」に対する義務という明確な形をとる。少なくとも「倫理的に許容される」という条件から切り離された、絶対的な宣誓はありえない。ところが「ヒトラーへの宣誓」は、行為者の善悪の判断について一切の問いを排除し「意志のない機械」に人格を貶めるような、一個人たる人間への盲従を求めている。「七月二〇日の人びと」は、これを拒否し、ヒトラー自身も誓ったはずの「ドイツ国民の公益」という規範に従ったのである。してみれば彼らは叛国ではなく、「公益」を裏切った人物から国民を解放し、その奴隷状態から救助しようとしたのである。彼らの行動は裏切りではなく、苦渋にみちた決断による責任意識に根ざしている。[85]

アンゲルマイアーの鑑定につづいておこなわれた、イヴァントの鑑定意見「福音派教義に基づく抵抗権の解釈」は、如上の論旨を補強している。つまり、鑑定は「抵抗権」（ないし革命的な「正当防衛」）において宣誓の破棄と暴君弑逆が倫理的に許され、正当性をもつかという論点を、その歴史的論脈に言及しつつ、キリスト者の権力への服従義務を説く「ロマ書一三章」の解釈をもって、しかも師事する告白教会の《バルメン宣言》起草者カール・バルトの立場を援用して、明らかにしている。それはこうである。

国家には善を保護し悪を罰する使命があり、国家権力がこれを逆用するのをキリスト者は阻止するために、決然と行動すべきである。われわれが嘘つきで殺人者の政府に関わったこと、神になり代わり反キリスト者の教会たろうとした政府に関わったこと、こうした場合に政府に服従して神に背くか、政府に背いて神に服従するか、いずれを選ぶべきか明白である。「キリスト者としての政治的責任」以外にない。抵抗者たちが宣誓を破り最高権力者を暴力で除こうとした時、真のキリスト教的、政治的責任の指針を示したと見るべきであり、その行為こそが正義と政治権力の限界を新たに熟考させることになった。失敗に終わったという事実は、その行為の「精神的な意義」を損なうものではなく、むしろ高めるものとなる。(86)

一方、このようなアンゲルマイアーとイヴァントの鑑定に、弁護士ヴェハーゲとノアックは反対尋問をおこない、(87)鑑定を「個人的見解」にすぎない「副次的なもの」にしようとした。(88)いわく、教皇はドイツ政府とコンコルダートを結んだではないか、いわく、授権法はドイツ議会全体の議決による制定ではないか、いわく、「良心」の強調によって個人は現行法にも拘束されないと見なされないのか、いわく、国家への反逆が正当とされるならば、国家制度の基礎が否定され「東側共産主義への防衛の闘い」も不当となるだろう、と。(89)

イヴァントの反論は重要である。「国家の転覆を図ることを正当とするのは、国家が根底から動物の状態に転化し、もはや人間らしい目的や理念ではなく獣的なモチーフが上から支配しているような場合である」。(90)

さらに弁護側は、裁判三日目の三月一〇日、フライスラーの右腕として「事件」関係者を告発したラウツに「七月二〇日の抵抗者の一部に叛国の事実構成要件に妥当する行動があったこと」を陳述させようとした。(91)『ファッツ紙』によれば、ラウツの出廷は、父を処刑された原告側証人ハーゼを「ドイツの法廷に引き出された最悪のごろつき」と叫ばせるほど激昂させたが、裁判官ヘッペは冷静になるよう諭し、弁護側もこれには沈黙したという。(92)さらに宣誓遵守の正当性を証言させるために、服役中のケッセルリンク、マンシュタインが喚問されていたが、彼らの遅刻のためにおこなわれなかった。(93)レーマーはヴェルデン刑務所から護送されて被告席に着いていたが、(94)

最終尋問でも選挙集会での「発言」の撤回を断固否定し、「一九四四年当時の考えに固執」している[95]。

原告側鑑定人の退役中将ヘルムート・フリーベは「七月二〇日事件への将校団の立場」について、こう述べている。

前線の将校たちは事件当初その理由を理解できず、反ナチ行動には拒否的であった。だがその後、高名な軍人ロンメルやトレスコウなどが関わっていたことなどから考え直すようになった。事件から七年が過ぎて新しい事実を知るにつれて、ナチ・ドイツが不当な行為と蛮行をしたこと、事件に関わった軍人はよくよく見ると、ともに前線で闘った僚友であり、倫理にもとる体制から国民を解放するためにみずからの生命を引き換えにしたのだと思えてきたし、今ではそのように評価している。服従の拒否に必要なものは「形而上的な「神への約束としての」市民的勇気」を視野に入れみずからを省みることであった。フリーベはこう締めくくっている。「かつての僚友レーマーよ、あえて忠告しよう。身を引きなさい[96]!」

(3) バウアーの論告と判決

最終日四日目の三月一一日、検事バウアーは論告をおこなっている。まる一時間にわたる彼の論告は、《暴君の権力には限界がある》の標題[97]で公表されたが、それは、ナチ暴政に人間の尊厳とキリスト教倫理をもって臨んだ抵抗行動を復権させるための、文字通りの総括となっている。そこではもはやレーマー個人の断罪は重要ではなかった――げんに論告は量刑を裁判所の裁量に委ねている[98]――。むしろ力点は、「第三帝国」の正当性に固執する戦後司法界の姿勢[99]に抗して、ナチ国家が「不法国家」であったことを提示し、「ナチレジームを告発すること[100]」にあった。再三指摘するが、その根底にはナチプロパガンダのもとで慣れ親しんだ、国民の権威に対する盲従意識からの脱却という願望がある。論告の要点を引き出してみよう[101]。

バウアーははじめに、訴訟の目標を「[反ナチ運動をめぐって]不和の種を蒔く」のではなく、「[この問題について]和解させる」ことにあると位置づける。そのためには、「七月二〇日の人びと」を「国家の裏切り者」と処断したナチ司法を「再審」し、「真実」と「正義」に基づいて「復権」させる必要があり、そこに民主的な法治国家の司法の課題もある。民族裁判所長官フライスラーの措置は、悪用された権力そのものだからである。

ついで、彼は前述の鑑定意見を援用し、「七月二〇日の人びと」が祖国を裏切ろうとしたのではなく、祖国を救おうとしたことを強調し弁論する。一九四四年当時妥当していたドイツ刑法(第九一条)でも、叛国罪は故意に国家機密を漏洩することによって国家の安寧を危機に陥れ(第八八条)、故意に国家に重大な損害をもたらそうとする者(第九一条)に適用される、とある。だが、抵抗者たちは「祖国ドイツに尽くす神聖な意図」で行動したし、げんに二〇日夜一〇時射殺寸前シュタウフェンベルクも「神聖なるドイツ万歳!」と叫んで死んだのである。

バウアーは本題に入っていく。

七月二〇日には敗戦は決定的であった。つまり七月二〇日にはドイツ国民は完全に政府に裏切られていたし、完全に裏切られた国民はもはや反逆者の対象たりえないのだ。また死者を背後からの匕首で殺すことがありえないのも道理であろう」。「抵抗者たちは敗戦を知っていた。敗戦がドイツに最悪の事態を招くという認識が、ベックやゲルデラーの構想全体の出発点にあった。彼らがおこなった、戦争前には戦争を回避すべく戦中には早期に終結させようとした試みはすべて、ドイツ人の生命を救い、世界のドイツへの評価を改めさせることにあった。

判断にあたって忘れないでほしいのは、抵抗者たちの行為がわれわれに浴びせられた〈集団の罪〉の非難に対して提示しうる唯一の行動例であったということだ。

こうしてバウアーは再度、抵抗者たちが「反逆行為を犯したか否か」という最初のテーマに立ち返る。すなわち、反逆行為が処罰されるのは、失敗した時だけである。七月二〇日の抵抗運動は鎮圧されたが、それは「ドイツ国民の抵抗活動全体の〝一断面〟」にすぎず、重要なのは「最終戦に勝利」したのが誰かである。一年後にドイツに民主主義がもたらされたが、この「新しい民主主義の種」を蒔いたのは、ドイツ人抵抗者たち、強制収容所の内と外で耐え行動した人びとであって、連合国は、それが芽吹くのを妨げていた「石」を取り除いたのである。してみれば、「七月二〇日の反逆行為」は成功したのであり、その意味で法的には「叛国」でも「大逆」でもない。

さらにナチ国家についても、いわゆる「不法国家」説が提示される。つまり「第三帝国」は形式的には権力を「横奪」した体制であり、内容的には「人非人帝国」である。その基盤をなす授権法には全投票の三分の二が必要であったが、違憲的手段で共産党の議席を無効と宣言することで、それを可能にした。しかも時限法として一九四三年には失効するはずが、総統命令でさらに延長された。だがヒトラーにはその権限はなかったのである。したがってナチ国家はその内実からすれば「不法国家」であった。

こうした「不法国家」説からバウアーは「抵抗する権利」を導き出していく。

毎日一万人単位の殺人を犯しているような不法国家に対しては、ドイツ刑法第五三条にもいう正当防衛の権利は誰にでもある。死に瀕したユダヤ人や外国の知識人に対する緊急救助の行為は保障されねばならないのである。

さらに中世ドイツの法典『ザクセンシュピーゲル』を例に、「抵抗する権利」が君主の不法行為に対抗する臣下の忠誠義務の喪失という歴史的に培われた権利思想であるとし、こう述べる。

法治国家において、人権が保障され、反対できる可能性が存在し、議会に立法の機会が与えられ、独立した裁判所が機能し、三権が分立している、こういった条件のもとでは抵抗権は存在しない。しかし前提の一つでも欠ける場合には、抵抗権は目覚め、生きた現実となる。

彼は論告を終えるにあたって、「国民と人間の抵抗権」に関わる至言として、『ヴィルヘルム・テル』の〈リュートリの誓約〉の場面の台詞を朗読する。「否、暴君の権力には限界がある……われらは至高の善なるものに身を捧げようとも、けっして暴君の権力に奉仕はしない」。かつてこの場面を演じた学友シュタウフェンベルクと七月二〇日の同志たちは身をもって範を示し、われわれに「古き良きドイツ法」を銘記させたのである。――この言葉でバウアーの論告は締めくくられる。

翌三月一二日の新聞各紙は、こぞってバウアーの論告の模様について報道した。これを『ノイエ・ツァイトゥンク』紙について見ると、特派員ゲルハルト・ティムは「良心の葛藤とルサンチマンのはざまで――レーマー裁判の判決を難しくする人間的な葛藤――」の見出しで伝えている。まず論告が裁判長ヘッペに「深い感動」を与え、法廷も静まり返ったこと、判決を導くうえで「法と道徳の不一致」の問題が明らかにされたことが記される。さらに「道徳的に完全に正しいことは法的にもそうあらねばならず、法というものは倫理の最小限のことしか表現しえない」というバウアーの論旨に、裁判官ヘッペは「自己の良心」をかけて臨まざるをえなくなった、と指摘する。[102]なぜなら、将校としてスターリングラードで闘ったヘッペには、「事件」一年前の一九四三年から五〇年までの捕虜・シベリア抑留体験があった。当時彼は《自由ドイツ国民委員会》の呼びかけへの署名を拒否し、それには反感を抱いていた。ヘッペは長期の兵士捕虜体験に根ざす「厄介な屈折した心理」を隠さなかった。[103]同日の『ファッツ』紙も、やはり「良心の葛藤に悩む裁判官」の見出しでこうした事情に言及し、バウアーがヘッぺに「つらいシベリア体験と七月二〇日事件とを同列に置かないよう」に訴えたことを伝えている[104]。

では判決はどうであったか。三日間におよぶ非公開の審議を経て三月一五日午前一一時三〇分に下された判決は、レーマーに「追悼すべき死者に対する一連の誹謗中傷の廉で懲役三ヵ月の刑」を宣告した[105]。ここでは詳細かつ長文の判決理由には逐一触れず、要点だけを挙げよう[106]。

「七月二〇日の抵抗者」の行動に一九四四年当時妥当した叛国条項を適用する根拠は認められない。たしかにゲルデラーやハッセル、トロット・ツー・ゾルツなど、彼らの幾人かは敵国と連絡し、ナチ体制転覆に関わる活動をした事実はあるが、外国から資金をもらうなどの嫌疑事実は何一つ存在せず、国家と国民の存続を願う彼らの「深遠な配慮」に根ざす行動だけが確認できる。したがって彼らの抵抗は合法的な活動であって、国家への裏切りという誹謗中傷は許されない。

以上の判断を支える根拠として、一つには「ナチ国家の実態」が引証される。「国家指導部が政治目的を達成するために、もっとも尊重すべき人権を無視し法治国家の諸原則をなんら保障することもなく、意図的に不法をおこない、またおこなわせるような国家は、もはや法治国家ではない。……ナチ国家はこの意味において不法国家と見なされねばならない」（強調点は原文のまま）。この表現は、バウアーが提起した「不法国家」説に限定的にせよ、賛同したことを示している。限定的とは「ナチ国家で実施されている法律全体」についてではなく、「不法の諸事例」に言及した場合という意味である。事実、判決では一歩すすんで「第三帝国」の「憲法上の合法性」如何について判断することは、差し控えられている。

根拠の二つには、「一九四四年の戦局」に関わるシュラムの鑑定が全面的に採用されている。七月二〇日には「戦局」はもはや「裏切り」「背信」という事態を越えており、証言にいう抵抗者たちのモチーフは信頼に足るとされた。国家に損害を与えようという犯意（反逆罪の構成要件）は存在しなかったのである。

レーマーへの量刑については、彼には前科がなく、前線では勇敢な将校であったことを考量して、「三ヵ月の禁固刑」が科されたが、とくに一言加えられている。「一九四四年七月二〇日という時期には無理からぬ誤りであったことも、七年後の今なお信じ込んでいるのは、度し難い頑迷さと言うほかない」。[107]

この判決を不服としてレーマー側は上告したが、一九五二年一二月一一日、連邦裁判所はこれを棄却し、判決は確定した。ちなみにレーマーは国外に逃亡した。以後彼は入国と逃亡を繰り返している。

フリッツ・バウアーの場合はどうか。後年彼がヴァッサーマンに語ったところによれば、裁判所が「大逆」問題に踏み込まなかったことはいささか残念だが、判決が世間に知れわたる効果があったことに、「おおいに満足」したという。[108] 彼にはこの裁判で提示された事実をもって、ドイツ人が「ナチレジームの実体」を学ぶ内発的な「再教育」に寄与したい思いがあったからである。[109]

（4）メディアの反響と世論

「レーマー裁判」の判決をメディアがいかに評価したかを見てみよう。五〇年代アデナウアーの「過去処理政策」が新体制へのナチ戦犯の統合を、したがって「過去」の封印を特徴としていたことからすれば、反ナチ運動を正当化した判決がメディアの注目を集めるのも当然である。実際、裁判をめぐって国内主要紙六紙だけでも三四件の記事・論説が記載されたという。[110] しかも新聞を中心にメディア自体、軍政下で認可を受け出発した経緯があり、基本的に反ナチズムのオピニオン・リーダーとしての役割を担っていた。このために裁判そのものを批判するのではなく、むしろ評価する論評が基調となるのは、容易に推測できる。有力な日刊紙『ファッツ』と週刊新聞『ツァイト』は、その代表的存在である。

『ファッツ』紙はレーマー起訴の当初から判決が下されるまで報道しつづけている。三月一八日の同紙は、三月一五日の判決について「大逆罪の人びとと叛国罪の人びと」という社説でもって、「七月二〇日の人びと」に対する侮辱は将来許されなくなるだろうとし、その復権を歓迎した。あわせて、ドイツ人抵抗運動の歴史的政治的な評価に不慣れな裁判官たちにその作業を委ねてきたことは、立法の怠慢であると指摘しつつ、判決の「啓蒙的教育的役割」を強調している。(111) また、ブシュケの提示する新聞資料によれば、ほかの日刊紙の場合、たとえば三月一七日の『南ドイツ新聞』(S・Z)は判決を評価し、「一条の光」の見出しでこう意義づけている。

ブラウンシュヴァイク地裁の刑事裁判は幸運にも歴史を書く機会を得た。……ナチ国家は法治国家ではなく不法国家であり、ヒトラーに対する愛国的な抵抗は戦時下でも不法行為ではないと、ドイツの法解釈が明示した。これはきわめて重要である。(112)

『ツァイト』紙は裁判経過と判決を、「七月二〇日の死者たちの影――抵抗者たちの名誉回復」(三月一三日)「SRP断罪される」(三月二〇日)の見出しで、記者ヤン・モリトアの署名記事として報道している。(113) もともと反ナチ運動を戦後ドイツへの「遺産」と位置づけるキャンペーンを張り、SRPと対決してきた同紙の報道姿勢からすれば、「レーマー裁判」に取り組むフリッツ・バウアーは強力に支援すべき人物であったであろう。実際、三月一三日の同紙は、レーマーと彼の弁護士たちが依然「ナチ」の集団であることを指弾して、バウアーの論告を「第一級の法律的弁証」と讃えている。(114) さらに判決後の三月二〇日の記事では、裁判の総括としてこう記されている。「レーマーは道徳的見地からも敗訴した。……彼が極右の政治活動の表舞台から退却せざるをえないみっともなさを、裁判は如実に示した」(115)。

「レーマー裁判」に関するメディアの反響に知られるように、反ナチ運動は「七月二〇日事件の人びと」という限定付きではあったが、はじめてその目的とモチーフが正当化され評価されるにいたった。またこの裁判結果の延長線上に、「事件」を顕彰する事業もおこなわれている。すなわち同年七月二〇日、シュタウフェンベルクらが「事件」を計画し処刑された西ベルリン、ベンドラー街の元国防軍総司令部中庭に彼らの慰霊碑が《七月二〇日事件救援機関》によって建立され、翌年の七月二〇日には市長エルンスト・ロイターの主導で同地に「ドイツ抵抗記念館」が設立された。[116]

もっとも、この裁判によって国民の「事件」に関する認識が大きく変わったわけではない。前述したアレンスバッハ世論研究所の一九五二年一一月と一二月の調査結果は、裁判から日が浅くその評価が浸透しなかったためだと見ることもできよう。だが、一九五六年四月の同研究所の調査結果はこうなっている。[117]

調査項目「新設の学校にシュタウフェンベルクの名を冠することに賛成か否か」
　反対：男五四パーセント、女四四パーセント、全体四九パーセント
　賛成：男二二パーセント、女一七パーセント、全体一八パーセント
　分からない：男二四パーセント、女三九パーセント、全体三三パーセント

ここには、メディアの評価と国民意識との著しい乖離が見てとれる。

フリッツ・バウアーがヒトラーに対する国民の「精神的態度」を一夜では変えられないと指摘するのも、その後も容易に変わらない事態を予想していたからであろう。実際、彼は一連のナチ裁判を指揮していた一九六五年においても、「歴史的道徳的教育への無関心と嫌悪が今もつづいている」と記している。[118] そうであるからこそ、

啓発のための不断の、長期にわたる社会総体の取り組みが、求められることにもなる。「レーマー裁判」はそのための、司法界における最初の一歩なのである。

おわりに

以上、「レーマー裁判」に焦点づけて反ナチ抵抗運動の復権について検討してきた。フリッツ・バウアーという一人の亡命ユダヤ系検事の努力に負う抵抗者たちの勝訴は、たしかに「七月二〇日事件の評価の転機」(R・ヴァッサーマン)[119]であったし、バウアー自身言うように「司法に対する遺産」[120]と見なすことができる。また冷戦下アデナウアーの「過去処理政策」との関わりで言えば、裁判はその政策の限界を越えて、抵抗運動のモチーフと目的を尊重し展開された。そこではナチ支配の「過去」が、はじめて直視され否定されたのである。

だが一方で、「過去」から逃避しつづけようとしたアデナウアーCDU政治は、反ナチ運動を正当化した判決を取り込み、「七月二〇日事件」の「聖化」を図っている。一九五四年以後の連邦国軍によるベルリン抵抗記念館中庭での「事件」の式典化は、その端的な例である。それは「過去」の政治化と言えるだろう。これとの対比でバウアーの立ち位置をとらえるならば、「ナチ不法国家」説に基づく「抵抗権」の思想は重要である。彼にとって、人権擁護の究極の砦となる「抵抗権」は、ナチ独裁制の再来を阻止し、民主主義の内実と価値規範を保全する歴史的な権利であった。一九六二年、ナチ軍事法廷が政治的理由による召集令状の忌避者を処罰したことの是非に端を発する、司法界の「抵抗権」論議において、その担い手が「庶民」か「公職にある「エリート的立場にある」人びと」に限定されるかをめぐって、バウアーが明確に前者に与するのも、[121]このためである。それが「行動する主体としての市民」(C・フレーリヒ)の願望に通じていることは明らかであろう。

とはいえ、バウアーのこのような主張は、「レーマー裁判」の審理で明確には示されていない。ドイツ人社会各層の人びとから構成された《ローテ・カペレ》の反ナチ活動を、彼が意に反して審理から除外せざるをえなかったからである。その意味でも裁判は、一九五二年という建国まもない東西冷戦下の連邦共和国においてなしえたぎりぎりのナチ克服の試みであったのである。[122]

今日、ベルリン抵抗記念館の最初の展示室に《ローテ・カペレ》の人びとのパネルが大きく飾られ、さらに侵略戦争の阻止を願った一九三九年のヒトラー暗殺未遂単独犯ゲオルク・エルザー（一九〇三〜一九四五年処刑）の行動が明記されている。反ナチ抵抗運動の復権は「七月二〇日事件」をもって始まったが、小市民・大工エルザーの行動をもって完結している。無名の一市民が「否」を唱えたという事実こそが顕彰されている。ここにいたるまでナチ体制瓦解から五〇年の時間経過が必要であった。

それだけではない。一九五二年「レーマー裁判」の争点となった「宣誓」問題からすれば、軍事法廷で有罪となった逃亡兵の存在は論外であり、文字通りの「裏切り者」と見なされていた。自身その体験をもつルートヴィヒ・バウマンを会長とした「ナチ軍事司法犠牲者全国連盟」は一九九〇年に結成され、彼ら逃亡兵の名誉回復の活動が不断にかつ地道におこなわれてきた。この活動は「ナチ不当判決廃止法」（一九九八年）、「逃亡兵ナチ軍事法廷判決一括廃棄法」（二〇〇二年）を経て、「ナチ不当判決一括廃棄法」をもって最終的に結実した。二〇〇九年九月八日のことである。

戦後ドイツが背負いつづけた「過去の克服」の課題は、少なくとも法制度的には如上の立法措置をもって達成されたと言える。ドイツ人のいわば「内なる過去の克服」は、「記憶文化」として深く社会に根づかせることによってなのであろう。

注

（1） Herbert Kraus (Hrsg.): *Die im Braunschweiger Remerprozeß erstatteten moraltheologischen und historischen Gutachten nebst Urteil*, Hamburg 1953.

（2） Rudolf Wassermann: Fritz Bauer (1903-1968), in, P. Glotz / W. R. Langenbucher (Hrsg.): *Vorbilder für Deutsche. Korrektur einer Herdengalerie*. München 1974, S. 296-309. Ders.: Fritz Bauers Plädoyer im Remer-Prozess. Eine Erinnerung, in, *Strafverteidiger*. Nr. 1, 1985, S. 40-43. Ders.: Zur juristischen Bewertung des 20. Juli 1944. Der Remer-Prozeß in Braunschweig als Markstein der Justizgeschichte, in, *Recht und Politik*. Jg. 20, 1984, S. 68-80. Ders.: Zur Auseinandersetzung um den 20. Juli 1944. Der Remer-Prozeß als Meilenstein der Nachkriegsgeschichte, in, Ders.: *Recht, Gewalt, Widerstand. Vorträge und Aufsätze*, Berlin 1985, S. 36-64.

（3） C. Kahlweit: Unerbittlich, aber gnädig, in, *Süddeutsche Zeitung* vom 17. Juli 1998.

（4） Irmtrud Wojak: *Fritz Bauer 1903-1968. Eine Biographie*, München 2009, Umschlag.

（5） J. Perels / I. Wojak (Hrsg.): *Fritz Bauer. Die Humanität der Rechtsordnung - Ausgewählte Schriften*, Frankfurt a. M. 1998.

（6） Matthias Meusch: *Von der Diktatur zur Demokratie. Fritz Bauer und die Aufarbeitung der NS-Verbrechen in Hessen (1956-1968)*, Wiesbaden 2001.

（7） Claudia Fröhlich: *»Wider die Tabuisierung des Ungehorsams« — Fritz Bauers Widerstandsbegriff und die Aufarbeitung von NS-Verbrechen*, Frankfurt a. M. 2006.

（8） Wojak: *Fritz Bauer 1903-1968. Eine Biographie*. München 2009.

（9） 前掲の研究書以外の主なものを挙げると、たとえばR. Wassermann: Widerstand als Rechtsproblem. Zur rechtlichen

Rezeption des Widerstandes gegen das NS-Regime, in, Gerd Ueberschär (Hrsg.): *Der 20. Juli 1944. Bewertung und Rezeption des deutschen Widerstandes gegen das NS-Regime*, Köln 1994, S. 203-213. Ders.: Zur juristischen Bewertigung des 20. Juli 1944. in, *Recht und Politik*. 20(2), 1984. Norbert Frei: *Vergangenheitspolitik. Die Anfänge der Bundesrepublik und die NS-Vergangenheit*, München 1996, S. 326-360. Ders.: *1945 und Wir. Das Dritte Reich im Bewusstsein der Deutschen*, München 2005, S. 129-144. Peter Reichel: *Vergangenheitsbewältigung in Deutschland. Die Auseinandersetzung mit der NS-Diktatur von 1945 bis heute*, München 2001, S. 97-106.（邦訳、小川保博・芝野由和共訳『ドイツ――過去の克服』八朔社、二〇〇六年）。P. Reichel / H. Schmid / P. Steinbach (Hrsg.): *Der Nationalsozialismus — Die Zweite Geschichte. Überwindung-Deutung-Erinnerung*, München 2009, S. 33-35, S. 111-115.

日本では「レーマー裁判」について、芝健介「反逆か抵抗か――『一九四四年七月二〇日事件』と戦後ドイツのレーマー裁判」（『史論』一九九九年、七八～一〇一頁）が詳細な研究成果として挙げられる。また池部範子「フリッツ・バウアーと戦後ドイツの民主主義――抵抗をめぐる議論を中心に」（『年報地域文化研究』二〇〇四年、一～一七頁）がある。

(10) Heiko Buschke: *Deutsche Presse, Rechtsextremismus und nationalsozialistische Vergangenheit in der Ära Adenauer*, Frankfurt a. M. 2003.

(11) Fritz Bauer: Eine Grenze hat Tyrannenmacht. Plädoyer im Remer-Prozeß (1952). in, J. Perels / I. Wojak (Hrsg.): *Fritz Bauer. Die Humanität der Rechtsordnung — Ausgewählte Schriften*. S. 179. なおバウアーの活動に関する叙述は、とくに注を付さないかぎり、前掲のヴォヤクの詳細なバウアー伝およびモイシュの研究に依拠していることを断っておく。

(12) W. E. Winterhager: *Der Kreisauer Kreis. Porträt einer Widerstandsgruppe*. Mainz 1985, S. 65-66. 對馬達雄『ナチズム・抵抗運動・戦後教育――「過去の克服」の原風景』昭和堂、二〇〇六年、一五六頁。

(13) Wojak: *Fritz Bauer 1903-1968. Eine Biographie*. S. 175.

(14) Fritz Bauer: *Krigsförbrytarna inför domstol*. Stockholm 1944. *Die Kriegsverbrecher vor Gericht*, Nachwort von Prof. H. F. Pfenninger, Zürich 1945.

(15) *Die Kriegsverbrecher vor Gericht*. S. 89ff., S. 231.

（16） *ditto*. S. 212-217.

（17） Fritz Bauer: *Die Wurzeln faschistischen und nationalsozialistischen Handelns*. Frankfurt a. M. 1962, S. 12ff.

（18） Ders.: Im Kampf um des Menschen Rechte（1955）, in, J. Perels / I. Wojak（Hrsg.）: *Fritz Bauer. Die Humanität der Rechtsordnung*. S. 37.

（19） Wojak: *Fritz Bauer 1903-1968. Eine Biographie*. S. 232. 同年にやはりアメリカ亡命からフランクフルト・アム・マインに帰国したマックス・ホルクハイマーやテオドール・アドルノが類似の目的を抱いていたことを、ヴォヤクは指摘している。とくにホルクハイマーについては、彼が「ヒトラーの脅しに立ち向かう勇気をもち、新たなファシズム的硬直性に否を唱える、抵抗の教育の育成に尽力」すべく帰国したことを引証している。*ebenda*.

（20） Buschke: *Deutsche Presse*. S. 60-61. K. E. Pollmann: Tradition des Rechtsradikalismus im Raum Braunschweig. in, Weisbrod（Hrsg.）: *Rechtsradikalismus in der politischen Kultur der Nachkriegszeit. Die verzögerte Normalisierung in Niedersachsen*. Hahnsche 1995, S. 234, S. 238.

（21） K. E Pollmann: Tradition des Rechtsradikalismus. S. 238.

（22） 詳細は Frei: *Vergangenheitspolitik*. S. 133-195.

（23） Buschke: *Deutsche Presse*. S. 62-63. さらに「元武装ＳＳ隊員相互扶助連盟」も正規の兵士であったという主張を掲げ、年金等扶養補助法の適用を要求している。*ebenda*, S. 62.

（24） *ebenda*, S. 62-63.

（25） Wolfgang Treue: *Deutsche Parteiprogramme seit 1861*. Göttingen 1968, S. 241-246.

（26） Pollmann: Tradition des Rechtsradikalismus. S. 239.

（27） ditto. S. 242. ＳＰＤはこの時三三・七パーセントの得票率となっている。

（28） もっとも、ニーダーザクセン州で際立って極右支持が高かったとはいえ、基本法成立後の一九五二年七月の全国世論調査の結果では、依然としてヒトラーの政治家としての肯定的評価（＝ヒトラー人気）は三二パーセントになっている。詳細は、對馬『ナチズム・抵抗運動・戦後教育』、一九六頁。

(29) Meusch: *Von der Diktatur zur Demokratie*. S. 230.

(30) *ditto*. S. 214.

(31) Frei: *Vergangenheitspolitik*. S. 23.

(32) Meusch: *Von der Diktatur zur Demokratie*. S. 235.

(33) Pollmann: Tradition des Rechtsradikalismus. S. 245-246. フレーリヒの指摘によれば、「レーマー裁判」がおこなわれる一九五二年には訴追や確定判決の数は一九四六年以後最低水準になった。Fröhlich: »*Wider die Tabuisierung des Ungehorsams*«. S. 55. その後ヘッセン州検事長となって司法改革に取り組むバウアーの西ドイツ司法界批判は、とくに『病める司法』(Justiz als Symptom, 1962) で展開されている。Perels / Wojak (Hrsg.): *Fritz Bauer. Die Humanität der Rechtsordnung*. S. 365-376.

(34) Ulrich von Hassel: *Vom anderen Deutschland. Aus den nachgelassenen Tagebüchern, 1938-1944*. Zürich Atlantis 1946.

(35) 對馬『ナチズム・抵抗運動・戦後教育』、二六六頁。

(36) 彼らの回想録には、生き残った同志や友人たちの援助で切り抜けた窮乏生活、彼ら遺族ではなく一般戦争未亡人たちの年金受給が優先されたことなどが語られている。Antje Dertinger: *Herdentöchter*. Bonn 1997.

(37) 国防軍の反ナチグループの一人・トレスコウ将軍の姪の回想録によると、抵抗者たちの未亡人の多くは、ドイツ人同胞たちの拒否的な態度に接し、彼らの体験を誰にも語らなかったという。Felicitas von Aretin: *Die Enkel des 20. Juli 1944*. Leipzig 2004, S. 46.

(38) Paul Kluke: Der deutsche Widerstand. Eine kritische Literaturübersicht. in, *Historische Zeitschrift*. 169, 1949, S. 138. これについてノルベルト・フライは、抵抗者たちを「破廉恥な輩」と罵ったゲッベルスのプロパガンダ機関の影響があったことを指摘している。Frei: *1945 und Wir*. S. 133.

(39) 對馬『ナチズム・抵抗運動・戦後教育』、四頁。

(40) Jürgen Weber: *Geschichte der Bundesrepublik Deutschland. Analyse und Dokumentattion in Text Bild und Ton. Bd. 4. Die Bundesrepublik wird souverän 1950-1955*. Paderborn 1987, S. 334-335.

(41) 基本法制定直後の六月、アメリカ地区、西ベルリン、ブレーメンの一四〇〇名を対象としたアメリカ軍政府の調査によれば、基本法がドイツ連邦共和国の骨格を形成していることについて、一八パーセントだけが完全に知っており、西ドイツの大多数の国民は基本法の主体者であることをよく分からなかったという。Anna J. Merritt / Richard L. Merritt: *Public Opinion in occupied Germany. The OMGUS Surveys, 1945-1949.* Urbana 1970, p. 307. ここには、いまだ戦後民主主義にほど遠い国民の政治意識が見てとれる。

(42) 一九五一年一一月の世論調査では、この感情が八〇パーセントを占めており、以下一九四九年~現在八パーセント、戦時期八パーセントとなっている。Erich P. Neumann / Elisabeth Noelle: *Antworten. Politik im Kraftfeld der öffentlichen Meinung.* Allensbach 1954, S. 42.

(43) 一九五一年一〇月の世論調査では、「第三帝国」四四パーセント、「帝政期」四三パーセント、「ワイマール期」七パーセント、「一九四五年後」二パーセント、「分からない」四パーセントとなっている。*ditto.* S. 43.

(44) *ditto.* S. 34.

(45) たとえば『フランクフルター・アルゲマイネ・ツァイトゥンク』は一九五一年八月二四日、「七月二〇日事件」の見出しで、「七月二〇日事件」の人びとの行動を祖国の名誉と自由に身を捧げた行動として位置づけ、彼らをモデルに、新しいドイツ軍士官団が個人的確信に基づく自由を具備すべきである、と主張を展開している。*Frankfurter Allgemeine Zeitung vom 24. 8. 1951.*

(46) Frei: *1945 und Wir.* S. 131, S. 209. ちなみにアデナウアー内閣にはかつての抵抗グループのメンバーがカイザーのほか、内相として《ゲルデラー・グループ》のロベルト・レーア、ドイツ難民問題相として《クライザウ》のハンス・ルカシェクが入閣している。

(47) Ulrich Brochhagen: *Nach Nürnberg. Vergangenheitsbewältigung und Westintegration in der Ära Adenauer.* Berlin 1999, S. 35-45. ちなみに一九四九年一月アメリカ占領地区住民一九〇〇名に実施した非ナチ化に関する調査によれば、六五パーセントが「非ナチ化が不当におこなわれた」と回答している。Merrit / Merrit: *Public Opinion in occupied Germany.* p. 304.

(48) Frei: *Vergangenheitspolitik.* S. 19-20.

(49) *ditto*. S. 54. Fröhlich: »*Wider die Tabuisierung des Ungehorsams*«. S. 54-55.

(50) ＳＰＤ主導の司法当局は捜査を開始し、検事は懲役一〇ヵ月を求刑した。だが元ナチ党員の判事は一九五〇年二月一五日、彼に無罪判決を下している。Frei: *Vergangenheitspolitik*. S. 309-312. Buschke: *Deutsche Presse*. S. 115-122.

(51) フライによれば、ヘドラーは二月一五日無罪判決を受けた後、歓呼する人びとに迎えられ、党執行部も黒白赤色の花束を手渡したという。*ditto*. S. 312.

(52) Fröhlich: »*Wider die Tabuisierung des Ungehorsams*«. S. 69.

(53) Christiane Toyka-Seid: Notgemeinschaft oder gesellschaftliche "Pressure-group"? in, Gerd Uebershär（Hrsg.）: *Der 20. Juli 1944*. Köln 1994, S. 158-159. これには在郷軍人会が背負うナチ的残滓を排除し、「七月二〇日」の軍人たちを新国家の再軍備の軍人像に据えようという意図があった。Wojak: *Fritz Bauer 1903-1968. Eine Biographie*. S. 269.

(54) Frei: *Vergangenheitspolitik*. S. 332.

(55) Treue: *Deutsche Parteiprogramme seit 1861*. S. 325-330.

(56) *Die Zeit vom 13. 3. 1952.*

(57) Frei: *Vergangenheitspolitik*. S. 51-52.

(58) Kraus: *Die im Braunschweiger Remerprozeß*. S. 107.

(59) 對馬『ナチズム・抵抗運動・戦後教育』、二五二〜二五六頁。

(60) 《クライザウ》のホルスト・フォン・アインズィーデル（一九〇五〜一九四七年）の従兄弟ハインリヒ・グラーフ・アインズィーデルは「宣誓破り」の攻撃に対して、一九五一年一〇月一六日の『ノイエ・ツァイトゥンク』に「自由への意思は反逆ではない」のテーマで弁明している。*Die Neue Zeitung vom 16. 10. 1951.*

(61) Fröhlich: »*Wider die Tabuisirung des Ungehorsams*«. S.100.

(62) Frei: *Vergangenheitspolitik*. S. 327, S. 332. レーマーはこのような政府に対する誹謗中傷の廉で、一九五一年一一月一二日、ニーダーザクセン州ヴェルデンの裁判所から四ヵ月禁固刑の判決を受け、服役することになる（S. 349）。

(63) Ders.: *1945 und wir*. S. 138.

(64) アメリカ高等弁務官調査部による、選挙後五月一六～二八日実施の、同州一〇〇名のSRP支持者を含む西ドイツ国民八〇〇名に対する「SRPをどう思うか」の問いに、西ドイツ国民の六三パーセント、同州住民の三七パーセントは「新しいSRP」については知らなかった。SPD支持者の四分の一だけがSRPの躍進を知っていた。SRP支持者はネオナチ党の性格を強く否定し、五二パーセントはドイツの経済的社会的状況の改善を目指しているだけだと、回答した。意見を述べた西ドイツ国民のうち、SRPに反対が一六パーセント、禁止措置賛成二二パーセントとなっている。Anna J. Merrit ／ Richard L. Merrit: *Public Opinion in Semisouvereign Germany. The HICOG Surveys, 1949-1955.* Urbana 1980. S. 123-124.

また『ツァイト』は同年七月一九日、記者クラウス・ヤコービの署名記事として「七年前」の見出しで記している。「七年前に裏切り者としてベンドラー街の中庭で処刑された体制反対者たちがふたたび裏切り者とされている。……ドイツでは今またネオナチズムが隊列を組んで行進している。［ドイツ国民がヒトラーとその一党の影響を排除しないならば］多くのドイツ人は、この国は住むに値しないと言うほかないだろう」（*Die Zeit vom 19. 7. 1951*）。

(65) K. E. Pollmann: Tradition des Rechtsradikalismus. S. 242.

(66) Frei: *1945 und wir.* S. 137. 一九五一年九月二八日に創設された連邦憲法裁判所によって、SRPは一九五二年一〇月二三日、憲法違反の廉で解党を命じられた。

(67) Buschke: *Deutsche Presse.* S. 189-190.

(68) Wassermann: Zur juristischen Bewertigung des 20. Juli 1944. S. 78. バウアーは裁判翌年の一九五三年フランクフルト・アム・マインで設立された、抵抗者と追放者連盟中央機関紙『自由と法』の刊行に関わり、西ドイツ社会の民主化をめぐるテーマで寄稿している。

(69) Wojak: *Fritz Bauer 1903-1968.* S. 266-268. もっとも「ヘドラー裁判」の原告であったシュテルツァーも、敗訴後の一九五一年一月、『ノイエ・ツァイトゥンク』掲載の「抵抗運動の基本的な意味」と題する講演で、現在のドイツでは抵抗運動への取り組みが内政上の権力闘争の見地からとらえられる状況にあり、その法的な評価がいまだできない、と述べている。*Die Neue Zeitung vom 24. 1 1951.*

(70) Kraus: *Die im Braunschweiger Remerprozeß.* S. 109.

(71) *ditto*. S. 105. Frölich: »*Wider die Tabuisierung des Ungehorsams*«. S. 85-86.
(72) Frölich: »*Wider die Tabuisierung des Ungehorsams*«. S. 104-105. Buschke: *Deutsche Presse*. S. 190.
(73) Buschke: *Deutsche Presse*. S. 191.
(74) 以下、Kraus: *Die im Braunschweiger Remerprozeß*. S. 126-127.
(75) ペーター・ヨルク未亡人は、夫の刑死と自らの勾留生活を乗りこえて中断した法学の勉学をつづけ、女性初のベルリン地裁所長となった。『ツァイト』の記者の傍聴報告によれば、彼女はこの証言のなかでさらに「ヒトラーのような犯罪者には良心の命ずることすべてをすることが許されたでしょう」と述べている（*Die Zeit vom 13. 3. 1952*）。同じく証人となったレーバー未亡人アンネドーレ・レーバーは戦後ＳＰＤ選出のベルリン市会議員となっている。《クライザウ》の未亡人に共通して、夫の遺志を戦後に伝えようとする意思と行動がある。たとえば法律家モルトケ未亡人は戦後モルトケの書簡集の刊行や、レーバー未亡人との共著でワイマール共和制からナチ独裁制の台頭さらに抵抗運動にいたる経緯を学術書として出版している。Annedore Leber / Freya Gräfin Moltke: *Für und Wider. Entscheidungen in Deutschland 1918-1945*. Frankfurt a. M. 1961.
(76) これについては、シュテルツァーも同様に、先に挙げた講演「抵抗運動の基本的な意味」においてこう述べている。「一九四四年七月二〇日に編み込まれた種々のグループの出発点は、ナチズムの否定とともに、途方もない人間の犠牲をともなう戦争を一刻も早く終結させたいという願いと、平和を達成したいという希望であった」。*Die Neue Zeitung vom 24. 1 1951*.
(77) Kraus: *Die im Braunschweiger Remerprozeß*. S. 77.
(78) *ditto*. S. 80.
(79) この点に関する適切な指摘として、芝「反逆か抵抗か」、九九頁（註36）。なお筆者と裁判記録からの引用箇所が同一のものについては、芝論文の訳文をも参照しており、記述内容も重なっていることを断っておく。
(80) Kraus: *Die im Braunschweiger Remerprozeß*. S. 50-56.
(81) ちなみにセラフィンの鑑定は、「七月二〇日におけるレーマーの役割」をもテーマにし、事件の発生から終結までを時系列的に分析しており、レーマーが関与した時、すでに事件は失敗していたこと、したがって彼が自賛するような事件鎮圧の殊勲者ではないことを立証している。*ditto*. S. 56-61. 同様の事実は、反ナチ運動に加担し証人として出廷した連邦憲法擁護庁長官オットー・ヨーンによっても明示された。そのために「レーマー英雄神話」が裁判でも地に堕ちたことが指摘されている。
Buschke: *Deutsche Presse*. S. 191.

(82) ヒトラーへの宣誓は以下のようになっている。「私はドイツ国とドイツ民族の総統アドルフ・ヒトラー、すなわち全軍の最高指揮官たるアドルフ・ヒトラーに無条件に服従し、勇敢な兵士としていかなる時も服従の誓いに生命を賭す覚悟のあることを、神にかけて厳粛に宣誓する」。Kraus: *Die im Braunschweiger Remerprozeß*. S. 94. 先の世論調査の、「事件」に対する軍人層の高い比率の否定的回答は、「宣誓」の呪縛を裏づけている。

(83) Wassermann: *Recht, Gewalt, Widerstand*. S. 54.

(84) Kraus: *Die im Braunschweiger Remerprozeß*. S. 39.

(85) *ditto*. S. 29-39.

(86) *ditto*. S. 9-18.

(87) *ditto*. S. 41-48, S. 19-28.

(88) Frölich: »*Wider die Tabuisierung des Ungehorsams*«. S. 94. なお裁判記録に速記された彼らの尋問の随所に、冷笑的な響きが読み取れる。

(89) Kraus: *Die im Braunschweiger Remerprozeß*. S. 20, S. 21, S. 41.

(90) *ditto*. S. 22.

(91) *ditto*. S. 117.

(92) *F.A.Z vom 11. 3. 1952*. Frölich: »*Wider die Tabuisierung des Ungehorsams*«. S. 86.

(93) *ditto*. S. 84.

(94) *Die Zeit vom 13. 3. 1952*.

(95) Kraus: *Die im Braunschweiger Remerprozeß*. S. 136.

(96) *ditto*. S. 83-103.

(97) Prädoyer des Generalstaatsanwalts: Eine Grenze hat Tyrannenmacht. in, *Geist und Tat. Monatsschrift für Recht,*

Freiheit und Kultur. Jg. 7, 1952, S. 194-200. この論告はバウアー選集に収録されており、本章での記述は選集に基づく。Perels / Wojak（Hrsg.）: *Fritz Bauer. Die Humanität der Rechtsordnung*. S. 169-179.

(98) *ditto*. S. 170.

(99) Marc von Miquiel: Juristen — Richter in eigener Sache. in, N. Frei（Hrsg.）: *Hitlers Eliten nach 1945*. München 2010, S. 165ff. モイシュによれば、一九五一年から五六年までにミュンヘンとアウグスブルクの地裁でおこなわれた、カナリス提督、ハンス・オスター将軍、神学者ディートリヒ・ボンヘッファーの即決裁判による処刑責任で告発された元ナチＳＳの裁判官たちに関する審理では、いずれも無罪とされている。Meusch: *Von der Diktatur zur Demokratie*. S. 79.

(100) R. Wassermann: Widerstand als Rechtsproblem. in, Gerd Ueberschär（Hrsg.）: *Der 20. Juli 1944*. Köln 1994, S. 97.

(101) 以下の記述はすべてバウアー選集の「暴君の権力には限界がある」、一六九～一七九頁からのものであり、とくに引用頁は示さない。

(102) *Die Neue Zeitung vom 12. 3. 1952*.

(103) *ditto*.

(104) *F.A.Z. vom 12. 3. 1952*.

(105) Kraus: *Die im Braunschweiger Remerprozeß*. S. 105.

(106) *ditto*. S. 119-133.

(107) *ditto*. S. 136.

(108) Wassermann: Zur juristischen Bewertung des 20. Juli 1944. S. 79.

(109) ditto. S. 78.

(110) Buschke: *Deutsche Presse*. S. 195.

(111) *F.A.Z. vom 18. 3. 1952*. 詳細については、Buschke: *Deutsche Presse*. S. 195-198.

(112) *Süddeutsche Zeitung vom 17. 3. 1952*. in, Buschke: *Deutsche Presse*. S. 202-203.

(113) ブシュケは『ツァイト』編集者ヨゼフ・ミュラー・マーレィンの記事としているが（Buschke: *Deutsche Presse*. S.

203-205)、ヤン・モリトアの誤りである。

(114) *Die Zeit vom 13. 3. 1952.*

(115) *Die Zeit vom 20. 3. 1952.*

(116) Reichel / Schmid / Steinbach: *Der Nationalsozialismus*. S. 46-147.

(117) Jürgen Weber: *Geschichte der Bundesrepublik Deutschland. Analyse und Dokumentation in Text Bild und Ton*. S. 336.

(118) Fritz Bauer: In unserem Namen. Justiz und Strafvollzug. in, Hermut Hammerschmidt (Hrsg.): *Zwanzig Jahre danach. Eine deutsche Bilanz 1945-1965*. München 1965, S. 302.

(119) Wassermann: Zur juristischen Bewertung des 20. Juli 1944. S. 70.

(120) F. Bauer: Vom Recht auf Widerstand. Das Vermächtnis des 20. Juli an die Justiz (1962). in, Perels / Wojak (Hrsg.): *Fritz Bauer. Die Humanität der Rechtsordnung*. S. 229.

(121) Ders.: Das Widerstandsrecht des kleinen Mannes (1962). in, Perels / Wojak (Hrsg.): *Die Humanität der Rechtsordnung*. S. 207-214.

(122) この事実については、Frölich: »*Wider die Tabuisierung des Ungehorsams*«. S. 64.

第7章

追悼施設における「過去の克服」

――〈第二次的抵抗〉としての「追悼施設教育学」について

山名　淳

はじめに——「追悼施設教育学」とは何か

本共同研究の出発点である對馬達雄の反ナチ抵抗運動研究は[1]、これまでドイツ教育史の領域において周辺的にしか扱われてこなかった反ナチ抵抗運動と正面から向き合い、その思想と行動を検討すると同時に、占領政策下の戦後教育において抵抗運動がいかなる役割を果してきたのかを問うことを目的としていた。そこで考察の焦点が当てられていたのは、「過去の克服」の「原風景」、すなわち、抵抗運動組織の思想と活動であり、政治、宗教、教育といった領域をまたがる抵抗の在り方であった。

本章との関連において注目すべきは、この著作において、對馬が「過去の克服」との関連で記憶文化に言及している箇所である。「はじめに」において、反ナチ抵抗運動の歴史を伝承することを目的としたベルリン・ドイツ抵抗記念館を紹介した後、對馬は次のように述べている。少々長くなるが、重要な部分であるので、引用しておこう。ここには、本章の前提として継承すべき点と残された課題としてさらに検討すべき点の両方が示されているように思われる。

このように抵抗記念館は……博物館や記念館として保存される計二九ヵ所の国内強制収容所跡、そのほか全国各地に建立された大小二一六三ヵ所におよぶ犠牲者追悼碑・平和記念碑、さらにはナチスの過去に関わる恒常的・巡回的な展示会の開催とともに、ナチスの犯罪を自覚的に受けとめてきたドイツの姿勢を内外に明示するものとなっている。……実際、ドイツ現代史を象徴するナチス支配の《過去》といかに向きあい、またどのようにして決別するかは、戦後ドイツに負わされた内政外政の重要課題であった。……再統一後一五年を経た現代ドイツにおいて、《ナチスの過去》は文字どおり《記憶の文化》（ハンス・マイアー）に昇華されて息づいている。[2]

本章が継承すべき点は、「過去の克服」の系譜のうちに記憶文化を位置づけるという見方である。前述の引用文に明らかな通り、對馬は、ドイツにおける「過去の克服」の「原風景」と向き合いつつ、明らかに今日における記憶文化問題へと連なる「過去の克服」の系譜を見据えている。そのことは、「はじめに」における言及からだけでなく、「むすび」において過去と向き合うドイツの姿勢の決定的な証しとして對馬が評価するベルリンの「ユダヤ人ホロコースト記念碑」の写真が掲げられていることからも、十分に推し量られるだろう。「ファシズムに対する《抵抗》という行為が本来政治性を帯び、そのために政策的な文脈に組み込まれて国民の政治意識と歴史意識を形成する恰好の教材となる」[3]ことが自覚され、教科書のような文字媒体とともに追悼施設やモニュメントといったアーキテクチャーが伝達のメディアとして活用されて、抵抗の遺産が受け継がれているというわけだ。「過去の克服」の「原風景」のうちに對馬が看取した抵抗の思想と活動をかりに〈第一次的抵抗〉と呼ぶとすれば、そのことを記憶にとどめる〈第二次的抵抗〉がその延長線上に位置づけられるのである。そのような見方は、「過去の克服」の系譜に関する一般に承認された理解とも符合している。[4]

もっとも、近年の記憶文化、想起文化、追悼文化に関する諸研究が示唆している通り[5]、戦中の生ける〈現在〉としてのナチズムとの対決と今日における〈過去〉の亡霊としてのナチズムとの対決とを架橋するためには、まだ多くのことが言及されねばならないだろう。[6]〈第二次的抵抗〉、つまり記憶文化上の抵抗は、それ特有の論理を有しており、〈第一次的抵抗〉とは並列関係にもなければ、順接や逆説の関係にもない。對馬が的確に示しているように、〈第一次的抵抗〉と〈第二次的抵抗〉の間にみられるのは、何ものかの「昇華」としか表現しえないような変容なのだ。だが、この場合の変容とは、いったい具体的にはどのようなことをいうのだろうか。検討を要する残された課題として意識しておきたいのは、このことである。

本章では、以上のような課題を意識しつつ、ドイツにおける「追悼施設教育学《ゲデンクシュテッテンペダゴーギク》」に注目したい。[7]「追悼施設教育学」とは、追悼施設、なかでもナチズムに関連する「記憶の場所」につくられた追悼施設において過去の記憶を喚起するためになされるような教育的な実践およびそのことに関する理論のことをいう。追悼施設の範囲をどこまで拡張するかということについては、議論が分かれるところである。追悼所などのように犠牲者を悼むために建てられたアーキテクチャーが追悼施設の中心的なイメージをなしているが、それだけでなく、追悼に関連づけられた公園、墓地、モニュメント（祈念碑・警告碑）、図書館・資料館、情報センターなども、広義の追悼施設の要素のうちに含められる。「追悼施設教育学」において想定されている追悼施設は、さしあたり、強制収容所を典型的な事例とするようなナチズムの過去の「現場」に出現した以上のような要素の複合体とみなすことにする。[8]後で詳述するように、「追悼施設教育学」は、ナチズムに関する記憶文化の意識的な改善によって「過去の克服」を目指すという意味において、ここでいう〈第二次的抵抗〉の中核をなしている。また、それだけに、〈第二次的抵抗〉の可能性のみならず、その課題性をも読み込むことのできる具体的な対象として、「追悼施設教育学」は重要であるように思われる。

本論では、「追悼施設教育学《ゲデンクシュテッテンペダゴーギク》」の特徴をその問題点も含めて明らかにするために、この語を構成する三つの要素、つまり〈追悼《ゲデンケン》〉、〈場所《シュテッテン》〉、〈教育学《ペダゴーギク》〉がいかにして結合していったのか、またそのような結合がこの領域における理論と実践の何を反映しているのか、ということを検討することにしよう。まず第1節において、ナチズムに関する追悼施設が設立されていく過程を概観する（〈追悼〉と〈場所〉との結合）。その後、第2節では、追悼施設が不可避的に教育的機能を備えていったこと、また、それによって「追悼施設教育学」が誕生したことを確認する（〈追悼〉と〈場所〉の結合としての追悼施設と〈教育（学）〉との結合）。「追悼施設教育学」は、しかしながら、目下のところ、理論と実践の両面において、安定性を獲得した教育の一ジャンルとしての地位を確立したとは言い難い。むしろ、「追悼施設教育学」をめぐる議論をつぶさに眺めてみると、〈追悼〉と〈教育〉を一つの〈場所〉に結合することの不安定性の方が点滅するであろう。第3節では、そのような不安定性に着目することによって、「追悼施設教育学」の現在を描出する。

本章は、つまり、「追悼施設教育学」を具体的な考察対象として、戦争とナチズムの記憶に関するコミュニケーションの在り方を鳥瞰（第二次観察）し、それによって〈第二次的抵抗〉の性質を浮き彫りにしようとする試みである。對馬が強調していたように、〈第一次的抵抗〉は「教育的抵抗」を含んでいた。そして、〈第二次的抵抗〉もまた、それが伝達という教育的な営みを標榜しているかぎりにおいて、ある種の「教育的抵抗」を包含しているといえる。〈第一次的抵抗〉から〈第二次的抵抗〉へと「昇華」していくことの内実は、二種類の「教育的抵抗」の相違を明らかにしていくなかで浮上してくるように思われる。

第1節　追悼施設の増大――ナチズムに関する〈追悼《ゲデンケン》〉と〈場所《シュテッテン》〉の接合

(1) ナチズムの記憶――忘却の禁止と「記憶の場」

社会の存立は、社会そのものが自己産出する記憶に依存している。記憶自体は、無条件に忘却を禁止するわけではない。むしろ、社会が新たな学習を繰り返すことで再生産したり進化したりするためには、忘却が不可欠である。また、記憶によって引き起こされる想起に時間のインデックスが付与され、歴史時間軸上のどこで何が生起したかが刻印されることも、自明なことではない。忘却が禁止され、時間のインデックスが想起に付与されるのは、現在において重要とみなされることに対してである。

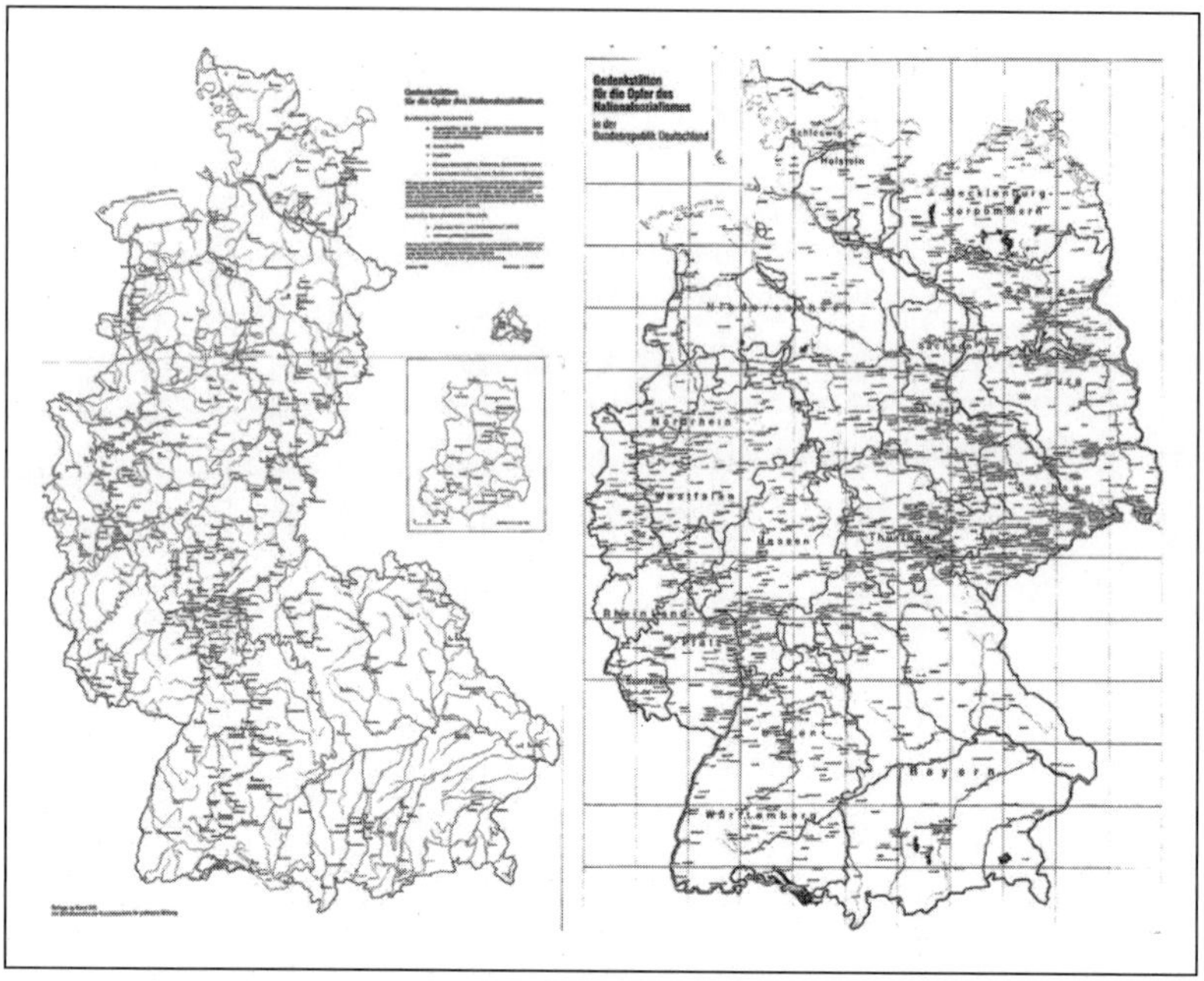

図１（左）ナチズムの犠牲者に関する追悼施設（1987 年）

出典：Bundeszentrale für politsche Bildung: *Gedenkstätten für die Opfer des Nationalsozialismus. Eine Dokumentation*. Bonn 1987. 巻末の追悼施設地図より。

図２（右）ナチズムの犠牲者に関する追悼施設（2000 年）

出典：Bundeszentrale für politsche Bildung: *Gedenkstätten für die Opfer des Nationalsozialismus. Eine Dokumentation*. Bonn 2000. 巻末の追悼施設地図より。

ナチズムの記憶は、そのように忘却が徹底的に禁止され、時間のインデックスとともに想起することがつねに促されるような典型的な事例である。記憶や歴史の相対性を強調する理論でさえ、ナチズムの相対化にはブレーキがかかる。なぜなら、そうした理論を容認する文化の基本性質が完遂されると、文化そのものが消滅してしまう可能性が生じるからである[9]。歴史を振り返っても参照されるべき前例が見当たらないほどの忘却の入念な禁止が、ナチズムの記憶に関して試みられている。

ドイツにおいてナチズムの記憶の忘却がどれほど徹底して回避されようとしているかは、全国地図に示された追悼施設数によって、まずは目に見えるかたちで確認することができる。こうした各地の追悼施設は、第二次世界大戦後から直ちに順調に設立されていったわけではなかった。連邦政治教育センターが作成した一九八七年時点の追悼施設地図と二〇〇〇年のそれとを比較してもわかるように、その数は現在に近づくほどに増加している（図1および図2を参照）[10]。そのような追悼施設増加の道のりは、年代によって異なっており、また旧西ドイツと旧東ドイツの間で大きな相違がみられる。このことを確認することから始めなければならないだろう。追悼施設数の変遷は、さしあたり、過去と向き合う度合いを計量するためのインジケーターとみなすことができるからである。

追悼施設の多くは、基本的に、ナチズムの「記憶の場」、つまり、ナチズムに関する事件や出来事が生じた場所やそのことに由来する物などが存在する場所に設立された。そのような場が、ナチズムを想起するための、その忘却を禁止するための、そして犠牲者たちを追悼するための場として選択され、構造化されていった。ガルベによれば、第二次世界大戦後にナチズム支配に関する追悼施設が増加していく過程に認められるのは、「歴史文化の周辺部から中心部へ」と追悼施設の存在意義が移行していく様子であるという[11]。その過程を追ってみると、単に量の問題に回収されないような、追悼施設の質の問題もまた浮かび上がってくる。以下、ナチズムの記憶に関する追悼施設をめぐる動向について概観しておきたい。

(2) 第二次世界大戦後から一九五〇年代まで——記憶抑圧の時代

ナチズムに関する追悼施設の歴史は、第二次世界大戦直後の収容所解放に端を発している。解放の数日後には、収容所の生存者たちによる犠牲者たちの埋葬がおこなわれ、墓地が整備された。なかには、犠牲者たちに捧げる追悼碑が建てられたところもあった。解放された被収容者たちが追悼碑を設置するに当たり、連合国側の軍関係者たちが支援したという。とはいえ、こうした初期の試みにおいては、ナチズムの記憶を忘却しないための場として構造化されたり、その場にまつわる展示などがおこなわれたりすることは、まだほとんどなかった。[12] 旧収容所における記憶の収蔵庫としての機能よりも、収容、治安、訓練を目的とした営造物としての機能の方が注目され、その方面での活用が試みられた。使用可能な旧収容所（たとえば、西側のダッハウ、エスターヴェーゲン、ノイエンガンメ、東側のブーヘンヴァルト、ザクセンハウゼンなど）は、少なくとも一九四八年から五〇年頃までは、占領国側によって、収容施設、警察学校、軍施設などとして用いられた。新たな用途を見出せなかった旧施設は、まもなく消失の危機に陥った。不要とみなされたかつての収容所バラックなどは、取り壊されたり、建材や燃料にかたちを変えて消費されたりした。

一九五〇年代になると、旧東西ドイツにおいて、ナチズムに関する場所に追悼施設や警告碑などが、数は少ないものの、設立されるようになった。とはいえ、この頃の追悼施設は、時代の政治的対立を反映して、〈資本主義〉対〈共産主義〉という構図のもとに自らを称揚しつつ他者を貶めるための社会的装置としての性質を色濃く帯びていた。旧収容所に集合的記憶を強化するような政治的な性質を見出し、そこに追悼施設を設置するために国家規模で動いたのは、なかでも旧東ドイツである。一九五八年から六一年にかけて、ブーヘンヴァルト、ザクセンハウゼン、ラーヴェンスブリュックにあった旧強制収容所跡地が、旧東ドイツの三大「国立警告・追悼施設」として整備され、国民教育省のもとで運営された。だが、そこでもくろまれたのは、「記憶の場」をイデオロギー教育のために活用することであった。東側のプロットにおいては、ナチズムの歴史は資本主義の現在へと結びつけられ、ナチズムの根絶と資本主義への対抗とがほぼ同値とみなされた。そして、旧収容所に設けられた追悼施設は、ファシズムに対する共産主義の勝利を祝う場として使用されることをとおして、「東ドイツ建国神話のための中心的な要素[13]」となっていった。

こうした歴史的文脈のなかでは、〈第一次的抵抗〉という出来事を〈第二次的抵抗〉としての記憶文化の次元において刻印しようとする試みは、一種のねじれを生じさせてしまう原因にもなりうる。近藤孝弘がすでに指摘しているように、「そこで表彰されたのは大量の犠牲者ではなく、闘争の勝利者[14]」であり、そのことによって、「ユダヤ人やシンティおよびロマの人びと、同性愛者その他に対するナチスの人種主義さえ、そこでは付随的なものとして扱われ[15]」ざるをえなくなる。要するに、〈第一次的抵抗〉の顕彰行為が〈第二次的抵抗〉を阻害するといった事態が生起するのである。

そのような事態は、旧西ドイツにおいても認められた。旧プレッツェンゼー監獄追悼所（一九五二年）は、その一例である。「ナチス政権下でそこで法的手続きに従って殺害された二八九一人のうち約半数が抵抗運動に参加したドイツ人だったこともあり、［同追悼施設における］展示の多くはローテ・カペレや七月二〇日事件についての説明によって占められて[16]」（以下、［ ］内は引用者による補足説明）おり、実質的に、反ナチ運動のために殺害されたドイツ人を追悼することに主たる目的が置かれていたとされる。こうした展示と追悼の在り方は「かつての政権に対する抵抗運動に連なろうとする姿勢を示し、新しい国家のアイデンティティを明らかにすることにはなるが、それは自分たちによる犯罪に直接的に目を向けるものではない[17]」として批判されている。

付言すれば、ナチズムに関する追悼施設ではないものの、この時期の旧西ドイツでは、ベルリン封鎖や東西ドイツ分裂など、五〇年代に生じた歴史的出来事との関連で、追悼施設や祈念碑を設立する気運が生じていた。ナチズムの歴史は容易に共産主義圏の「現状」と接続され、「全体主義」として一つに括られる傾向があった。一九五三年六月一七日の後、複数の「全体主義に対する警告碑」が建設され、ナチズムと共産主義の犠牲者に対する哀悼の意が示された。その場合、実際には、当時の反共産主義志向が多分に意識されていたという（ベルリンのライニケンドルフに建立された「暴力への警告碑」などはその典型であった）。また、この時期、既存の追悼施設に残された〈敵〉を顕彰する要素を取り除くなどの変更が加えられたことにも、前述の冷戦構造の反映をうかがうことができる（一九五〇年代末、ノルトライン―ヴェストファーレン州の州議会が、ドイツにおけるソビエトの軍事捕虜の最大収容所の生存者たちによって設立されたオベリスク（四角柱）から赤旗を取り除き、それに代わって二重の十字を取り付けたことなど）。

以上の通り、ナチズムの記憶を呼び起こす追悼施設について、東西ドイツの政治的対立におけるイデオロギー操作の次元を超えて、戦時中そこで何が生じたかということについての関心の高まりとともに追悼施設が注目されることは、一九五〇年代にはまだほとんどみられなかった。「西側と東側に大きな相違はあまりなかった」[18]とされるのは、そのような意味においてである。東側において大々的な旧収容所の追悼施設化が進行したことが確認されるにもかかわらず、この時期は「歴史的な犯行現場の沈黙」（ガルベ）の時代として特徴づけられている。

（3）六〇年代から八〇年代まで――「過去の克服」開始、停滞、そして本格化の時代

ナチズムに関する「記憶の場」が一九五〇年代まで「沈黙」状態であったとみなされたのに対して、一九六〇年代は、とりわけ西側の変化を意識して、「追悼施設設立開始の時代」（ガルベ）として位置づけられている。旧西ドイツでは、一九五九年から六〇年にかけて、ユダヤ人墓地荒らしやハーケンクロイツ落書き事件など若者のネオナチ化が社会問題として浮上するなかで、歴史教育の在り方が見直されるようになり、その傾向のなかでナチズムの記憶に関する場所に追悼施設を建設する動きが活発化した。その嚆矢となったのは、一九六五年、ダッハウ強制収容所跡に設立された追悼施設である。旧西ドイツに残された旧強制収容所のなかで最初の追悼施設となったこのアーキテクチャーでは、展示室、映像室、史料室が備えられ、また旧収容室も修復されて、訪問者が観察できるように整備された。被迫害者の団体による要求レベルには達していなかったものの、職員も配置されて本格的な運営がなされた。追悼施設建設を求めたのは、かつての被収容者たちが一九五五年に結成した国際ダッ

図3　ハンブルク近郊　ノイエンガンメ強制収容所内モニュメント
（撮影年 2008 年、撮影者對馬達雄）

ハウ委員会で、バイエルン州がそれを財政的に支援した。ダッハウ以外にも、ベルゲン＝ベルゼン旧強制収容所の追悼施設（一九六六年）、また、ベルリンのベンドラーブロック旧拘留所におけるドイツ人の抵抗に関する追悼施設（一九六九年）などが、この時期に設立されている。

それに続く一九七〇年代、旧西ドイツでは、経済的な発展の影に隠れて、追悼施設文化はふたたび沈黙の時代を経験したが、一九八〇年代になると、市民参画をともなうかたちで、追悼施設の設立がようやく本格化していった。アメリカ合衆国のテレビドラマ『ホロコースト』（一九七八年）に対する大きな反響、「第三帝国」に関する歴史を明らかにしようとする諸団体の活動などが契機となって、ナチズムの記憶の場に追悼の施設・モニュメントあるいは情報センターなどが設立される動きがみられた。ノイエンガンメ旧強制収容所の資料館（一九八一年）（図3）、ヴェーヴェルスブルクの収容所博物館（一九八二年）、エムスラント郡の収容所群に関する情報センター（一九八三年）などが設立されたほか、エッセンの旧シナゴーグ（一九八〇年）や障害者に対するT４作戦（安楽死計画）が実行されたハダマー旧精神病院（一九八三年）のように、収容所跡地以外にもナチズムの記憶を想起させるさまざまな場所が追悼施設建立の場となった。この時期、そのように歴史的な場所における記憶文化が拡張したことは、ナチによる暴力とナチに対する抵抗に関する歴史的な究明のための視界が拡大したことを示唆しているといえよう。ユダヤ人犠牲者がテーマの中心をなしつつも、ナチによって虐げられた「精神疾患者」、「反社会分子」、同性愛者など、いわゆる「忘却された」犠牲者たちにも、徐々に関心が向けられるようになった。[19]

（4）一九九〇年代以降――戦争を知らない世代による第二次観察の時代

一九八〇年代初頭に始まった「追悼施設運動」とでも呼ぶべき以上のような動向は、九〇年代に入って、東西ドイツの統一などを重要な契機として（後述）、さらに強まっていった。一方において、ナチズムの時代を体験した世代による証言や告白が蓄積され、他方において、戦争を体験していない世代によって過去を第二次観察をおこなうような試みが積極的になされるようになった。そのような歴史的文脈のなかで、追悼施設の発展が広く公的な行為として認知されるようになり、社会全体に根ざした記憶文化の構築が企てられるようになっていった。ナチズムのテロが生起した場所を中心としつつ、ユダヤ人の生活や抵抗の場、迫害をおこなった組織が拠点を置いていた場、ナチズムに対する政治的な抵抗の場などのような多様な場所に追悼施設が建てられた。デュッセルドルフ、エッセン、ケルン、ミュンスターなどに史料館が開館し、ナチズムに関する展示やそのほかの催し物がおこなわれた。ユダヤ人の移送と殺害についてナチ政府高官たちが協議した場所につくられたヴァンゼー会議記念館（一九九二年）、旧国家保安本部《ライヒスジッヒャーハイツハウプトアムト》跡に設立された国際的な文書センターおよび交流センターである「テロのトポグラフィー」（一九九二年）、ハンス・ショルらによる学生抵抗グループに関する展示をおこなっているミュンヘン大学構内の白バラ記念館（一九九七年）、ヒトラーが長らく保養地として使用し、後にナチの重要な拠点ともなったオーバーザルツベルクの資料館（一九九九年）、ニュルンベルクにおけるナチ時代の未完の巨大な会議堂跡を使用した「帝国政党大会会場資料センター」（二〇〇一年）などが、この時期を代表する追悼施設関連のアーキテクチャーである。また、ベルリン・ユダヤ博物館（二〇〇〇年）、「虐殺されたヨーロッパのユダヤ人に捧げる慰霊碑」（二〇〇五年）なども、こうした追悼施設の系列のうちに含むことができるだろう。

以上で概観したような九〇年代に加速したナチズムに関する追悼施設の増加を数量的に示すことは難しいが、そうしたなかで、以下のようなガルベの研究は貴重である（図4）。彼は、ナチズムに関する常設展の数を調査した。その結果、一九八〇年代半ばに旧西ドイツ側で一〇あまりの常設展が確認されたが、その一〇年後、九〇年代半ばには、統一ドイツ国内において同様の常設展がおよそ六〇に増加していた。今日、ナチズムに関する常設展を備えた追悼施設の数は、一〇〇を超えるという。

さらに、ガルベは、旧東西ドイツにおける追悼施設の相違を知るために、ハンブルク近郊にあったノイエンガンメ強制収容所に関するより詳細な調査をおこなっている。同強制収容所には、合わせて八四の外部収容所がドイツ各地に存在した。そのうちの七五施設は旧西ドイツ地域に、また九施設が旧東ドイツ地域に位置している。ガルベは、この外部収容所に備えられた追悼・祈念を目的とするアーキテクチャー（祈念碑、碑文、警告碑、追悼施設など）の数を調査することによって、西側と東側の追悼施設状況の相違を概観しようとした。その結果、旧西ドイツでは、該当する七五施設において、一九七九年までの戦後およそ三〇年間で、二五の関連アーキテクチャーがつくられたのに対して、その後、一九八〇年から今日にいたるまでの間に、六つのアーキテクチャーが設えられていることがわかった（図5）。

旧東ドイツでは、該当する九施設において、一九七九年までに一四のアーキテクチャーがつくられたこと、また、一九八〇年からは新たに建立されたアーキテクチャーは五つ（そのうち三つは東西ドイツ統一後）であったこ

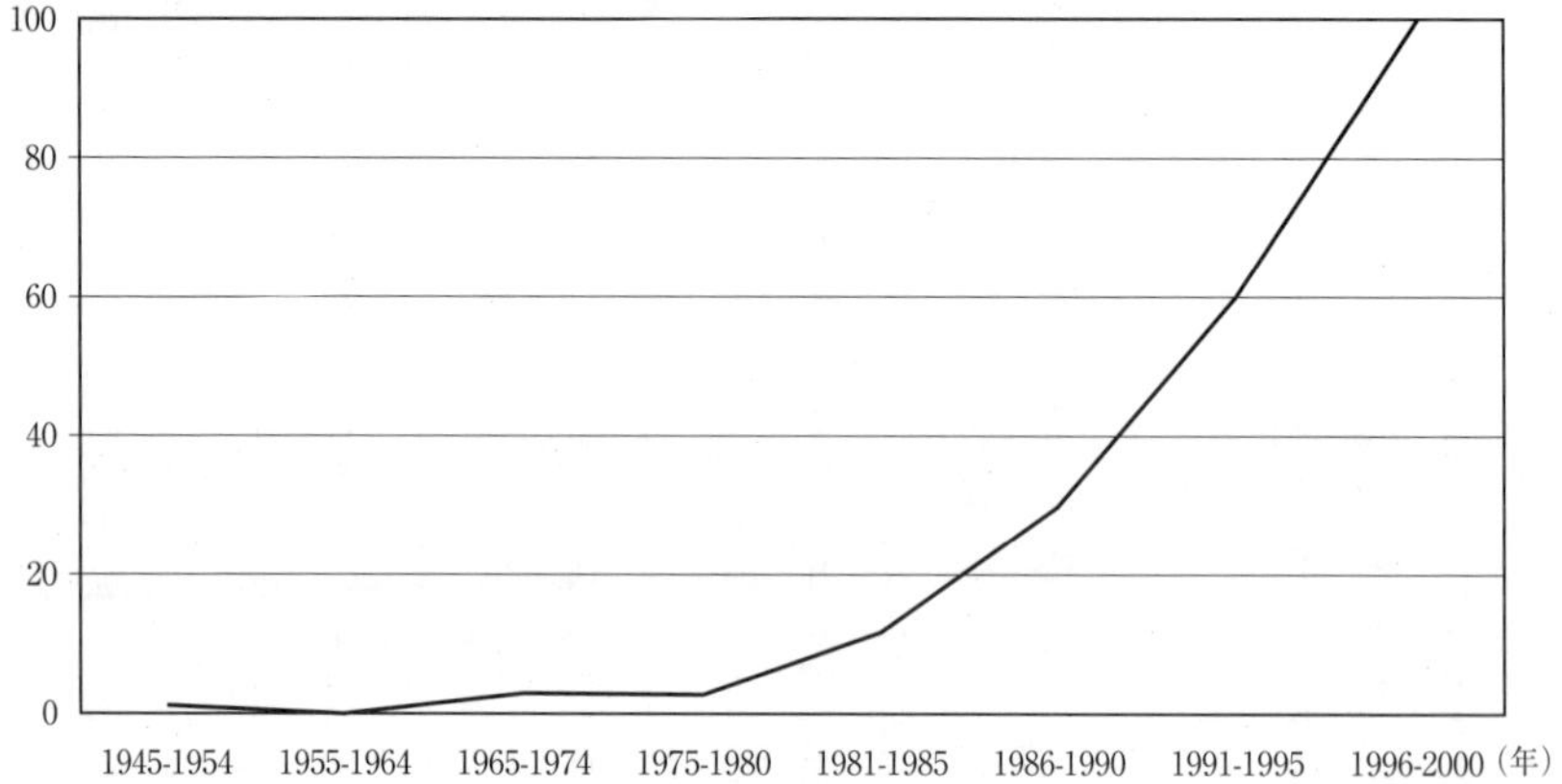

図４　ドイツにおいてナチス支配の犠牲者に関する展示をおこなっている追悼施設の数（1989 年までは旧西ドイツのみが対象）

出典：D. Garbe: Von der Peripherie in das Zentrum der Geschichtskultur. Tendenzen der Gedenkstättenentwicklung. in, B. Faulenbach/Fr.-J. Jelich（Hrsg.）: *„Asymmetrisch verflochtene Parallelgeschichte?" Die Geschichte der Bundesrepublik und der DDR in Ausstellungen, Museen und Gedenkstätten.* Essen 2005, S.74.

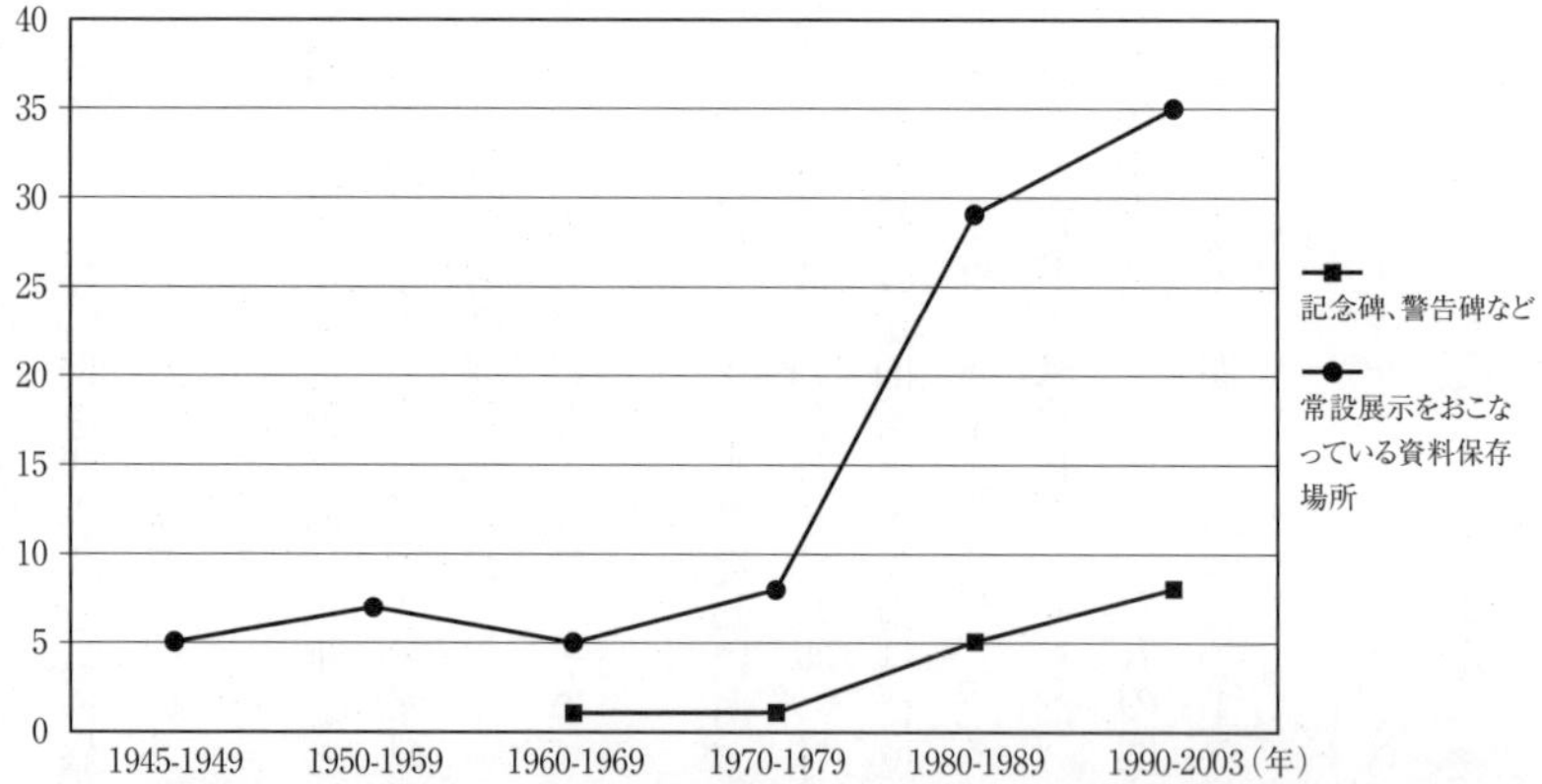

図５　終戦時西ドイツにおける大量殺戮の場およびノイエンガンメ強制収容所の外部収容所 75 施設に関する追悼施設の設備数（旧西ドイツ地域）

出典：D. Garbe: Von der Peripherie in das Zentrum der Geschichtskultur. Tendenzen der Gedenkstättenentwicklung. S.75.

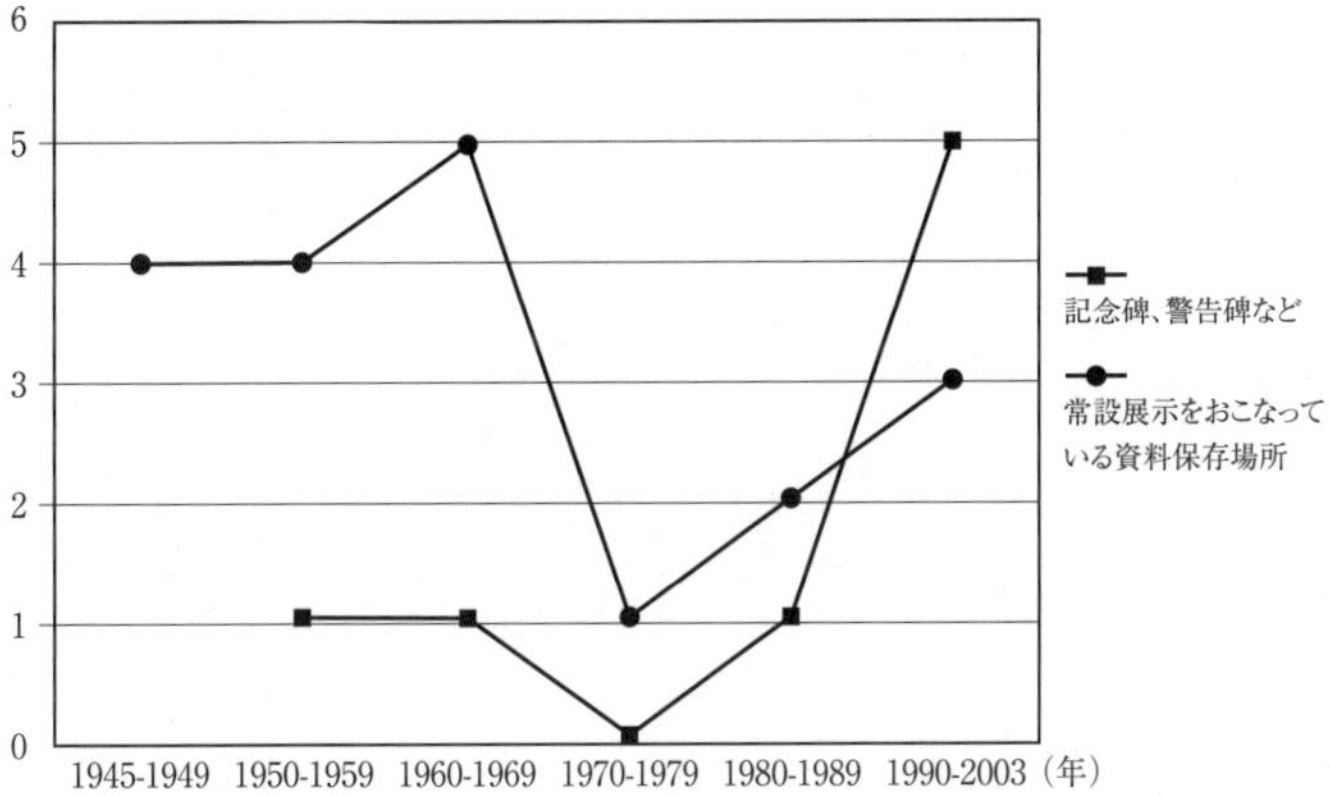

図６　終戦時東ドイツにおける大量殺戮の場およびノイエンガンメ強制収容所の外部収容所９施設に関する追悼施設の設備数（旧東ドイツ地域）

出典：D. Garbe: Von der Peripherie in das Zentrum der Geschichtskultur. Tendenzen der Gedenkstättenentwicklung. S.75.

とが判明した（図６）。東西の地域のいずれにおいても、九〇年代に追悼施設文化が活性化されたことが見て取られるが、過去の状況との比較という点でいえば、とりわけ旧東ドイツ地域における追悼文化の浮沈は注目される。東ドイツの方が、西ドイツよりも早めに情報の保存および提供を手がけたが、その後、そうした傾向が著しく衰退した。けれども、東西ドイツ統一後に記憶文化の見直しおよび記憶の場が有する意味の再発見とともに、政治的に問題があると判断された碑文が撤去され、同時に、新たな追悼施設が整備された。九〇年代を経るなかで追悼施設の密度がとくに旧東ドイツ地域で高まったことは、先に示した図１および図２（本書258頁）の追悼施設地図においても確認されるが、ガルベの調査は、あらためてそのことを傍証しているといえる[20]。

第2節 「追悼施設教育学」の誕生――〈追悼施設《ゲデンクシュテッテン》〉と〈教育学《ペダゴーギク》〉を結合する力学

(1) 「文化的記憶」装置としての追悼施設

ナチズムに関する追悼施設が数多く設立されるようになると、そのような施設における多様な活動が試みられるようになった。ここでいう追悼施設の活動とは、具体的には、ナチズムの記憶を収蔵し、提示し、そこで生じた出来事の想起へと訪問者たちを導くような営みのことである。ナチズムに関する追悼施設の場合、犠牲者への慰霊の要素とともに、ナチズムへの反省を促す教育と学習という要素が色濃く含み込まれている。

ところで、追悼施設を構成するアーキテクチャー、物品、資料などは、それ自体に訴えかける力があるとしても、訪問者たちを自動的にナチズムへの反省へと誘うわけではない。そこで、伝達への配慮が必然的に重要視されるようになった。深い反省と結びついたナチズムの記憶へと導くことが目的として、つまり、教育が目的として意識される場合、「記憶の場」の構造化と演出という要素が、おのずとそこに入り込まざるをえない。そのような「想起の教育化[21]」がドイツにおいて進行し、その結果として、そうした省察および実践を総称する「追悼施設教育学《ゲデンクシュテッテンペダゴーギク》」というカテゴリーが誕生したのである。

「追悼施設教育学」は、もともと厳密に教育学の部分ディシプリンとして確立されたジャンルのひとつというわけではなかった。エバーレが的確に指摘している通り、理論的にも、また実践的にも、十分に体系的に組み上げられていった専門領域というよりは、むしろ、追悼施設における活動の目的および方法に関する「さまざまな試みとその成果がつねに更新されていく課題のカタログのうちに堆積していった[22]」結果が、事後的に「追悼施設教育学」と呼ばれるようになった、と表現した方が適切である。追悼施設として構造化された「記憶の場」において適切な学習の機会を提供するという新たな課題は、教育学の伝統にとって新しく、また、博物館に代表される情報関係施設の伝統にとっても新しかった。追悼施設における教育活動という新たな領域にこうした特有の名称を付与して輪郭を与えようとした者たちの多くは、ほかならぬ追悼施設を活動の場とする人びとであった。

出版物の次元に着目してみよう。「追悼施設教育学」の名称が著作名として頻繁に使用されるようになったのは、一九九〇年代半ばであったが[23]、関連出版物をつぶさに追ってみると、「追悼施設教育学」という語は、すでに一九八〇年代後半から用いられ始めていたことがわかる[24]。関連する組織に注目してみても、やはり、一九八〇年代後半から、独自の領域としての「追悼施設教育学」を支援するための団体が数多く設立されていたことが判明する。一九八七年、「テロのトポグラフィー」プロジェクトが発足して以来、同プロジェクトの組織が追悼施設における教育・啓蒙活動に関する情報の発信源となっている。また、一九九七年には、ドイツ強制収容所追悼施設研究チームが発足し、「追悼施設教育学」にも関連する検討をおこなっている。さらに、二〇〇〇年、追悼施設教育（学）者研究チームが結成され、定期的に検討会が開催されている。国際的には、ホロコースト教育・記憶・研究のための国際共同プロジェクトチームの活動が、ドイツにおける「追悼施設教育学」と関連づけられるようになった。

（2）「追悼施設教育学」誕生の背景――学校外部への誘い

以上のことをもとにしていえば、「追悼施設教育学」は、一九八〇年代に生誕の時期を迎えたということができる。では、なぜ八〇年代が「追悼施設教育学」の誕生期となったのか。追悼施設と教育との結節の背景を、両領域のそれぞれにおいて蓄積された議論のうちに探ってみよう。まず追悼施設の領域においては、八〇年代に「メディア、歴史授業、追悼施設」[25]などをとおして徹底的にナチズムの記憶の再提示（表象化）が開始されたが、その重要な背景として、「コミュニケーション的記憶」から「文化的記憶」への移行が、戦後四〇年が過ぎ去ろうとしていた当時の状況において、不可欠であったことをあげることができる。[26] 記憶伝承形態に応じてなされる「コミュニケーション的記憶」と「文化的記憶」という分類は、よく知られる通り、ヤン・アスマンによるものである。前者は、体験者の直接的なコミュニケーションによって媒介される記憶のことであり、後者は、組織された学習などによって媒介される記憶のことを指している。[27] 時間の経過によってナチズム時代の証言者たちを失いつつある状況が進行し、ナチズム由来の場所や物だけが残される。そのような場所や物に解釈の文脈を与えてきた「コミュニケーション的記憶」に代わって、文脈付与機能を備えた追悼施設が「文化的記憶」の装置として重要性を帯びてきた、というのである。[28]

一方、教育領域における「追悼施設教育学」誕生に関する議論を鳥瞰してみると、そのための肝要な前史として浮上してくるのは、戦後の旧西ドイツにおける政治的・歴史的教育の伝統であり[29]、とりわけ、それに先立つ七〇年代の「解放」への教育およびそのことと結びついた歴史教育の改革である。周知の通り、旧西ドイツでは、六〇年代後半から七〇年代にかけて、当時の学生運動などとも隣接するかたちで、権威に抵抗する教育の可能性を探求する批判的な教育学（解放的教育学）が、フランクフルト学派の第二世代であるユルゲン・ハーバーマスらの理論を基盤として展開された。[30] 歴史教育の分野では、七〇年代に「歴史意識」や「解放」が重要視され、子どもたちが主体的に歴史と向き合うことが積極的に促されるようになった。[31]

そのような流れのなかで、ドイツの歴史に関する児童・生徒コンテストによる連邦大統領賞が創設され、それによって、児童・生徒自身が歴史研究者たちの役割を引き受けて歴史の痕跡を探索するためのきっかけが与えられた。[32] 本章の関心から重要なことは、このコンテストにおいて、一九八一年および八二／八三年の二度にわたって「ナチ時代の日常」が主題として設定され、約三四〇〇作品の応募があったという事実である。エバーレは、ナチズムの歴史に関する「こうした最初の痕跡探求のプロジェクトが、追悼施設において、また追悼施設をめぐって生起した教育実践の内容上および方法上の範型となった[33]」のであり、それによって、「一九八〇年代初頭から、学校内外の教育において、地域に残された歴史的出来事やナチの過去の痕跡を探る活発なプロジェクト活動がおこなわれ、今日に至るまで続いている[34]」と指摘している。

(3)「追悼施設教育学」を活性化したドイツ統一

八〇年代に続いて九〇年代に視野を移してみる時、追悼施設と教育が密接に結びついていった背景として、東西ドイツの統一が重要であったことが点滅してくる。一九八九年にドイツが統一した後、「当然のことながらイデオロギーやナチズムの蛮行に関する偏った見方をも分断してきた二つの異なる政治的な追悼への視角の突き合わせ[35]」が喫緊の課題として浮上し、旧東ドイツと旧西ドイツの追悼施設の在り方がより詳細に比較検討されるようになった。記憶がいかに相対的なものであるかということは、アカデミズムの世界においてはすでにこの時期より以前から強調されてきたことであったが、東西ドイツの統一によって、ドイツ人は、あらためてそのことを具体的で身近な問題として体験することになったのである。

さらに付言すべきは、統一後、旧東ドイツに位置していたナチズムの強制収容所（ブーヘンヴァルト、ザクセンハウゼン）が、一九四五年以降、ソビエト秘密警察の「特別収容所」として使用されていたことが判明したことである。そのような旧強制収容所は、「二重の過去を背負った場所」として、つまり、ドイツにおける最重要の「記憶の場」として人びとの注目を集めた。そして、「ナチズムの蛮行に対する想起を同じ場所に重ねて混濁させることなく、スターリン主義の蛮行あるいは旧東ドイツにおける政治的迫害に関する適切な追悼をどのようにおこなうことができるのか[36]」ということが議論された。九〇年代のこうした経緯もあって、ナチの旧強制収容所は、戦後のドイツ史を貫くような記憶文化の中核となっていった。また、エバーレの指摘によれば、ドイツ統一によって、「追悼施設教育学」の領域において、ナチズムの過去とともに、広義の人権侵害（独裁、戦争、追放、ジェノサイド）がテーマとされることが多くなったという[37]。

東西ドイツ統一がナチズムの記憶への意識を強めたこと、そして、そのことが追悼施設の重要性を高めたことについては、傍証の事例にことかかない。たとえば、一九九一年一〇月三日のドイツ統一記念日に、ドイツ連邦共和国主催の祝儀がはじめて開催された時、式典において、開催地となったハンブルクの市長であるヘンニンク・フォシェラウは、この日を統一化の喜びを祝うための機会とするだけでなく、ドイツが分裂する原因を想起するための空間を作り出す機会とするように促した。そのための空間として指名されたのが、ハンブルク近郊のノイエンガンメ強制収容所であった。

追悼施設の充実に向けて支援を受けたのは、大規模な強制収容所だけではなかった。政権が交代した一九九九年の七月、文部大臣ミヒャエル・ナウマンは、全国の追悼施設に関する構想を提示し、西側における大規模の強制収容所（ベルゲン・ベルゼン、ダッハウ、ノイエンガンメ）に対する支援拡大のみならず、「記憶文化の脱中心化」のために地方自治体や個人が支える諸追悼施設を援助する計画を示した。かつては、追悼施設の充実という案件は、一般的傾向としていわゆる「政治的左派、労働組合、ドイツ社会民主党あるいは緑の党」によって重視されていたが、ドイツ統一を重要な契機として、限定された圏域を超えて「追悼施設に対する関心は社会の中心部へと浸透[38]」していくことになり、それとともに、大小さまざまな追悼施設に目が向けられることにもなっていった。

教育や学習という要素が追悼施設という場に強く接岸するという今日のドイツで広くみられる傾向は、以上のような流れのなかで強まっていった。「追悼施設が国民国家にとって重要な意義を有しているのだという徐々に形成されてきた社会的な合意が、とりわけ「学習の場」という概念の確立としっかりと結びついている」ことは、「今日、どの公的な追悼の挨拶においても言及されるほど」であるという[39]。

第3節　「追悼施設教育学」の論争点
――〈追悼《ゲデンケン》〉と〈教育学《ペダゴーギク》〉を〈場所《シュテッテン》〉に結合することの不安定性

(1)「追悼施設教育学」の非体系性批判

「追悼施設教育学」は、いったい何をもたらしたのだろうか。少なくとも、教育や教育学の領域においては、「追悼施設教育学」によって、ある種の拡張が「歴史的な政治教育（学）」にもたらされたということができる。それは、第一にナチズムに関するテーマの拡張であり（ナチズムに関する教育から広義の人権教育へ）、第二に教育メディアの拡張（教科書からアーキテクチャーへ）であり、第三に教育の対象者の拡張（学校教育から生涯教育へ）である。その点において、「追悼施設教育学」は、教育や教育学の領域において新しさを帯びていた。

だが、既存の教育や教育学に対するきわめて意識的な批判を土台にして、「追悼施設教育学」がこうした新しさをもたらしたかといえば、そうではなかった。エバーレが指摘している通り、「追悼施設教育学」は、往々にして追悼施設で教育活動をおこなう人びとがなした実践とその記録の秩序なき羅列という様相を呈している。「追悼施設教育学」はいまだに歴史的および内容的な定義や体系性を欠いたままであり、また、「いかにして追悼の場において罪と責任に向き合うことができるのか、いかにして加害者の視点と被害者の視点を相互に関連づけられるのか、といった問いが専門書において議論されないままになっている[40]」、という嘆きがしばしば聞かれる。要するに、「追悼施設教育学は構築された［既成の］理論立てのなかに実践に関する下位ディシプリンとしての重要な場を見出していない[41]」のである。

教育学という専門ディシプリンの傘下に、「追悼施設教育学」という下位ディシプリンがどのていど根付いているかを推し量るための指標として、教育学の事典・辞典類を用いることができるだろう。ドイツ語圏における主立った教育学事典・辞典類を最近公刊されたものも含めて閲覧してみたが、「追悼施設教育学」の項目は管見のかぎりまだみられない。また、ドイツ語圏の主要な教育学関連の専門雑誌において、追悼施設における教育に関連した論文が掲載されることは、少なくとも一九九〇年代までは皆無であった(42)。

「追悼施設教育学」が教育学の下位ディシプリンとしての成熟性をいまだ帯びていない原因は、教育学のなかに新たに芽生えた下位ディシプリンの歴史の浅さに求められるかもしれないし、あるいは、理論的努力の不十分さに帰されるかもしれない。だが、はたしてそうだろうか。そのような理由に回収されつくされないような「追悼施設教育学」に潜むより根本的な問題が、「追悼施設教育学」からいくらか距離を取っていわば第二次観察をおこなう論者たちによって示唆されている点には、注意を払うべきだろう。「追悼施設教育学」の体系性をいわばその内側から脅かしている要因とは、いったい何だろうか。

(2) 構造的欠如としての「記憶の道具化」

「追悼施設教育学」は、大きく分けて追悼施設に関する教育実践の層とそのような実践を対象とする理論の層から成っている。さらに、理論の層は、教育実践の目的、方法、内容についての検討を主要なねらいとするような実践により近い省察と、そのような実践から距離を取ることによって「追悼施設教育学」の特徴をいわば第二次観察的に捉えようとする省察によって構成されている。この「追悼施設教育学」における第二次観察的な省察やそれに隣接する歴史学的な考察に注目してみると(43)、「追悼施設教育学」がその中核に抱えている根本問題がしばしば指摘されていることがわかる。

第二次観察者たちが示唆していることは、「追悼施設教育学」が「真正」な体験の伝達を追求しながらその不可能性を認知せざるをえないという構造的欠如をその根本に宿している、ということである。(44) たとえば、これまでみてきた通り、ドイツでは、歴史的な出来事が実際に生じた場所を「真正な場所」とみなしてそこに追悼施設が建てられることが多かった。けれども、そのような場所でさえ、時間の経過とともに生じる風化のために、もはや原状のまま現前しているわけではない。たとえ原状に近い様子が認められたとしても、そのためには、保存するという〈作為〉が入り込まざるをえないだろう。要するに、「真正」とみなされている「今日見られる場所は、かつてのものと同じではな」く、「ある特定の印象を生じさせるために造られた演出空間(45)」としての側面を有していることは否めないのである。そのような「構成された真正さ」は、場所に関してのみいえることではない。「真正」な経験そのものに関しても、同様のことが指摘されている。「その場で直接関わった人びとのうちにとどめられている」はずの「真正な経験」は、「言葉の伝達力の限界」の彼方にあるとみなされるからである。(46)「追悼施設教育学」は、そのような伝達の不可能性を前提として、それでもあえて何かを伝達しようとする試みとならざるをえない、というわけだ。

さらに、「追悼施設教育学」に対しては、何かを伝達しようとする意図そのものにも、疑義が向けられている。しばしば耳にする批判とは、「文化的記憶」の装置としての追悼施設は、不可避的に「記憶の道具化」という側面を有してしまう、というものである。この場合の「記憶の道具化」とは、ある特定の政治的な目論見のために記憶を加工しようとするきわめて意図的な操作のことだけを指しているのではない。ヴェレーナ・ハウクが端的に指摘している通り、「追悼施設教育学」において、「犠牲者に対する「目的に拘束されない想起」であるはずの追悼は「歴史から学ぶ」こと［という目的］と緊張関係にある」のであり、したがって、そのような問題は「つねに追悼施設において人間形成と教育がおこなわれる際のパラドックスに満ちた条件の一つでありつづける(47)」ほかはない。そのような意味において、「追悼施設教育学《ゲデンクシュテッテンペダゴーギク》」は、〈追悼《ゲデンケン》〉と〈教育学《ペダゴーギク》〉を特定の〈場所《シュテッテン》〉に結合することの不安定性を、その根底に抱えているのである。

(3) 〈対抗追悼施設〉的思考と「追悼施設教育学」の臨界域

それでは、「真正な経験」の伝達不可能性と「記憶の道具化」に対する危惧を前にして、「追悼施設教育学」の不可能性が宣言されるほかはないのだろうか。ナチズム研究者ノルベルト・フライによる「ホロコーストの道具化」についての言及は、そのような問いに否と回答する可能性を示唆している。

過去が想起される時、道具化作用はずっと以前からみられたし、今もなおみられる。つまり、こういうことだ。どのような場合でも、ある選択がなされるのであり、なぜ忘却から守られ救い出されるのがこれであってあれでないのかということの根拠がつねに存在するのである。……したがって、理論的には……「ホロコーストの道具化」に対するお高くとまった誤った警告に心を動かされる必要はない。実践的にも、「道具化批判に傾聴すべきであるとする」根拠は何もない。というのも、こうした批判者の誰もまだ、ホロコーストとの「正しい」道具的でない付き合い方がいかにあるべきか、ということを説明していないからである。(48)

ある過去の想起が別の過去の忘却を惹起してしまうことを知ったとしても、私たちは選択という行為から完全に自らを遠ざけることはできないし、そのことを回避して理論を構築することなどできはしない。「道具化」の危険性を自覚しつつ過去と向き合うために「道具化」を不可避のものとして容認すること――「記憶の道具化」を運命として引き受けるという一種の〈開き直り〉――に対しては、異論の余地もあるだろう。だが、いずれにせよ、ここで注目している「追悼施設教育学」に関していえば、フライが示したような〈開き直り〉のうえにしか「追悼施設教育学」は成立しえない、ということが、ここで強調されねばならないだろう。「追悼施設教育学」における議論は、「記憶の道具化」の是非をめぐってなされるのではなく、より「適切」な「記憶の道具化」を可能にするような条件に関する複数の問いをめぐってなされている。「真正」な場所や物品そのものが人びとの心を揺り動かす効力に期待するか、それとも、場を構成するアーキテクチャーの力（電子空間上の構成も含む）こそがその源であるということを支持するか。ナチズムというドイツに生じた出来事に焦点化して過去を伝承するか、それとも、広義の人権問題というより普遍的なテーマへと拡張するか。ナチズムを繰り返さないというメッセージを柱とする強い導きを志向するか、それとも、導きの作用については緩やかに見守る立場をとるか。そのような議論に対する回答の方向性は、いまだに定まっていない。

記憶の伝達不可能性および「道具化」という「追悼施設教育学」の構造的欠如は、「追悼施設教育学」の非体系性をもたらすものとして否定的に受け取られかねないが、見方を変えれば、追悼施設の教育に関する意味世界《ゼマンティーク》を拡張し、実践のバリエーションを増加させている源泉であるともみなしうる。そのような意味において、こうした構造的な欠如は、一方で、「追悼施設教育学」の存立そのものを脅かしているが、他方において、その存立基盤ともなっているのかもしれない。

それにしても、である。先ほどあげたより「適切」な「記憶の道具化」をめぐるさまざまな問いへのいくつかの回答のうち、場を構成するアーキテクチャーの力、広義の人権問題、より緩やかな導き、という各要素を選択して組み合わせてみる時、そこに立ち上がるのは、おそらく「追悼施設教育学」ということでかろうじて理解しうる限界の仕掛けのイメージではないだろうか。「ハールブルクの反ファシズム警告碑」（一九八六〜一九九三年、ヨッヘン・ゲルツ／エスター・シャレフ＝ゲルツ作）は、こうした思考実験に、一つの具体像を与えてくれるように思われる。[49]

図7　「ハールブルクの反ファシズム警告碑」（1986-93年、ヨッヘン・ゲルツ／エスター・シャレフ＝ゲルツ作）
注：小窓から地下に埋められた金属柱を確認できる。扉の横には、柱が埋められていく過程を撮影した写真と説明文が掲げられている（撮影年2009年、撮影者　山名淳）。

このモニュメントは、高さ一二メートル、幅一メートルの四方の金属柱から成っていた。「成っていた」と過去形で記したのは、この柱が時間の経過とともに地下に埋め込まれていったからである。そのような埋め込みの過程もまた、このモニュメントの重要な一部をなしていた。ハンブルク近郊のハールブルクの街にかつて聳え立っていたその金属柱の傍らには、訪問者の署名を呼びかける掲示板が掲げられていた。それにしたがって、亜鉛でコーティングされた柱の表面に署名やメッセージが鉄筆で刻み込まれていった。そして、書き込みが一定程度に達すると、その部分が地下に埋められていったのである。かつて警告の塔がここにあったことを知らしめるのは、いまや地表の一部をなしている柱の頂上部分と、警告碑が埋められていく過程を示す写真と説明文と、そして地下道の壁につくられた小窓から眺めることのできる地中に眠る柱の一部だけである（図7）。

この警告碑は、〈追悼〉と〈場所〉と〈教育〉とが結びつくことの必要性を主張しない。柱に刻まれたのは、ファシズムへの反対声明への署名だけではなかった。このモニュメントに対する暴力ともいえる鉤十字の落書きや弾痕も、そこには含まれていた。それらのすべてを現代の状況を映し出す情報として受け入れて、この鉄塔は、最終的に自らの姿を地中へと隠していったのである。この「対抗モニュメント」〈制作者であるゲルツ夫妻は、この警告碑をそう形容している〉は、ナチズムとホロコーストに反対するためのモニュメントでありながら、モニュメントに頼らない主体的意志の立ち上がりを期待するアイロニカルな創作物である。別言すれば、「……を思い出せ」という脅迫に満ちた命令を含む「記念碑の権威主義[50]」に抗う記念碑の典型が、このハールブルクの警告碑にほかならない。

こうしたアーキテクチャーが目指しているのは、〈強い導きとしての〉教育ではない。それはまた、追悼を促しながら、それも強いることがない。さらに、このアーキテクチャーは、自らが場所を必要としているにもかかわらずその姿を消滅させていくという意味において、場所という要件を極限にいたるまで薄れさせていく。そのかぎりにおいて、「対抗モニュメント」は、〈追悼〉と〈場所〉と〈教育〉の結合に対して疑義を唱えるような性質を持ち合わせているといえる。「追悼施設教育学」は、その臨界域にいわば「対抗追悼施設」的な要素を抱え込んでいるのである[51]。

おわりに――〈第二次的抵抗〉としての「追悼施設教育学」

(1)〈第一次的抵抗〉との連続面と非連続面

本章を締めくくるにあたり、考察の出発点とした對馬の問題視角のもとにここで検討した「追悼施設教育学」を捉え直し、それをとおして、〈第一次的抵抗〉と〈第二次的抵抗〉との関連性および相違点について論じてみたい。

第二次世界大戦後、忘却の危機に見舞われた反ナチ運動〈ここでいう〈第一次的抵抗〉〉は、各地に結成されたナチに抑圧された人びととその関係者の自助組織による活動などを背景として、記憶文化上の「復権」を果たすことになった。その際に重要な契機となったのは、對馬によれば、一九五二年三月のレーマー裁判であった。この裁判の判決は、「言論界に肯定的に受けとめられ、世論形成にも大きな力となった」[52]。對馬は次のように述べている。

当然ながら抵抗運動の復権は、国民の政治意識形成の啓発をめざす政治教育のありようにも影響を与えている。一九五二年から五四年にかけておこなわれたテオドア・ホイス初代大統領の、《七月二〇日事件》記念式典や〈良心の蜂起〉の意義を説くべくベルリン自由大学での講演など国民向けの一連の啓蒙活動は、上記の《救援機関》と連携しマスコミを巻き込んですすめられ、抵抗運動を政治的道徳的な模範として意義づける端緒となった。それは反ナチ行動を後世に記憶させる『民主主義の教材』となったのである[53]。

「民主主義の教材」化とは、一九五〇年代、連邦祖国奉仕センター（一九五二年発足、一九六三年に連邦政治教育センターに改称）における出版・広報活動のなかで、〈第一次的抵抗〉が民主主義というテーマとの関係でとりあげられるようになったことを指している。この時期には、学校においても、歴史教育の枠組みで政治教育をおこなうことの重要性が認識されはじめるようになった。一九六〇年代に入ると、すでにふれた通り、ユダヤ人墓地荒らしやハーケンクロイツ落書き事件など若者のネオナチ化が社会問題として浮上するなかで、歴史教育の在り方が見直され、ナチ支配とそれに対する抵抗の過去が本格的に「教材化」されるようになった。

ナチズムに関する「記憶の場」が追悼空間として構造化されるようになった動きは、ちょうどこの「民主主義の教材化」の動向と符合する。すでにみてきた通り、この時期、想起と追悼をとおした学びのアーキテクチャーが設えられていくようになり、学びのためのメディアが平面（教科書や啓蒙書）から立体（追悼施設）へと移行する端緒が与えられ、そして、両者の連動が試みられた。

〈第一次的抵抗〉と〈第二次的抵抗〉との間には、一方において、連続的な層が確認できる。一つは、〈第一次的抵抗〉の当事者や遺族が、犠牲者たちの埋葬、墓地の整備、記念碑を設立することにいち早く着手したことがあげられる。そのことにより、アーキテクチャーの次元における「民主主義の教材化」の重要な土台が築かれた。〈第一次的抵抗〉と〈第二次的抵抗〉におけるもう一つの連続性は、既述の通り、〈第一次的抵抗〉の記憶が、「民主主義の教材」、つまり、〈第二次的抵抗〉において提示されるべき内容の中核的な構成要素としてみなされた、ということである。さらに、そのねらいに関して言及するならば、ナチズムの世界観に適応していくことのない人間形成を支援するという方向性を共有する点において、「ナチ的価値の呪縛からの《覚醒》」を目標にしていた〈第一次的抵抗〉は、「文化的記憶」上の教育的試みと連続性を有しているといえる。

他方において、〈第一次的抵抗〉と〈第二次的抵抗〉の間には、非連続の層も見受けられる。第一に、追悼施設の設立に関していえば、〈第一次的抵抗〉の当事者やその関係者の関与は、とりわけ初期段階においては重要性が認められるものの、今日の地平からみれば限定的であったことは否めない。とくに一九八〇年代以降、追悼施設はさらなる拡張を遂げたが、そうした戦後五〇年以上を鳥瞰する視点で歴史を振り返る場合、当事者性や政治的な境界線を越えたより広範囲の市民による認知と参画が追悼施設の普及を可能にしたことを強調しないわけにはいかないであろう。第二に、〈第一次的抵抗〉が〈第二次的抵抗〉の次元において記憶の構成要素として照射されることによって図らずも記憶上の影が生じてしまう、という点があげられる。東西のイデオロギー的対立が人びとの社会生活に濃厚に影響を及ぼしていた一九五〇年代以降、〈第一次的抵抗〉者を記憶し顕彰する行為がほかの犠牲者の記憶を薄れさせてしまう危険性が生じていたことを、ここでは想起しておこう。そのような意味において、〈第二次的抵抗〉上の構成要素としての〈第一次的抵抗〉は、諸刃の剣としての側面を有している。

(2) 〈対抗追悼施設〉的思考を超えて——二つの可能性

出発点とした對馬による反ナチ抵抗運動研究の「むすび」は、思想家アドルノの言葉で締めくくられている。「アウシュヴィッツの原理に対して唯一ほんとうに抵抗できる力は、カントの表現を用いれば、オートノミーであろう。それは反省する力、自己規定する力、そして加担しないという力である」という文章が『アウシュヴィッツ以後の教育』(一九六六年)から引用された後、彼は、「本来的に抵抗の教育の〈主体的自己〉、市民的抵抗者の運動目標〈精神的覚醒〉に連なる表現」[54]をそこにみようとしている。

このことについて付言することがあるとすれば、アドルノが、すでに『啓蒙の弁証法』(一九四七年)において、理性と野蛮の二項図式に懐疑の目を向け、理性的なるもののなかにこそ野蛮の萌芽を見抜こうとしていた、ということである。このことは、〈抵抗〉に関してある注釈が必要であることを示唆しているように思われる。ナチズムを野蛮とみなし、〈抵抗〉をその対極にある理性とみなすだけでは、まだ十分ではない。〈理性〉対〈野蛮〉の二項図式を自明視し、自らを〈理性〉の側に位置づけたうえで、他者の〈覚醒〉を促し、〈成人性〉へと導こうとする時、人は往々にして自らに結びつく過去を正当化する記憶を掻き集める。それのみならず、導く者は、導びかれる者に対して、〈理性〉の行く先を先取りして指し示してしまい、図らずもそのことによって、人びとの自律性実現を阻害してしまう。少なくともアドルノが「成人性への教育」(一九七〇年)において主張したことのなかには、そのような主張が含まれていた。〈抵抗〉にとってもおそらく無縁ではないそのような危うさに対する自己省察をも〈抵抗〉の心性は包含していると理解する時、はじめて對馬の〈抵抗〉解釈に関する真意は汲み取られるのではないだろうか。真の「抵抗」と呼ぶべきものがあるとすれば、それは、「抵抗」そのものの存立を脅かすほどの自己省察と自己批判を備えていなければならない。

前述した「対抗モニュメント」は、こうした視点からみれば、〈理性〉の行方を指し示す導き手の存在に依拠することが主体的な取り組みを阻害してしまうことへの処方箋を示唆してくれているのかもしれない。なぜなら、「対抗モニュメント」は、アーキテクチャーという記録メディアの存在が「過去の克服」という問題への主体的な取り組みを目指しながら、図らずもそのような試みを妨害してしまう、ということに警鐘を鳴らすための自己省察的なアーキテクチャーとしての側面を有しているからである。「対抗モニュメント」を生み出す土台を、ここでは〈対抗教育施設〉的思考と呼んだ。それは、前節においては、「追悼施設教育学」を不安定にさせる要因と考えられたが、以上のような文脈からは、むしろ〈抵抗〉のためのオートノミーを実現するための源として理解されることになるだろう。

それにしても、〈対抗追悼施設〉的思考の方に歩み寄ることは、導きの意図を極力抑えること、つまり、教育と私たちが呼んでいる営みから大きく隔たることを意味している。そのこと自体もまた危険であると認識される場合、つまり、「過去の克服」のための導きが微弱なことの問題性の方を強調して、追悼施設における教育的な営みにとどまることを選択しようとする場合、具体的な方策としてはどのような可能性がなお残されているのだろうか。一つの方向性は、「追悼施設教育学」の根底にある不安や不安定性を覆い隠すほどのディシプリンとしての体系性を構築するという道を辿ることに見出される。「追悼施設教育学」の非体系性を認識したうえで、その目標、内容、方法に関する体系化を試みるエバーレの業績などが、その具体例である(図8)。「追悼施設教育学」に関するこの路線での包括的な把握と整理の試みは、むろん、「追悼施設教育学」に直接的に携わる者にとっては不可欠であろう。

考えられるもう一つの提案は、「追悼施設教育学」のアポリアを教材化するという試みではないだろうか。「追悼施設教育学」に可能なことは、空間的メディアの問題を解消することでもなければ、むろん、解かれざる問題をひた隠しにして見かけ上の整合的な教育プログラムを作成していくことでもない。むしろ、重要なことは、空

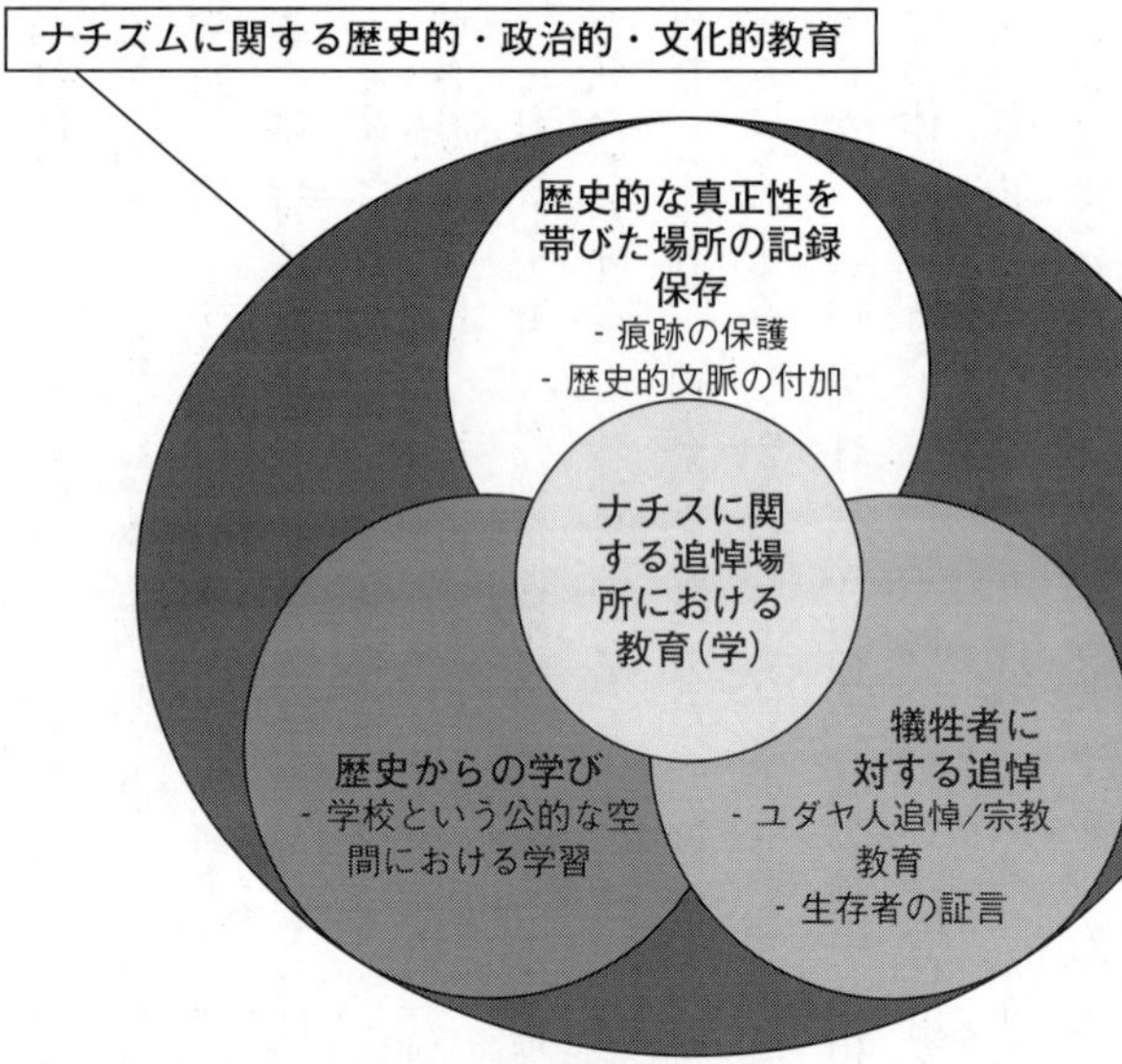

図８　エバーレが提案する追悼施設教育学の体系

出典：A.Eberle: *Pädagogik und Gedenkkultur. Bildungsarbeit an NS - Gedenkorten zwischen Wissensvermittlung, Opfergedenken und Menschenrechtserziehung. Praxisfelder, Konzepte und Methoden in Beyern*. Würzburg 2008, S.239.

間的な記憶メディアが抱えているアポリアを露わにすることであり、できることなら、そのようなアポリアについての議論を教育の裏舞台から表舞台へと置換することであり、またそのことについてともに考えることを教育の一部に組み込んでいくことであろう。なぜなら、記憶メディアとしてのアーキテクチャーほど、ナチズムのような過去の重大な出来事を体験しない世代に当事者の記憶を伝えていくことの重要さと困難さの両方を目に見えるかたちで知らしめてくれる素材はないからである。

「追悼施設教育学」の課題をそのように設定することをとおしてはじめて、「追悼施設教育学」のアポリアがもたらすようにみえる危機は逆に好機にもなりうるのではないか。かつてドイツの歴史に関する児童・生徒コンテストによる連邦大統領賞の創設によって、ナチズムの痕跡を探るという作業に学習者が誘われたように、ナチズムの痕跡を残すという作業の不可避性と困難性に立ち会うことを促す教育的な仕掛けが考えられてもよいのではないか。ナチズムという対象の条件を外せば、このことは、ドイツにだけ当てはまることではない。

＊　本稿は、平成二一―二二年度基盤研究（B）「戦後ドイツにおける『過去の克服』の研究　宗教・家族・政治教育・教育学の再生」（代表對馬達雄）の研究成果である。「テロのトポグラフィー」およびフリッツ・バウアー研究所においておこなったトーマス・ルッツ氏をはじめとする研究スタッフへのインタビュー調査は、本研究の基盤を形成するうえでおおいに有意義であった。また、本研究は、次の研究プロジェクトの成果とも関連している。ここに記して関係者に謝意を表したい。平成二〇年度重点研究費による共同研究「日本における追悼施設の空間構成と教育プログラムの関連性に関する考察――『記憶空間の教育学』の視点から」（代表山名淳）、平成二一年度京都大学大学院GP国際的セミナー「記憶空間（追悼施設およびモニュメント）に関する最先端の臨床教育学的研究の検討および実地調査――感情とアーキテクチャーの関連性という観点から」（代表山名淳）、平成二一年度国際ワークショップ“Emotion als Thema der Gedenkstättenpädagogik: Notizen zum Entwurf einer vergleichenden Untersuchung zwischen Japan und Deutschland. Symposium ‘Happiness, Emotion, Language’: Toward an International Comparative Study”（Kyoto University: The Global COE & The Free University of Berlin: Cluster ‘Languages of Emotion’”（代表C・ヴルフ、鈴木晶子）。

注

（1）對馬達雄『ナチズム・抵抗運動・戦後教育――「過去の克服」の原風景』昭和堂、二〇〇六年。

（2）同前書、ii～iii頁。

（3）　同前書、ⅱ頁。

（4）　最近ドイツで出版された『「過去の克服」事典』（二〇〇七年）では、「過去の克服」の系譜に、一九八〇年代における「受容と抵抗の間にある想起の場」（T. Fischer / M. N. Lorenz (Hrsg.): *Lexikon der »Vergangenheitsbewältigung« in Deutschland. Debatten- und Diskursgeschichte des Nationalsozialismus nach 1945.* Bielefeld 2007, S. 257ff.）に関する議論が、また一九九〇年代における「想起の亀裂とアイデンティティの構想」（*ibid.*, S. 288ff.）に関する議論が、時代のトピックとして位置づけられている。なお、〈第一次的抵抗〉および〈第二次的抵抗〉は、ともに本論文における考察のための造語である。戦中における抵抗の延長線上に記憶文化の理論と実践を捉えようとする際に相応しい両者の呼び名として、これらを用いることにした。だが、本文で述べたとおり、その一方で、両者は、連続性のうえで理解しがたい側面も有している。したがって、〈第一次的抵抗〉および〈第二次的抵抗〉は、そのような非連続的な側面をも洗い出すためのいわば仮止めの概念であり、それゆえ、もしお望みならば、この考察後には破棄されてよい。

（5）　「過去の克服」と関連する記憶文化上の試みについては、周知の通り、「文化的記憶」を鍵概念としたアライダ・アスマンらの歴史的研究などを中心に研究成果が蓄積されている（cf. *ibid.*, S. 257ff., S. 288ff. 松本彰「ドイツ記念碑論争 一九八五—二〇〇八」『ドイツ研究』第四三号、二〇〇九年、四〜一八頁）。また、記憶文化論では顧みられることがまだ少ないが、ニクラス・ルーマンによるシステム理論、なかでも「文化」に関する考察も参照。N. Luhmann: *Die Gesellschaft der Gesellschaft.* 2 Bde., Frankfurt a. M. 1997（馬場靖雄他訳『社会の社会』全二巻、法政大学出版局、二〇〇九年）. N. Luhmann: Kultur als historischer Begriff. in, Ders.: *Gesellschaftsstruktur und Semantik.* Bd. 4, Frankfurt a. M. 1999, S. 31-54.

（6）　このことについては、すでに以下の書評において言及した。山名淳「對馬達雄『ナチズム・抵抗運動・戦後教育——「過去の克服」の原風景』」『西洋史学』第二二七号、二〇〇七年、八二〜八四頁。

（7）　ドイツ語の“Gedenkstättenpädagogik”をどのように日本語訳するかという点については、議論が分かれるところであろう。一般には、「追悼施設教育」と訳されることが多い（たとえば、近藤孝弘『ドイツの政治教育』岩波書店、二〇〇五年）。それに対して、筆者は、これまで「記憶空間の教育学」という語をしばしば用いてきた（山名淳「記憶空間の戦後と教育——広島平和記念公園について」。森田尚人他編『教育と政治——戦後教育史を読み直す』勁草書房、二〇〇三年、二二二〜

二四九頁）。そのような訳語を使用してきたのは、“Gedenkstätten”が「追悼施設」という日本語でイメージされるよりもやや広い意味を帯びていること（追悼を目的としたモニュメントや公園など広義のアーキテクチャーを含むこと）、そして、“Pädagogik”が教育の実践のみならず、教育に対する省察をも包含していることを意識したからである。「追悼施設教育」という訳語では、追悼施設における過去の記憶を伝達する実践に焦点が当てられるが、そのような実践に関する理論を含むというニュアンスが感じられにくい。かたや「記憶空間の教育学」では、追悼のためのアーキテクチャーをとおして過去の記憶を伝達することをめぐる省察という意味を感じ取ることができるが、逆に、具体的な「記憶の場」における伝達の実践がそこに含まれているという想像が難しくなる。すべてを日本語で再現する最適の訳語が見出しがたいということを踏まえたうえで、ここでは「追悼施設教育学」と訳すことにする。したがって、「追悼施設教育学」という語における「追悼施設」がより広義の意味を帯びていること、また、「教育学」ということで意味されることのなかには教育の実践も包含されていることを、読み手の理解に要求しなければならない。

（8）「さしあたり」と述べたのは、現在、過去の「現場」性や真正性をかならずしも要件としない追悼施設が登場しているからである。このことについては、本論の後半部分において言及する。

（9）次の文献を参照のこと。S. Friedlander (ed.): *Probing the limits of representation: Nazism and the “Final Solution”*. Cambridge（Harvard University Press）1992（小沢弘明・岩崎稔訳『アウシュヴィッツと表象の限界』未来社、一九九四年）.

（10）この図に記されているのは、文書や情報のセンターを擁する旧強制収容所に建てられた大規模な追悼施設、旧強制収容所における外部収容所に建てられた追悼施設、旧シナゴーグおよびユダヤ人の生活にまつわる場所に建てられた追悼施設、禁固の場所や「安楽死」施設や迫害および抵抗の場所に建てられた追悼施設、強制収容所の犠牲者・戦争捕虜・強制労働者のための墓地、祈念碑をともなう墓所、警告碑、追悼板などである。なお、地図にはすべての追悼施設が書き込まれているわけではなく、したがって、この地図はあくまでもドイツ全体の様子を知るための目安である。

（11）ドイツの追悼施設史に関するここでの記述は、とくにほかの文献示唆や断りのないかぎり、ガルベに基づいている（D. Garbe: Von der Peripherie in das Zentrum der Geschichtskultur. Tendenzen der Gedenkstättenentwicklung. in. B. Faulenbach / Fr. J. Jelich (Hrsg.): *„Asymmetrisch verflochtene Parallelgeschichte?“ Die Geschichte der Bundesrepublik* *und der DDR in Ausstellungen, Museen und Gedenkstätten.* Essen 2005, S. 59-84)。ただし、時期区分についてはガルベの分析ではいささかバランスを欠いているので、ここでは、ノルベルト・フライによる戦後の時期区分を借り受けることにする（N. Frei: Die Zukunft der Erinnerung. Geschichtswissenschaft. in, V. Knigge / N. Frei（Hrsg.）: *Verbrechen erinnern. Die Auseinandersetzung mit Holocaust und Völkermord.* München 2002, S. 369-377）。

（12）例外として、一九四五年にダッハウの火葬場において開催された小展示会をあげることができる。同展示会は、ナチの蛮行に関するドイツで最初の展示会であるとされている（cf. Garbe: Von der Peripherie in das Zentrum der Geschichtskultur, S. 61f.）。

（13）ibid., S. 63.

（14）近藤『ドイツの政治教育』、二一七頁。

（15）同前書、二一九頁。

（16）同前書、二一九頁。

（17）同前書、二一一頁。

（18）J.-Ch. Wagner: Das Verschwinden der Lager. Mittelbau-Dora und seine Außenlager im deutsch-deutschen Grenzbereich nach 1945. in, H. Knoch（Hrsg.）: *Das Erbe der Provinz. Heimatkultur und Geschichtspolitik in Deutschland nach 1945.* Göttingen 2001, S. 171.

（19）一九八〇年代に追悼施設への関心がおおいに高まったことを象徴する出来事として、一九八一年一〇月、追悼施設活動に関する全国（旧西ドイツ）規模の集会がハンブルクではじめて開催されたことがあげられる。この集会は、ノイエンガンメ資料館の開館に合わせて催された。そこでは、ナチズムのテロが行使された場所について考えることが長らくなおざりにされてきたことが確認され、戦後における旧収容所の歴史を残すために、著作を公刊することが提案された。その一年半後に、ガルベの編集による『強制収容所は忘却されたか――ドイツ連邦共和国におけるナチズムのテロ犠牲者たちに捧げる追悼施設について』（一九八三年）が公刊されている。

（20）ここではとりわけ追悼施設数の変化に注目してみたが、無論、そのような施設の機能や訪問者の特徴が変化したことなども看過されてはならないだろう。紙幅の関係で詳述することはできないが、近藤孝弘がすでに紹介している通り、たとえば、ダッハウ旧強制収容所では、ようやく一九七〇年代半ばから、ドイツ人の子どもたちや若者たちが訪問するようになったという。それ以前は、アメリカ人を中心とする外国人たちが訪問者の大半を占めていた。また、八〇年代までは、歴史修正主義に対抗して大量虐殺が起こったという事実を知らしめることが大きな目的であったが、九〇年代に入って、強制収容所の現実を伝えることに主眼が置かれるようになった（近藤『ドイツの政治教育』、二一三頁）。

(21) W. Meseth: *Aus der Geschichte lernen. Über die Rolle der Erziehung in der bundesdeutschen Erinnerungskultur.* Frankfurt a. M. 2005, S. 162.

(22) A. Eberle: *Pädagogik und Gedenkkultur. Bildungsarbeit an NS-Gedenkorten zwischen Wissensvermittlung, Opfergedenken und Menschenrechtserziehung. Praxisfelder, Konzepte und Methoden in Beyern.* Würzburg 2008, S. 51.

(23) 「追悼施設教育学」をタイトルに掲げる一九九〇年代の文献として、次のものがある。R. Barlog-Scholz: *Historisches Wissen über die nationalsozialistischen Konzentrationslager: Empirische Grundlage einer Gedenkstättenpädagogik.* Lang, 1994. Landeswohlfahrtsverband Hessen（Hrsg.）: *Methoden der Gedenkstättenpädagogik - Ein Tagungsband der Gedenkstätte Hadamar.* Kassel 1994. A. Ehemann u.a.（Hrsg.）: *Praxis der Gedenkstättenpädagogik.* Opladen 1995. W. Nickolai: *Gedenkstättenpädagogik mit sozial benachteiligten Jugendlichen.* Freiburg 1996. Museumspädagogisches Zentrum（München）: *Gedenkstättenpädagogik. Handbuch für Unterricht und Exkursion.* - München u.a. 1997. エバーレによれば、「追悼施設教育学」を冠する公刊物のなかでも、エーエマンらの『追悼施設教育学の実践』（一九九五年）が、「ナチズムの蛮行を想起させる追悼施設における教育的活動のさまざまな形態の隣接状態」（Eberle: *Pädagogik und Gedenkkultur.* S. 51f.）に「追悼施設教育学」という名称を冠することを一般化させたという。

(24) 次の文献を参照。G. Lehrke: *Gedenkstätten für die Opfer des Nationalsozialismus. Historische-politische Bildung an Orten des Widerstands.* Frankfurt a. M. / New York 1998.

(25) A. Assmann / U. Frevert: *Geschichtsversessenheit. Vom Umgang mit deutschen Vergangenheiten nach 1945.* Stuttgart 1999, S. 15.

（26） 以下の文献を参照。V. Haug: Gedenkstättenpädagogik, Kompensation schulischer Defizite oder neue Teildisziplin? in, Meseth / Proske / Radtke（Hrsg.）: *Schule*. 2004, S. 257.

（27） この点については、日本では、岩崎稔による一連の論考に詳しい。岩崎稔「ヤン・アスマンの《文化的記憶》（1）」『未来』第三八二号、一九九八年、一八〜二四頁。岩崎稔「ヤン・アスマンの《文化的記憶》（2）」『未来』第三八三号、一九九八年、二二〜二八頁。岩崎稔「記憶と想起の概念に関する一試論」『ドイツ研究』第四三号、二〇〇九年、五九〜七四頁。

（28） 八〇年代における「コミュニケーション的記憶」から「文化的記憶」への移行を消極的なものとして観察するか、あるいは積極的に評価するかは、論者によって異なっている。「コミュニケーション的記憶」の喪失を危機とみなしたうえで、それを代替する善後策として追悼施設によって「文化的記憶」を伝承する企てを位置づける論調は、一般に強い。だが、ナチズム研究者のノルベルト・フライなどは、「生き証人のように嘘をつく」というドイツ語の慣用句を引き合いに出しながら、時間とともに進行した当事者たちとの決別が、ナチズムの時代に対する文化理論的な第二次観察を促進したことを強調し、むしろ「集合的記憶」を構成する好機がこの時代に訪れたことを示唆している（Frei: Die Zukunft der Erinnerung. S. 369）。

（29） ドイツにおける歴史的な政治教育については、近藤『ドイツの政治教育』を参照。近藤は、この著作をとおして、日本において「追悼施設教育学」を政治教育の文脈でいち早く紹介した人物の一人である。それに対して、ここでは、政治教育の伝統も踏まえつつ、「追悼施設教育学」が誕生した歴史的文脈（とりわけ追悼施設そのものの変遷）をより広く視野に収めること、また、とくに次節において扱う通り、「追悼施設教育学」における自己省察の次元を議論のうちに意識的に取り込むことに重きがおかれている。

（30） 以下の文献を参照されたい。今井康雄「解放的教育学」小笠原道雄編『教育学における理論＝実践問題』学文社、一九八五年、一一五〜一三八頁。野平慎二『ハーバーマスと教育』世織書房、二〇〇七年。

（31） 以下の文献を参照。K.E. Jeismann: Gesichtsbewusstsein als zentrale Kategorie der Geschichtsdidaktik. in, G. Schneider（Hrsg.）: *Geschichtsbewusstsein und historisch-politisches Lernen*. Pfaffenweiler 1988, S. 1-24.

（32） このコンテストについては、以下の文献を参照。D. Gadinski: Zur Geschichte des Schülerwettbewerbs. in, Körber Stiftung（Hrsg.）: *10 Jahre Schülerwettbewerbe Deutsche Geschichte um den Preis des Bundespräsidenten*. Hamburg 1983.

(33) Eberle: *Pädagogik und Gedenkkultur*. S. 51.
(34) ibid., S. 49.
(35) W. Benz: Ungeliebte Kinder oder Partner im offentlichen Diskurs? Perspektiven für die Gedenkstätten. in, *Geschichtswerkschaft*. Nr. 29, 1997, S. 47.
(36) Eberle: *Pädagogik und Gedenkkultur*. S. 34f.
(37) ibid., S. 55f.
(38) Garbe: Von der Peripherie in das Zentrum der Geschichtskultur. S. 80.
(39) Eberle: *Pädagogik und Gedenkkultur*. S. 38.
(40) ibid., S. 56.
(41) ibid.
(42) 教育学の専門雑誌においては、ようやく二〇〇〇年代に入って、『人間形成と教育（Bildung und Erziehung)』（第五九巻四号、二〇〇六年）が「追悼施設教育学」の特集を組んでいる。
(43) ホルンやハウクの論文は、そのような研究成果の典型である（K.-P. Horn: Authentizität und Symbolisierung, Gedenken und Lernen. Gedenkstätten in Deutschland und ihre Pädagogiken. in, *Jahrbuch für Historische Bildungsforschung*. Bd. 7, 2001, S. 329-350（藤岡綾子・山名淳訳「真正さと象徴化、記憶と学習——ドイツにおける記憶空間およびそれに関する教育学についての覚え書き」東京学芸大学学校教育学研究科編『教育学研究年報』二〇〇四年、四七〜六六頁). Haug: Gedenkstättenpädagogik, Kompensation schulischer Defizite oder neue Teildisziplin? S. 252-267)。また、クニッゲも、自らの立地点としては追悼施設における教育活動に近いところにいながらも、第二次省察的な考察の目を兼ね備えている研究者である（V. Knigge: Gedenkstätten und Museen. in, V. Knigge / N. Frei（Hrsg.): *Die Auseinandersetzung mit Holocaust und Völkermord*. München 2002, S. 378-389)。またベルリンの追悼施設に対する教育哲学的な省察を加えている鈴木晶子（『イマヌエル・カントの葬列』春秋社、二〇〇六年、とりわけその第八章「ある死者たちのモニュメントをめぐる考察」)、さらに、考察対象は日本に設定されているが、山名淳（J. Yamana: Behält Hiroshima den Zweiten Weltkrieg im Gedächtnis? Zur

Raumanalyse des Friedensparks in Hiroshima. in, *Jahrbuch für Historische Bildungsforschung*. Bd. 7, 2001, S. 305-327）も参照されたい。

(44)　ここで「構造的欠如」という表現を使用する時、基本的にニクラス・ルーマンの「構造的欠如」概念を念頭に置いている（N. Luhmann: Strukturelle Defizite. Bemerkungen zur systemtheoretischen Analyse des Erziehungswesens. in, J. Oelkers u.a.（Hrsg.）: *Pädagogik, Erziehungswissenschaft und Systemtheorie*. Weinheim / Basel 1991, S. 57-75）。また、その解説としては、山名淳「教育システムの『構造的欠損』とは何か？」田中智志・山名淳編『教育人間論のルーマン』勁草書房、二〇〇四年、一五九〜一八二頁を参照。

(45)　Horn: Authentizität und Symbolisierung, Gedenken und Lernen. S. 339（邦訳、五三頁）.

(46)　ホルンは、こうした「真正な経験」の伝達不可能性について、「身体的苦痛を伝えようとする者は、その痛みを与えることで自らも拷問者になるという状況に身を置くことになる」というジャン・アメリイの言葉を引きながら強調している（ibid.）。なお、「真正な経験」の伝達不可能性については、映画『ショア』（一九八五年）に関する一連の議論も参照（たとえば、鵜飼哲・高橋哲哉『「ショア」の衝撃』未來社、一九九五年）。

(47)　Haug: Gedenkstättenpädagogik, Kompensation schulischer Defizite oder neue Teildisziplin?　S. 262.

(48)　Frei: Die Zukunft der Erinnerung. S. 373.

(49)　ハールブルクの警告碑の特徴に関するここでの描出は、基本的に、香川による次の論稿に依拠している。香川檀「対抗モニュメントと記憶――ドイツにおける現代アートの試み」『近代教育フォーラム』第一二号、二〇〇三年、一七三〜一八〇頁。

(50)　同前論文、一七五頁。

(51)　「追悼施設教育学」（＝ナチズムの「現場」におけるナチズムに関する教育）にかわって、「アウシュヴィッツ以後の教育（学）」や「ホロコースト教育（学）」（＝ナチズムに限定しないより広義の人権教育を志向する教育）、さらには「場所」よりも「想起」を重視する「想起教育学」といった名称を用いることが、今日しばしば提唱されている。それに対して、「追悼施設教育学」派からは、そのような名称変更によって、テーマが抽象化するのではないか、ナチズムの過去が忘却されるのではないかとの懸念が示されている。こうした名称問題にも、〈追悼〉と〈場所〉と〈教育〉の結合に対する不安定性が見え隠れしているように思われる。いずれにしても、数十年後、「追悼施設教育学」という名称がなおも主流をなしているかどうかは疑わしい。

(52) 對馬『ナチズム・抵抗運動・戦後教育』、六一頁。
(53) 同前書、六五頁。
(54) 同前書、二七五頁。

〈特別寄稿〉

「子どもはつねに被害者だ」

――「戦争っ子」の体験世界とその記憶

マンフレート・ハイネマン（翻訳：安藤香織・遠藤孝夫）

はじめに

一九四五年以降、ドイツでは、戦争被害者に関する議論とその見直しが、絶え間ない波のように次々と起きている。こうした戦争被害者に関する議論の最初の波は、戦争中の生々しい出来事や、敗戦直後に逃亡を余儀なくされ、また追放されるといった犠牲を論点とするものであった。この議論は、一九四八年以降になると、戦争捕虜やその被害者に関する研究によって補完されるようになった。一九四九年のミュンヘン現代史研究所の設立は、ナチズムの原因究明とその帰結に関する研究書の出版を後押しし、一九五三年からは機関誌『季刊現代史』も発行されている。それ以後、大学や各種の研究機関、さらには地域の有志の手によって、ナチズムのあらゆる側面に関して、数え切れないほどの膨大な研究がなされてきた。しかし、『季刊現代史』が発行されてから五七年経っても、女性と子どもが、ナチズムや戦争の犠牲者であり、その後も犠牲者でありつづけたという事実は知られてはいない。[1]小論で論じる問題はこの点に着目している。小論が扱おうとする問題は、これまでに、純粋な現代史研究の枠組みを超えて、多様なアプローチの試み、とりわけ心理学的な世代研究・記憶研究によって、研究の幅が学際的なものへ広がりをみせてきた。その結果、二〇一〇年七月の『歴史文献目録』には、「戦争っ子」〔訳注：Kriegskind の訳語。以下、この訳語を用いる〕というキーワードで、少なくとも三五件（その大半は論文集に収められている）の論文が記載されるようになっている。[2]

第1節　戦争の犠牲者としての子どもたちとその記憶

（1）「戦争っ子」の世界的広がり

第二次世界大戦の犠牲者には子どもたちも含まれる。「ドイツでは二〇万人もの子どもが戦争孤児となり、二五〇万人もが片親を失った。強制収容所で生まれた子もいる。[3] 数え切れないほどの子どもたちが戦争や（たとえば収容所送りや、ほかの家族の連帯責任を負わされた）、ホロコーストの（安楽死に代表されるような人体実験）犠牲者となったのである。[4] 少なくとも一〇万人ほどの子どもがこのような状況を生き延び、[5] そしてさらに全体の三分の一以上の子どもが自ら国を逃れたり、追放されたり、難民となる経験をしている[6]」。

しかし、驚くことにはヨーロッパの戦渦に巻き込まれた国々でさえも、一九六〇年代以降になると、以上のような明らかな戦争被害のみならず、戦争によって引き起こされた苦悩や苦難も忘れ去られるようになった。したがって、「戦争っ子」を全体として把握するためには、こうした忘れ去られてきたさまざまな被害や苦悩についても考慮しなければならず、またドイツと戦って勝利を納めた連合国側の被害者も含めて考える必要がある。連合国側の被害者のリストは、カナダやオーストラリア、アメリカといった国ぐににまで及んでおり、さらに北アフリカ戦線の犠牲者、トルコや中国、メキシコといった国々への亡命者も含まれる。それゆえ、戦争孤児と父親を失った子どもは世界的な影響を持つテーマとなる。また、兵士を親に持つ子どもたちは、今や立派に新たな人生を拓き、親世代とは異なった考えを次の世代に伝えている。[7] 戦争が文化や教育に与えた心理的な影響については、ウルム出身のセラピストの研究成果によって明らかにされている。このセラピストは、成人した戦争被害者と過ごしたドイツでの体験をまとめ、「戦争当時に子どもであった人びとの約七〇パーセント」が、長期に及ぶトラウマに見舞われていることを示した。[8]

(2) 兵士としての子どもたち

さらに別の類型の戦争被害者としての子どもたちが加わる。すなわち、「ヨーロッパでは、国防軍兵士であった子どもたちが二〇〇万人にも達する。しかし、今日までこの事実はほとんど触れられていない」[9]。ただこの二〇〇万人という数字が、どのように算出されたのかは確認できない。しかし、こうしたいまだにベールに包まれている国防軍兵士としての子どもの数が、驚くべき数となることだけは間違いない。このため「戦争っ子」を定義する試みも、きわめて不正確なままである。[10] 戦争の犠牲となった子どもたちの数の算出は、たいていの場合、算出することができた国ぐにで得られたデータだけを合算して得られたものにすぎない。ヨーロッパの場合、とくに東ヨーロッパの戦場やドイツが占領していた地区についての報告やデータは欠落したままである。[11] とくにドイツでは、今日に至るまで、ユダヤ人とその子どもたちの殺害が優先的関心となってきたことも背景にある。さらに、ドイツへと拉致されてきた一般の労働者の数は約九〇〇万人にのぼり、そのうちの八〇〜九〇パーセントが強制労働を強いられていたと考えられる。[12] 被害者はなにも東欧出身者ばかりではなかった。ノルウェーやポーランドをはじめとする国々の子どもたちも、アーリア人化政策のためにドイツへと拉致されてきた。しかし、戦後になって損害賠償の対象となった人びとの数は、実際の被害者のごくわずかにすぎない。[13] すべての国々における占領からの解放と戦争終結の後になっても、まだ死の恐怖は続いていた。このように、「戦争っ子」とは、戦争で親を失った子どもだけを意味するのではない。また彼らの生活の境遇やその後彼らがどのように成長したのかは、これまでも記述され、研究されてきてはいるが、十分とは言えない。[14]

（3）「戦争っ子」の定義とその研究の不十分さ

「戦争っ子」とは、直接ないし間接に戦争の影響を受けたすべての子どもたちである。[15] もちろん、このなかには、ナチ体制によって人生を変えられた子どもたちも含まれる。[16] したがって、こうした子どもたちの事例や類型のバリエーションは、ほとんど際限がないほどである。[17] 後に賠償の支払いがはかどらなかったのも、そのためである。戦争による損害の賠償にあたって、一般市民が対象から除外されたことが、[18] その結果として彼ら一般市民のなかで戦争の犠牲となった人びとも、賠償の対象とされないという事態を生んだ。子どもを対象とした戦争被害者扶助の歴史もまた存在しない。[19] 当然ながら、第二次世界大戦をなんとか無事に生きのびた子どもたちも、ほとんど考慮されずにきた。この点について、詳しく分析するために必要な比較モデルを抽出する作業はまだおこなわれてはいない。「被害者」という視点が通俗化し、情緒的な捉え方が一般化した結果、子ども時代の記憶を問い直し、彼らが直接的に知ったことや間接的な聞き知ったことを調査し、あるいはそれらを大きな事象に組み込んでみる（たとえば、地域の出来事と関連づけ）といった作業は、ほとんどおこなわれてこなかった。これに要する研究の労力は膨大である。資料不足も研究を困難にしている問題の一つだ。ハラルド・ヴェルツァーの一連の研究は、被害者と加害者によって残された記録には事実の歪曲が見られるという問題点に注目した、最初の優れた研究として挙げることができる。事実の立証が難しいため、裁判での法的な清算や加害者個人の責任追及がつねに妨げられてきた。

（4）「戦争っ子」を吟味するための問い

調査の不十分さや資料不足、さらには資金不足などに起因する不正確な情報を基にして、長い間、私たちが思い描く「戦争っ子」のイメージが作られてきた。個々人の体験談は、厳密に類型化したり、ほかの事例と関連づけるといった歴史的研究からはほど遠いものであるが、一般の人びとには好まれる。個々人が体験したことは、学問的なデータよりも人びとに強い印象を与え、戦時中の実際の映像が使われることで出版物やメディアの表現にまで影響を与えている。

それにしても、「戦争っ子」たちは、ただ運が良かったから生き残ったのだろうか、もしそうであれば、そのことが長く続く心の傷になることはなかったのだろうか。戦争という非日常的な状況から抜け出す方法は、そもそもどのようにして見つけ出したのだろうか。戦争中や戦後の時期に、子どもたちを本格的に検査して診断することや、恐怖体験をケアするような治療の機会はなかったのだろうか。ナチ時代に拡充された児童福祉の取り組みについて、手元に残されているナチ時代のプロパガンダ資料を見るだけで明らかにできるのだろうか。いま私たちが設定している問いは、その時代にかなった、正しい問いになっているのだろうか。たとえば、子どもが集う場所をどのように構想し、支援したらいいのか、また「戦争っ子」たちは、現時点で、これまでの自分たちへの援助の成果を、どのように考えているのだろうか。また彼らは、社会全体が困窮していた時代の養子縁組、医学的ケア、学校などについて、どのように考えているだろうか。「戦争っ子」たちには幸福な体験も、おもちゃや人形も、そして休暇もなかったのだろうか。多くの子どもや若者にとっては、戦争とその光景は、必ずしも暴力的でもなく、また死につながるものでもない単なる冒険的遊び場になっていたこともあるのではないだろうか。

（5）「記憶」とその留意点

数多くある回想録のなかで述べられる印象深い報告や物語は、現在との比較という視点が過度に強調されて述べられている。しかし、子どもと若者には、戦争全般に関する記憶があるだけでなく、わずかながらも自分自身の体験を伴った記憶もある。彼らのこうした自分自身の体験に基づく「記憶の痕跡」や犠牲となった人びとの「メッセージ」によって記述すれば、「戦争っ子」に関する記述は、より適切なものとなるだろう。[20]では、こうした記憶の痕跡は、その人間の将来に何か影響を与えるものなのか否か。さまざまなことを感じながら人生を送る過程で、いったい何が子どもたちの記憶として残るのだろうか。記憶に影響を与えるものとは、何なのだろうか。

ところで、「戦争っ子」の次の世代（「戦争世代の孫」と呼ばれる）は、親の世代とはまったく違ってきている。この「戦争世代の孫」の世代は、学校での教育や日常生活を通して、また「なぜ、あのようなことが？」という、しばしば耳にする問いに関する著作を読むことを通して、すでに自らの立場を獲得しているからである。この世代がそれまで封印されてきた家族内の歴史を公開したものは、多くの場合、よく調べられ、客観的で偏りのないものとなっている。[21]一九五九年にベルンハルト・ヴィッキが映画化した『橋』を見た世代は、一九九三年にスティーヴン・スピルバーグによる映画『シンドラーのリスト』を見た世代とは、異なる記憶を共有している。つねに新たに記憶として残される描写や文章や映像によって獲得された二次的な戦争体験が、重層化している。[22]しかし、こうした二次的な戦争体験は、知識の欠落を明らかにしてくれる適切な歴史叙述とは異なり、ただ雑多な断片的知識や根拠もない考えへと導くことにもなる。その一例として、「ドレスデン爆撃後の戦闘機の出撃」という、当時の多くの証人によって裏付けられたとされる体験を挙げることができる。実際には、出撃したという証拠は見つかっていない。また爆撃による死者数もプロパガンダによって底上げされていたので、後に歴史家委員会によって大幅に下方修正されねばならなかった。[23]

(6) あえて語られることがなかった記憶

あえて語られることがなかった記憶もある。どの大人や兵士も、また実際の戦場からそう遠くない場所で成長した多くの若者は、一九四五年以降も、語られることはなかったものの、じつは戦争に伴う体験を記憶していたのである。その人自身の体験もあれば、家族や隣人たちの運命に関わる記憶もあった。ナチ体制下では、互いに他人に敏感になっていた。人びとは、日常的にナチ当局やそこからの命令と関わらなければならなかったし、迫害されている人びとの苦痛や収容所への強制移送のことも耳にしていた。[24] ナチ体制崩壊後にドイツを占領した諸国の人びと、ドイツの病院の医師たち、またナチ体制下で自らも大変厄介な状況に巻き込まれていた心理学者や教育者は、戦争が終わると子どもと若者のために戦争が残した傷跡に取り組まねばならなかった。とくに大変だったのは戦火を生き延びたユダヤ人の子どもであった。[25] ナチや戦争のプロパガンダ、ヒトラーユーゲント、日常生活のなかでの各種の制限、そして「郷土戦線」や「キャンプ方式による若者教育」[26] から免れることは、この時代の子どもの誰であれほぼ不可能なことであった。とくに終戦間際の「最後の兵士徴募」で動員された若者たちは、そのことが長期にわたってトラウマとなっていた。戦場や爆撃により破壊された町や村のなかで、子どもや若者が苦しむ姿や死亡している姿を目撃したことは、自らの体験として記憶に残りつづけた。

一方で、爆撃を受けた後の瓦礫の山は、予想もつかない可能性を秘めた冒険の舞台ともなった。子どもたちは、ただ投げ捨てられた武器を拾い、それを親の目を盗んで隠すだけでよかった。弾丸や爆薬をいじることは、戦後になっても、多くの学童たちの生活の一部となっていた。ナチ体制下では、うわさ話はコミュニケーションの重要な部分であった。こうしたうわさ話を含むきわめて雑多な人びとの記憶を体系化し、研究可能な状態に整理するためには、その規模から見て、多くの研究者の動員が必要となる。実際に、二〇〇二年に設立された研究グループ〈第二次世界大戦と子ども〉が二〇〇五年に開催した会議は、次のようなメッセージを出している。

二〇〇五年開催の国際会議の成果として、早くも研究出版物が刊行されることになった。それは、戦争体験を心理学的視点から検討したものや、社会科学および人文科学的視点から、記憶領域や記憶文化、そして歴史政策を論じたものである。[27]

（7）記憶の誇張とナチズム下の実態

しかし、こうして集められた大量の知見は、戦争が終わってから収録されたものであり、しばしば二次的資料が用いられる過程で誇張されて記憶されたものである。戦争という運命に翻弄された子どもたちについては、さまざまなことが語られていた。正式に記録されているわけではないが、戦時下においても、すでに子どもを保護したり、養育したり、また親元に届けようという努力もおこなわれていた。[28]地獄のような酷い状況にあっても、遊びの世界自体がナチズム色に染められてはいても、小さな子どもの世界を守ろうとしていたことが、繰り返し報告されている。[29]全体主義国家といえども、生活のすべてをナチズムの教義と様式によって支配することは、簡単なことではなかった。もし支配が容易におこなわれたのであれば、一九四五年以降にも、ふたたび全体主義的国家が生まれていたかもしれないし、またそうした不安はたしかにあったのである。その意味で、ナチズムに対する抵抗や反抗がつねに研究対象として重要となる。青少年がおこなっていた抵抗についての研究でも、価値ある成果が得られている。幼稚園においても、抵抗の動きはあった。[30]こうしたナチズムへの抵抗の一環として、人びとがかくまわれ、命が救われることもあった。

（8）忘却された記憶とその掘り起こしの新たな動き

子どもたちと若者たちの多種多様な体験（それは今日では多様にコメントされているが）は、終戦直後から最近まで、家族や地域や村々の内部に埋もれていた。その詳細についての記憶も、艱難辛苦を気力だけで乗り越えてきた日々のなかで、次第に薄れていった。彼らは、生きるために、過去の記憶を忘れ去り、またそうすることを望んだし、実際忘れなければ耐えられなかった。非ナチ化は何度も失敗し、戦争の被害者たちは、そのことをこらえて、耐え忍ばなくてはならなかった。ドイツを占領した諸国から発せられた「なぜこのようなことが起こったのか?」という問いに対する最初の歴史研究の成果が、戦後ほどなくして出された。[31] たとえば、強制収容所に関するドキュメンタリー映画『死の労苦』や、オイゲン・コーゴンの著書『SS国家』(後には若者向けとしても出版された)などである。[32] それらの成果に基づいたナチズムの再検討は、一九五〇年代にはすでに増加する傾向にあった。戦争が過去のものとなったにもかかわらず、「戦争世代の孫」たちも、[33] さまざまな出版物によって新たな問いを提起しはじめた。一九七三年から開催されている連邦大統領主催の歴史コンクール(ハンブルクのケルベア基金が財政支援をしている)に、学校の生徒たちも積極的に関わりはじめた。[34] さらに、一九九〇年のドイツ再統一の数年前からは、「戦争を経験した高齢者」が語った思い出話が、ニュース、写真、映像、書籍の形で公開され、大きな反響を呼んだ。さらに、この時の反響の結果として、組織だった研究がなされ、関連団体も設立され、さらに資料が整理され、テレビでも報道されるようになってきた。今日では、ほとんど毎日のようにメディアで取り上げられている。たとえば、ARD放送局が二〇〇九年三月一六日から四回シリーズで放送した「戦争っ子」についての番組は、中部ドイツラジオ放送局によって二〇一〇年四月から五月にかけて再放送されている。

(9) しまい込まれていた記憶とそのトラウマ

長い間しまい込まれていた記憶が、一気に呼び覚まされた。[35] 戦時中および戦後のある時期までは、なんらかの形で総力戦の恐怖を感じざるをえない状況にあったどの母親や家族でも、戦時下に子どもと若者たちが体験したことに触れないことが暗黙の了解となっていた。学童疎開もまた記憶に刻み込まれていた。[36] 戦場、夜間の空襲、居住地からの追放や逃亡の最中に命を落とした子どもたち、また栄養失調、寒さ、薬不足、さまざまな迫害、収

図１　アメリカ軍によって捕虜となったドイツの少年兵たち

出典：マシュー・セリグマン／ジョン・ダヴィソン／ジョン・マクドナルド（松尾恭子訳）『写真で見るヒトラー政権下の人々と日常』原書房、2010年。

容所での生活やその後遺症、その時代のあらゆる苦難の結果として命を落とした子どもたち、こうした子どもたちの現実を目の当たりにしたことは、その後も戦争世代の人びとの深いトラウマとなった。このような極限の苦しみのなかにあっても、わずかに残った人間性を体験できたことが、たくさんの生活の記録、絵画、小説、回想録などを生み出している。ザクセンハウゼン強制収容所のような、恐怖に支配されていた最悪な場所においてさえ、分娩室は人間性が残る最後の場所であった。もっとも、それとても、分娩が終わり、親衛隊によって新生児の生死が決められるまでの束の間にすぎなかった。子どもが死ぬということを体験するのは、もっとも深い心の傷となった。

⑽　戦争末期の記憶

一九四二年のスターリングラード攻防戦が転換点となって、それ以後、戦場は急速にドイツ本国へと近づいてきた。戦闘の後には、破壊された街や鉄道、道路が残されただけではなく、通りや瓦礫のなかの無数の腐敗した死体と極度の困窮という状況が広がっていった。子どもたち自身も、「死の行進」を強いられている強制収容所の囚人たちを目にしていた。[37] 戦争が通り過ぎた背後では、少年兵が捕虜となったり、取り残された子どもや母親たちが勝利した連合国軍の管理下に置かれた。ドイツへの憎悪と恐怖だけが支配する状況のなかで、一般市民への援助というほとんど解決が困難な課題が生じていた。今でも大量に残されている軍事郵便手紙や日記[38]、戦後に印刷された小冊子、講演原稿、インタビュー、文書資料、写真、映像、そして総括的文書[39]には、極度の苦難の時代を生きた戦争世代の報告が記録されている。

(11)「戦争っ子」が戦後に体験したこと

戦後になって、戦時中のことで消し去りたかったのは、自分の記憶や恐怖を味わった場所だけではなく、そこかしこに残されていた、ナチズムを連想させるあらゆるものだった。解放された多くのヨーロッパの都市や町村は、瓦礫と灰のなかから復興しなければならなかった。イギリス軍が、先遣隊がいる占領地区の管理のために、その地域の年配のドイツ人(この人たちは直接的な戦闘体験を有していなかった)を活用したことは、賢いことであった。イギリス軍が採用した方法は、総司令部の下に配置された西側連合部隊に与えられていた「G5マニュアル」(本来は一般市民の保護のためのマニュアル)に依っていた。一般ドイツ人には、ほとんどなんら発言の機会も与えられなかったが、それぞれの地域に応じて、戦争が子どもや若者に与えた影響に対処しなければならず、そのうえ、大量の避難民の世話もしなければならなかった。この避難民のなかには、解放されて自由の身となった難民[40]もいた。そのなかには、強制労働に従事させられていた人びと[41]、牢獄や刑務所、強制収容所で囚われの身となっていた人びとがいた。これらの難民は、蓄えも希望もなく、故郷を失った者や子どもたちと同様に保護を必要としていた。

終戦直後のドイツ占領軍政府の報告は、子どもと若者の窮状について簡単な概要のみ記述している。子どもと若者のために、教師の非ナチ化、学校の再開、学校給食の世話、教科書の誤りの除去と印刷といったことが、優先的におこなわれた。その際に、ドイツ人の再教育の観点からおこなわれた「非ナチ化」は、後々の時代まで続く課題となった。この課題は、東西ドイツの再統一ばかりか、最終的には戦争世代と戦後世代が生涯を終えるまでは正式には終わらないだろう。ナチズムの過去に対して真摯に向き合い、根本的に検討を加え、そのうえで重要な記憶としてとどめようとする在り方と、それとは対照的に過去に目を背け、記憶からも抹殺しようとする動きがある。また左右の急進派の対立もある。こうした現象は、過去が部分的にしか克服されていない結果であり、ドイツのみならず第二次世界大戦に関係した国々が抱える課題でもある。[42]「戦争っ子」とは、この重い課題と長期間にわたって関わっている存在なのである。本人ばかりか、孫世代にまで、いわば家族の歴史全体に、彼らの過去が影響を及ぼしているからである。

第2節 「戦争っ子」の記憶に関する調査研究

(1) 不都合な記憶の書き換え

前記の「戦争っ子」に関する研究に、歴史学が多大の貢献をしたと考えることは、歴史学の可能性[43]を過大評価するものである一方、ナチズムに関与していた教育者や研究者にしばしば見られた、自らの行為の故意の忘却という事実を過小評価することにもなる。たとえば、一九四五年以降、教育学へのナチズムの浸透という事実は長い間十分に認識されず、[44]一九六〇年代に至るまでは、ナチズム的プロパガンダの影響力も著しく過小評価されていた。とりわけ、幼少期に印象に残った歌、[45]映像、音楽、個々の体験、そしてプロパガンダの断片的言葉(たとえば、ドイツ帝国鉄道が流したプロパガンダの一節、「車輪は勝利のために回転しなければならない!」)などは、長期間にわたって記憶されていた。[46]一九六〇年以降になって、ナチズムの本格的検討が、ヒトラーユーゲントやドイツ女子同盟の活動などの学校外での記憶、また学校時代の記憶(とりわけナチス選抜学校の記憶)[47]を検証することから始まった。[48]この歴史の再検討は、一九六八年の学生運動が問いかけたことへの反応だったのだろうか。戦争に加担した人びとの孫たちの多くは、祖父母がナチズムに積極的に関係していた事実に今なお驚愕している。[49] 戦争加担者の処罰に関する書類は、今では公文書館で目にすることができる。祖父母から一方的に語られてきた家族の歴史は、しばしば信憑性のないものであることが明らかとなった。なぜなら、戦争に加担した事実を示す証拠書類が組織的に隠蔽されただけでなく、記憶自体の意識的な書き換えが起こっていたのである。[50] そこでは戦争加担者が被害者になることができたからである。[51]

(2) 本格的研究の発端としての「戦争っ子」のトラウマ

ギムナジウム教師のマルガレーテ・デールは、「戦争っ子」に関する報告、記事、写真などの集大成の著者であるが、二〇〇七年の時点での状況を次のように記している。

たしかに、一九八〇年代後半から九〇年代以降、戦争っ子への関心は高まっていた。しかし、ここでの中心は歴史学ではなく、むしろ心理療法や老人医学であった。これらの学問領域が、とくに老人との関わりのなかで、老人世代が抱える心の傷やトラウマを発見した。というのも、かつて戦争時代には子どもだった老人たちが、心身の苦痛、いわゆるPTSD（心的外傷後ストレス障害）を患って、心理療法や老人医学の診療所を訪ねたからである。メディアもこの問題に注目するようになり、集会や会議が開催された。忘れ去られていた世代がついに沈黙を破ったのだという印象を受けた。[52]

つまり、老人たちの心身の苦痛や良心の呵責が、大がかりな歴史の見直しを支えていたのである。このようなことは、しばしば自らの罪を受容する際にも起こりうることである。

（3）デールによる「戦争っ子」の記憶の調査方法

デールは、一九二八年以降に生まれた人びとを対象とし、「記憶化作業」の証言に関する二巻本のドキュメント資料をまとめた。そこでは、「戦争と鬨の声」や「戦争ごっこと戦争のお手伝い」などのように分類・整理されている。そのうえで、子どもたちにとっての戦争体験の影響を質問調査によって明らかにしていった。まず、彼女は、ヒトラーユーゲントやドイツ女子同盟などの新たな社会化組織について調査した[53]。次に「地下室や防空壕での避難体験、空襲体験」やそのほかの恐怖体験、さらに子どもたちの避難生活や学童疎開の体験[54]、そして最終的には、ヒトラーユーゲントの少年兵[55]として迎えた戦争の最終局面（しばしば、前線では「無駄死に同然の」最終徴募に応じることもあった）を、どのように体験したのかを調査した。

（4）敗戦直後の惨状の記憶

一九四五年五月のドイツ降伏以降、多くの女性たちには、戦争の勝利者である占領軍兵士との最初の接触が待っていた（とくに東部地域では、しばしば強姦事件として記憶されることになった）。こうした接触体験は、赤軍兵士から逃れることとも相まって、それまでたたき込まれていたナチ・イデオロギーの崩壊を引き起こした。前線での戦闘に巻き込まれた子どもたちは、ポーランド、チェコスロバキア、あるいはロシアにおける極限状況のなかで、徐々に落ち着きを取り戻していった。それでも、彼らは、新たな追放や抑留や収容所生活、そして労働や帰化など、戦後になってもさまざまな体験を堪え忍ばなければならなかった。また、新たな「戦争っ子」たちが、難民や移民の形でソビエト占領地区や西側占領地区にやってきた。ドイツ本国以外のドイツ人居住地区の子どもたちの体験もまた、同様に酷いものであった。

（5）書かれはじめた自叙伝が伝える「戦争っ子」の体験世界

瓦礫からの復興のなかで生き延びることは、「戦争っ子」たちにとって何を意味していたのだろうか。たとえば、生計維持者としての父親や母親を喪失すること、新たな政治体制への変革、ナチズムへの抵抗の事実を理解することなど、こうしたことは、彼らにとって何を意味していたのだろうか。また、一九四五年以降になってもナチ体制を懐かしむ父母の態度、ナチズムに自らが関与したことを父母が回想すること、(56) かつては抵抗者や犠牲者を生み出したナチ体制のイデオロギーへと再び誘い込むこと、こうしたことは子どもたちにどんな影響を及ぼしたのだろうか。子どもたちは父母や親戚の自殺、親たちが殺人を犯したことや、全財産の喪失にどのように対処したのだろうか。そして、子どもたちの楽園とは。こうしたさまざまな問いに対して、今では「戦争っ子」たちの自叙伝が答えてくれるようになった。

（6）「戦争っ子」の記憶をより正確に検証する試み

記憶が曖昧になっているなかで、「戦争っ子」たちを対象とした口頭での質問調査は、学問的な歴史記述とは同じ次元のものではない。この違いは、個々の証人の記憶が曖昧になっているためである。自らの直接的体験なしに歴史記述をおこなうことも、客観的記述という学問的方法の制約によって、しばしば証拠の細部にまで迫ることができないという問題を抱えている。しかし、「事実」は、質問内容に応じて異なってくる。そのうえ、記憶をつねに思い出そうと努力しなければならない。今まで思い出さないようにしていた記憶が明らかにされる時には、しばしば語り手には自己認識の危機が起こる。したがって、どの質問調査も、回答者の現在の有り様が問題となる。回答者は、自分の記憶を頼りに、しばしば年代の誤りを犯しながら、当時とは異なる現在の言葉を用いて、思い出していく。そのため、回答の際には、つねに新しい知識や伝聞が付け加わり、自分なりの解釈さえも加わっているのだ。デールの研究成果によれば、「戦争っ子」たちが、かつての敵とふたたび和解するような、新たな動きも起こっている。こうした動きに合わせて、忘れかけていた情景を思い出すために、当時の場所へふたたび訪れるという試みもおこなわれている。こうした試みを通して、「戦争っ子」たちの自分史が新たに書かれたり、書き直されたりしている。デールは、こうして「戦争っ子」たちがふたたび思い出してきた記憶と比べて、最初に回想された記憶がきわめて不正確であったことを、多くの事例で示した[57]。

(7) デールの研究では調査できなかった「戦争っ子」たち

デールは、五〇〇を超える事例を扱った自らの著作のなかで、調査の限界も認めている。彼女は次の子どもたちを調査対象にすることができなかった。占領軍兵士の落とし子、強制労働させられた女性の子どもたち、「生命の泉協会」[訳注：ナチ的な優秀なアーリア人を増産するために、親衛隊が設置した出産・育児施設]による子どもたち、外地に残されたドイツ人少数派の子どもたち、迫害された同性愛者の子どもたち、「反社会的」と烙印を押された子どもたち、「教育困難な」子どもたち、教育施設や病院で被害にあった子どもたちなどである。こうした特別な子どもたちについて、近年では、記憶化作業の手段に関する博士論文がテーマとして取り組んでいる。その研究成果も多数に達している。その過程で整理されてきた関連資料は、ドイツでも外国においても活用できるようになっている。

第3節　「戦争っ子」の多様性に応じた研究の進展

(1)「戦争っ子」を収容した施設に関する研究

「戦争っ子」に関する研究では、どのような被害や取り扱いを受けたのか、どのような苦難を味わったのか、どのような状況に置かれていたのか、といった一定の基準によってその多様な子ども時代が類型化されている。注目すべきことは、こうして類型化された子どもたちについての著作でも小説でも時事的記事の場合でも、そこには、子どもたちが類似の体験によって影響を受けていること、戦中や戦後のどのような家庭であったにしても（たとえば、両親のいる家庭、片親の家庭、養子になっている場合、養護施設に入っている場合など）、子ども時代に読んだ児童書の思い出が述べられていること、そして子どもたちが非行化する様子が描かれていることである。そのなかには、兵士として戦争に参加したこと、捕虜となったこと、さらに釈放されてからの体験について報告しているものもある。国外に移住した子どもたちや、世界中を逃げさまよっていた子どもたちに関する証言もある。さらに、無国籍者に持たされた「ナンセン・パスポート」を持つ子ども、身元不明の捨て子、身体に障害を負った子ども、健康障害のために長期間のリハビリが必要な子ども、こうした法的に特別なグループに類型化された子どもたちについての報告もある。「戦争っ子」に関する研究の目下の課題は、子どもたちを収容した施設の内部の様子を明らかにし、きわめて過酷であったと言われる扱い方についての資料を収集・分析することである。こうした施設で頻繁に見られた子どもたちへの虐待は、どのようにしておこなわれていったのだろうか。施設のなかでの体験によって、早急に「大人」へと成長させられたことは、その後どのような影響を及ぼしたのだろうか。

（2）ユダヤ人の子どもたちに関する研究と彼らの追悼施設

犠牲者のなかでも約一五〇万人という最大グループを形成しているのが、ホロコーストの被害に遭ったユダヤの子どもたちである。彼らについては、強制収容所が証拠隠滅のために破壊され、資料も不足しているにもかかわらず、数百もの研究文献で取り上げられ、また長期に及ぶ国際的な共同研究プロジェクトの対象ともされている。[58] ユダヤ人の子どもたちの回想録やドキュメンタリー、さらに関連した資料の展示会は数え切れないほどある。アンネ・フランクのような子どもたち一人ひとりの辿った運命は、メディアによる取り組みの対象とされてきた。[59] 加えて、こうした被害者グループの場合は長期的な影響もあることから、戦争被害の世代を超えた影響関係の調査研究もおこなわれている。[60] イスラエルのヤド・ヴァシェム（一九五三年設立、二〇〇五年に複合施設となった）とワシントンのホロコースト記念館（一九九三年以来、すでに三〇〇〇万人以上の来館者を数える）の二つは、子ども博物館を併設しており、ユダヤ人被害者の研究をおこなう中心施設となっている。[61] ベルリンのユダヤ博物館は二〇〇一年に開館し、二〇〇七年までに四〇〇万人を超す来館者を数える。ベルリン中心地区に設置された「虐殺されたヨーロッパのユダヤ人のための記念碑」は、ドイツの中心的なホロコースト追悼施設となった。この施設では、二〇一五年五月から常設展示が開始される予定となっている。「名前の部屋」では、犠牲者の経歴が読み上げられ、映像で映し出されている。今日までに明らかにされた犠牲者の名前は、三五〇万人となっている。各地に設けられているユダヤ人追憶施設では、次々に新たな企画展示が催され、立派な建物も建てられ、犠牲になった子どもたちに関する説明も含め、これまで以上の情報提供がおこなわれている。たとえばベルゲン・ベルゼン強制収容所では、かつての囚人の名前が調査され、記録されるようになった。この強制収容所はドイツ降伏後に焼き払われていたが、その後、難民用のキャンプが国防軍兵舎の近くに設置された。フランクフルトのフリッツ・バウアー研究所は、ドイツにあるすべての追憶施設を網羅したリストを作成している。[62] 最新の施設として二〇一〇年五月七日に開館した「トポグラフィー・デス・テロース博物館」は、ナチのテロ部門の組織と活動についての情報提供をおこなっている。一九四二年一月二〇日のヨーロッパにおける「ユダヤ人問題の最終解決」が決定された場所である「ヴァンゼー会議の館」は、この決定の詳細とその後の経過（ユダヤ人の子どもたちの根絶も含む）についての情報を提供している。

（3）安楽死計画の犠牲となった子どもたちの研究

ドイツで殺害された子どもたちのなかでも、特別に研究されたグループは、安楽死計画の犠牲となった五〇〇〇名以上にのぼる子どもたちである。[63] こうした子どもに関しては、その研究と殺害を委託されていた「子ども専門部」によって、多くの個別研究がなされていた。これに関わったある特殊施設の活動についても、[64] 研究が進められた。たとえば、この「T４」[65] の名称で有名になった安楽死作戦に従事した「褐色の看護士」および作戦を支持した女性たち、反対にこの作戦への抵抗活動に関する研究がおこなわれている。さらに、ドイツが占領した地域において展開された、組織的な「アーリア人化」により犠牲となった子どもたちのことも知られてきた。

（4）東部地域から避難してきた子どもたちの研究

以上の研究に続いて、旧ドイツ領の東部地域からの避難民[66]とそこに含まれていた約一〇万人の子どもたちの運命を解明する努力もおこなわれている。これらの避難民は、ソビエト占領地区の東ドイツの諸州（ここでは許容量をはるかに超過する避難民がいた）とシュレスヴィッヒ・ホルシュタインからバイエルンに至る西ドイツにおいて、受け入れてもらわざるをえなかった。[67] さらには、ドイツ以外の国々において救助された子どもたちの受け入れや、[68] 亡命した子どもたちに関しても明らかになってきた。[69] 数多く書かれた伝記や自叙伝も、子どもたちの成長プロセスを明らかにするうえでは、有益なものとなっている。今では、著名な政治家も、自らの成長過程で体験したことを語ることに躊躇しなくなってきた。[70] ただし、旧ドイツ領の東部地域からのドイツ住民の追放問題は、ポーランドやチェコといったドイツの隣国では、今でも明らかにデリケートな問題となっている。他方では、被害を受けた子どもたちの多さを見据えつつ、トラウマを抱えた「戦争っ子」たちへの医学心理療法も、[71] 終戦直後からの取り組みを基盤として展開されてきている。[72]「戦争っ子」たちに関する研究は、国際的に取り組まれるようになってきており、そうした研究成果も相当の数に達している。

(5) 身元不明となった子どもたち

一九四五年以後になって家族や親戚からはぐれて、占領下に置かれたドイツやその周辺諸国をさまよっていた五〇万人を超す子どもたちのことも、最近のテレビ番組を通して明らかにされた。こうした子どものうち、少なくとも約五〇万人は、行方不明者捜索機関による努力によって、数年のうちに親類へと戻されることができた。[73] しかし、今でも約四〇〇人の捨て子は身元不明のままで、ただ機械的に割り振られた名前で生活している。フリースランド(ニーダーザクセン州)やギーセン(ヘッセン州)、フェーレンヴァルト(バイエルン州)などに設置された越境者収容所ないし難民収容所で、登録され保護を受けた難民の数は、今日までに数百万人に達している。すばやい動きで進行してきた赤軍兵士によって蹂躙された東部地域の子どもたちの運命については、ポーランド側の資料からも研究が進められている。[74]

(6) 反ナチ抵抗運動およびナチス幹部の子どもたち

反ナチ抵抗運動に関わった人びとの子どもたちは、とりわけ一九四四年七月二〇日事件以降、共同責任を問われ、その家族とともに迫害を受けた。[75] こうした特殊な子どもたちの過酷な生活は、戦後も続いた。同様のことは、戦争犯罪者、とりわけナチス幹部の子どもたちの場合にも指摘できる。[76]

（7）難民の子どもたちへの支援活動と調査研究

一九四五年以降、六五〇〇万から七〇〇〇万人と推定される難民（このなかにはユダヤ人の子どもも含まれる）のために収容所が設置されていた。[77] 難民のなかには、第三帝国時代に強制労働者として連行された多くの若者がいた。これら若者に対する生活保障、学校教育、さらに受け入れ国への移送といった問題は、ドイツ占領軍政府がおこなうべき課題の一つとなっており、こうした課題は一九四三年に設置された「連合国救済復興機関」が担っていた。この活動の一環として、学校や大学まで設置された。アメリカからの生活物資支援としての「ケア・パケット」のことは、当時のドイツ人なら誰でも知っていた。今では一部の専門家だけが知るだけとなっているが、アメリカ政府による援助組織である「ガリオア」[78]や「クラログ」[79]の活動もあった。難民のなかでも、東部地域から逃れてきて、デンマークに到着した約二五万人のドイツ人難民には、推定で約一万人という大量のドイツ人の子どもたちが含まれていた。彼らは難民収容所に収容されたが、デンマーク人からのあからさまな増悪が浴びせられた。このことに関しても研究がなされている。[80] 同様のことは、難民であふれていたオーストリアの収容所でも起こっていた。

（8）もう一つの「戦争っ子」の問題の浮上

ところで、ここ数年来、これまでは想定できなかった規模（一〇〇万人から二〇〇万人とも推定される）で浮上してきた子どもグループがある。この子どもたちについては、いま国際的協力のもとで研究作業が進められている。[81] そのグループとは、ドイツが占領していた国ぐににおいて、ドイツ軍人と現地女性の間に生まれた子どもたちのことである。ノルウェー、デンマーク、ベルギー、フランスでは、こうした子どもたち自身によって、事実の検証や映像作品の作成がおこなわれている。[82] ポーランドでも調査が開始された。[83] こうした子どもたちは、たいていの場合、無視されたり、追放されたり、収容所に放り込まれたり、あるいはあらゆる法規定が顧みられることなく他国へ（たとえば、ノルウェーからスウェーデンへ）と送られたり、養子縁組みが解消されることもあった。この子どもグループは、前述した「生命の泉協会」の子どもたちと一緒にして考えることができるだろう。[84] ドイツ軍人の子どもたちの数は、推定で、フランスには二〇万人、ノルウェーには八〇〇〇人から一万二〇〇〇人、ベルギーにも四万人いると見込まれている。[85] ノルウェーの子どもグループは、一五〇人の原告団を組織して、自分たちの権利の侵害（社会福祉立法上の差別待遇とそのほかの迫害）を理由に、その補償を求める訴訟を起こし、シュトラースブルクのヨーロッパ人権裁判所にまで争うという動きを始めた。その間に、フランスにおけるドイツ軍人の子どもたち（フランスでは「恥辱の子」と呼ばれた）の場合には、彼らがドイツ国籍を取得することができる合意を勝ち取った。その背景には、フランスにおける「戦争っ子」の支援組織の存在があった。同様の支援組織として、ベルギーには「カッコウの子ども」協会があり、さらに国際的組織としては、「戦争が生んだ子どもたちの共同的研究国際ネットワーク」（ＩＮＩＲＣ）がある。

（9）研究の主体としての一般市民の取り組み

以上、「戦争っ子」に関する若干の研究成果を取り上げながら概観してきたが、このテーマに関する研究は、その大半は学術的分析を通して生み出されたものではなく、一般市民による取り組みや個人の体験の勇気ある活字化の成果である。幅広い共同作業がおこなわれるなかで、マスメディアもこのテーマに興味を示すようになってきた。この結果、戦争時代の証言者は、文献資料を読んでいないような聴衆に対して、テレビ番組を通じて情報提供する機会を得てきた。同じく博物館も、展示技術を駆使して、「戦争っ子」たちの体験に関する企画をおこなうようになってきた。学校や成人教育機関である市民大学が、組織した研究グループを通して先駆的な研究成果を挙げたことを契機に、その研究グループに学会や研究組織が参画することも珍しいことではない。ハンブルク社会研究所が開催したドイツ国防軍に関する展示会（一九九五年、訂正した展示会は二〇〇一年）のように、激しい政治的・学問的論議を巻き起こした取り組みもある。この展示会の場合は、その展示方法に批判が寄せられたために、再調査がおこなわれ、その結果を受けて修正した展示会がおこなわれた。こうした展示会のような取り組みに対しては、かつても今も右翼グループからの激しい反対運動が起こっている。

(10) 残されている課題

まだ未解決の問題は多いし、その多くは今後も解明されないままかもしれない。とりわけ、ナチズム期と戦後に子どもたちが体験した状況や取り扱いが、その後にどのような影響を及ぼしたのかという問題は、引き続き調査されている。この論点については、次のような新たな根本的疑問も提起されてきている。子どもたちに深く浸透していた人種的思想の根深い影響を、どのように薄めたり、取り除いたりすることができたのだろうか。追放された子どもたちは、自らの体験を、次の世代にどのように伝えたのだろうか。学校と教科書、教員と教員養成は、こうした「戦争っ子」に関する問題にどのように対応し、次の世代をどのように非ナチ化していったのだろうか。反ナチ反抗運動やレジスタンス活動は、現在の青少年教育のなかでどのような役割や影響力を持っているのだろうか。生き延びたユダヤ人や帰国したユダヤ人との関係、さらにイスラエルにおける次世代との関係は、どのようにして安定させることができたのだろうか、といった課題である。

おわりに

最後に、「戦争っ子」の検証作業の一つとしておこなわれた、きわめて感動的な活動を紹介して、小論を閉じることにしよう。それは、テレジエンシュタット強制収容所のなかで、一九四三年に五〇回以上も演じられたという子どもオペラ「ブルンディバール」を、二〇〇九年九月に再上演したという取り組みである。ドイツでは、ミュンヘンのゲルトナー広場の劇場やディンケルスビュールのギムナジウム、ミュンスターの国立劇場などで、またチェコのテレジエンシュタットでは教育センターで、さらにイスラエルでもそれぞれ上演された。イスラエルでの再上演は、ドイツのライプチヒのゲヴァンドハウス子ども合唱団とイスラエルのモランクワイア合唱団が共演したものであったが、そこには強制収容所をからくも生き延びることができた四人も参加していた。この再上演の模様は、二〇一〇年五月にテレビ放送された。

注

（1）小論のタイトルは、二〇〇一年四月、トラフェミュンデで開催された被追放者連盟（Bund der Vertriebenen）の婦人連合会の大会の大会スローガン、「被害者としての子ども　加害者としての子ども」に因んでいる。Margarete Dörr: *Der Krieg hat uns geprägt*. Frankfurt a. M. / New York 2007, 2 Bde.

（2）研究動向については次を参照。Matthias Grundmann u.a.（Hrsg.）: *Kriegskinder in Deutschland zwischen Trauma und Normalität. Botschaften einer beschädigten Generation*. Berlin 2009（Münsteraner Schriften zur Soziologie. 3）. Lu Seegers/

Jürgen Reulecke (Hrsg.): *Die „Generation der Kriegskinder". Historische Hintergründe und Deutungen.* Gießen 2009 (Psyche und Gesellschaft).

(3) Klaus Füllberg-Stolberg (Hrsg.): *Frauen in Konzentrationslagern. Bergen-Belsen, Ravensbrück.* Bremen 1994.

(4) Ernst Berger (Hrsg.): *Verfolgte Kindheit. Kinder und Jugendliche als Opfer der NS-Sozialverwaltung.* Wien 2007.

(5) Feliks Tych (Hrsg.): *Kinder über den Holocaust. Frühe Zeugnisse1944-1948. Interviewprotokolle der Zentralen Jüdischen Historischen Kommission in Polen. Übersetzt von Jürgen Hensel.* 2. Aufl. Berlin 2008.

(6) 二〇〇五年五月八日、ウルムのオーベラー・クーベルク強制収容所においておこなわれたコルドゥラ・ゲストリヒの講演「第二次世界大戦から生まれた戦争っ子たち」より引用。講演原稿は次の連絡先へ請求できる（gestrich@gestaltpraxis.de）。

(7) Wilhelm Roeßler: *Jugend im Erziehungsfeld.* 1. Aufl. Düsseldorf 1957, 2. Aufl. Stuttgart 1962.

(8) Ingvill C. Mochmann / Sabine Lee / Barbara Stelzl-Marx (Hrsg.): *Children Born of War. Second World War and Beyond. Historical Social Research.* Bd. 34, 2009, 3. 本著は概論とデンマーク、オランダにおけるドイツの「戦争っ子」、アメリカおよびソビエトで父親が兵士であった「戦争っ子」についての論考で構成されている。

(9) Heike Vowinkel: Auf der Suche nach dem deutschen Vater. Welt online vom 9. Jan. 2005.

(10) 二〇〇〇年にバート・ボル福音派アカデミーでおこなわれた大会を契機に設立された「戦争っ子」協会は、「戦争っ子」を次のように定義している。「戦争っ子とは、その幼少期に直接的ないし間接的に戦争の影響を受け、後々まで残る精神的、身体的傷を被った人のことである。戦争に伴うトラウマは長い間認識されていなかったが、それは現実に存在しており、心理的不安定ないし心身医学的な病状を引き起こす。こうしたトラウマを抱えた人びとは、戦争体験によって影響されており、子どもの世代のみならず孫の世代にまで影響を及ぼすことがある」。本論では、直接的ないし間接的な被害がなかった子どもたちも含めた、より広い概念が措定されている。つまり次のような概念である。独裁体制下および総力戦のもとで成長し、自らの世界が破壊されたと痛感してきたすべての子どもたちは、つねにあらゆる種類の損害も受けている、という捉え方である。「誰もが疑われ、誰もが罪を負わされる。体制に賛成できないと、それだけで反体制派となる」。Thomas Assheuer: Grün ist die Farbe der Revolution. in. *Die Zeit.* 8. April 2010. これは今日のイランの状況にも当てはまる。

（11）ソ連のＮＫＶＤ（国家保安人民委員部、ＫＧＢの前身）がポーランド人将校を殺害したカティンの森事件の被害者にまつわる確執は、ロシアとポーランド間での戦争被害者の人数調査の遅れを象徴している。ポーランドの一般市民の殺害や追放事件は、ソビエト軍による東ポーランドの占領直後のことであった。たとえば、レニングラード包囲で殺害され、餓死した、あるいは病死した子どもや新生児の数（これらすべての死者は一一〇万人を上回る）は、算出されなかった。

（12）Mark Spoerer: *Zwangsarbeit unter dem Hakenkreuz. Ausländische Zivilarbeiter, Kriegsgefangene und Häftlinge im Deutschen Reich und im besetzten Europa 1939. 1945.* Stuttgart u.a. 2001.

（13）Hans Günter Hockerts / Claudia Moisel / Tobias Winstel（Hrsg.）: *Grenzen der Wiedergutmachung.* Göttingen 2006.

（14）本研究グループによる次の国際会議は、ザルツブルクにおいて、二〇一〇年九月三〇日～一〇月二日におこなわれた。詳しくは http://www.wlv.ac.uk/default.aspx?page=21825。背景については次を参照。International Network for Interdisciplinary Research on Children Born of War（INIRC）: http://www.childrenbornofwar.org/

（15）Helmut Schmitz: *A Nation of Victims. Representations of German Wartime Suffering from 1945 to the Present.* Amsterdam 2007.

（16）文献紹介を含めて、この問題について大変よく概観した文献として、次を参照。Heinz Schreckenberg: *Erziehung, Lebenswelt und Kriegseinsatz der deutschen Jugend unter Hitler.* Münster 2001（Geschichte der Jugend, Bd. 25）.

（17）このことは、ザルツブルク大会におけるテーマの多彩さからも知ることができる。

（18）Richard Töpfer: *Das Recht der Kriegsopfer. Bundesversorgungsgesetz, Wiedergutmachungsgesetz, Unterhaltshilfegesetz.* Köln 1955.

（19）オーストリアに関しては次を参照。Karl Ernst / Michael Svoboda: *Schicksal Kriegsopfer. Die Geschichte der Kriegsopfer nach 1945.* Hrsg. Vom Kriegsopfer und Behindertenverband für Wien, Niederösterreich und Burgenland. Wien 1995. フランスの占領地区に関しては次を参照のこと。Rainer Hudemann: *Sozialpolitik in deutschen Südwesten zwischen Tradition und Neuordnung 1945-1953.* Mainz 1988（Veröffentlichungen der Kommission des Landtages für die Geschichte des Landes Rheinland-Pfalz, Bd. 10）. 全般に関しては次を参照。Kar Doehring / Bernd Fehn / Hans Günter Hockerts:

Jahrhundertschuld, Jahrhundertsühne. Reparationen, Wiedergutmachung, Entschädigung für nationalsozialistisches Kriegs- und Verfolgungsunrecht. München 2001.

(20) Katrin Greiser: *Die Todesmärsche von Buchenwald. Räumung, Befreiung und Spuren der Erinnerung.* Göttingen 2008, Matthias Grundmann: *Kriegskinder in Deutschland zwischen Trauma und Normalität. Botschaften einer beschädigten Generation.* Berlin 2009（Münsteraner Schriften zur Soziologie. Bd. 3）.

(21) Sabine Bode: *Kriegsenkel. Die Erben der vergessenen Generation.* 2. Aufl., Stuttgart 2009; Katrin Himmler: *Die Brüder Himmler. Eine deutsche Familiengeschichte.* 2. Aufl., Frankfurt a. M. 2005, Claudia Brunner / Uwe von Seltmann: *Schweigen die Täter reden die Enkel.* Frankfurt a. M. 2004.

(22) Harald Welzer: *Das Gedächtnis der Bilder. Ästhetik und Nationalsozialismus.* Tübingen 1995.

(23) 一九四五年のドレスデン爆撃による死者数は二万五〇〇〇人となっている。参照：http://www.rp-online.de/panorama/deutschland/25-000-Tote-bei-Zerstoerung-Dresdens-1945_aid_833349.html。委員会によって、残されていた証拠書類や一六〇〇人以上の証言者について質問調査がなされた。

(24) これについては次の催しが想起される。二〇〇七年一一月八日、「記憶の列車」と銘打って、ドイツ鉄道の特別列車を使用して、ナチスによるユダヤ人などの強制移送についての巡回展が催された。「多くの車両を使っておこなわれたこの巡回展示は、ドイツ国内のみならず、ヨーロッパ規模でおこなわれた大犯罪（かつてドイツが占領していた地域にいた子どもたちや若者も巻き込まれた）について説明している。展示のなかには、シンティ・ロマやナチスに敵対した者の子どもたち、さらに東欧諸国の若者たちの姿が見える。彼らは殺害されたり、強制的に連行されたりしている。これらの子どもや若者のために、ポーランド、旧ソ連、ノルウェー、ベルギー、オランダ、フランス、イタリア、そしてギリシアから送られてきた経歴を含む説明書きが添えられている」(http://www.fau-duesseldorf.org/nachrichten/zug-der-erinnerung-startet-im-frankfurter-hauptbahnhof)。

(25) Hans Keilson: *Sequentielle Traumatisierung bei Kindern. Untersuchung zum Schicksal jüdischer Kriegswaisen.* 1. Aufl., 1979, Neudruck Gießen 2005. ユダヤ人の戦争孤児のトラウマについて書かれた本書は、その後の研究にも影響を与えている。

(26) Andreas Kraas: *Lehrerlager 1932-1945. Politische Funktion und pädagogische Gestaltung.* Bad Heilbru.

(27) http://www.weltkrieg2kindheiten.de/index.htm を参照。当研究グループの最近の会合は二〇〇九年一〇月におこなわれた。彼らの研究は現代史的な手法によって問題を解明しようとするものではない。重視されていることは、ある体験が後になってその人物にどのような影響を与えているのかということ、換言すれば、「〈戦争下の子ども時代〉に体験したことが、その人間のその後の人生経路にもたらしていた意味を問題とすることである。ここではとくに、老人学、発達心理学、ライフヒストリー、精神分析学などの分野から発せられた問題を取り上げ、継続的に考えていくことが重要となる。その際に、戦時中に子ども期を過ごした人びとに起こりえるリスクの長期的な推移が問題となる。こうした問題は、現代医学の治療実践が、年齢を重ねた戦争体験世代に現れていることを明らかにしてきた問題である。さらに研究されるべき問題は、世界大戦によって国際社会の考え方や政治文化がいかなる影響を受けたのかを歴史的に考察することにある。具体的な研究テーマは次の通りである。戦時中と戦後の時期に直接的に何を体験したのか、どのような段階で戦争体験を思い出すのか、戦争体験がその人間や社会全体の推移にどのような影響を及ぼしたのか、などである」。この研究は、とくに「戦争っ子」世代を年齢に応じて専門的にケアすること、現在の世界各地の「戦争っ子」たちを心理社会学的に援助することなどの分野で、より適切で実践的な問題解決を志向している。第二次世界大戦に関する全ヨーロッパ的な記憶文化を構築することは、文化的統合を意味する。

(28) 学童疎開は、子どもたちの教化のために役だったのではなくて、むしろ本質的には爆撃に脅かされていた都市の子どもたちの延命のために役だった。

(29) これとほぼ同じ趣旨を論じているインターネットブログの記事を引用しておく。「一九三三年に設立されたドイツ帝国玩具・かご細工・乳母車商人連盟は、遊びとおもちゃの豊かな品揃えを提供していた。たとえば、あるニュルンベルクの衣料会社とタイアップした単純な木のパズルのおもちゃから、贅沢なブリキのおもちゃまでを扱っていた。取り外し可能な天井や照明までついている茶色の家（国家社会主義ドイツ労働者党〔ＮＳＤＡＰ〕のミュンヘン本部に倣ってそう名付けられた）は広く流行していたリネオル社やエラストリン社製の人形とともに、理想的な遊びを提供した。ナチ式敬礼をした総統人形が腕を掲げて乗り、子ども部屋を走り抜けていったメルセデス・キャブリオリムジンは、ナチ党大会でいつもヒトラーが乗っていた車である770K型の忠実な再現である。総統と党がおこなったことは、子どもたちの生活のなかで非常に重要な位置を占めるようになり、教育の場面でも決定的な役割を担うようになったのである。親の影響はこの陰に隠れてしまっていた」(http://www.dhm.de/lemo/html/nazi/alltagsleben/spielzeug/index.htm)。

(30) Manfred Heinemann: Evangelische Kindergärten im Nationalsozialismus. Von den Illusionen zum Abwehrkampf. in. Manfred Heinemann (Hrsg.): *Erziehung und Schulung im Dritten Reich*. Teil 1, Stuttgart 1980.

(31) これは欧州派遣連合国軍・最高司令部（ＳＨＡＥＦ）の心理戦部隊の初仕事であった。次を参照。Saul K. Padover: *Psychologist in Germany. The Story of an American Intelligence Officer*. London 1946.

(32) 二〇〇五年四月一四日から一六日に、フランクフルトの児童文学研究所が「戦争っ子世代と彼らが戦後六〇年のヨーロッパへ向けたメッセージ」という大規模な会議を開催した (http://www.kriegskinderkongress2005.de/)。このサイトでは文献概観もできる。

(33) Anne-Ev Usdorf: *Wir Kinder der Kriegskinder. Die Generation im Schatten des Zweiten Weltkriegs*. 5. Aufl., Freiburg 2010.

(34) 次のサイトでは、データバンクの調査で「ナチズム」というキーワードについての三五三件の結果が示されている (http://www.koerber-stiftung.de/bildung/geschichtswettbewerb/datenbank.html#ResultAnfang)。

(35) Sabine Bode: *Die vergessene Generation: Die Kriegskinder brechen ihr Schweigen*. 7. Erw. Aufl., Stuttgart 2009.

(36) 次の文献のインタビューを参照のこと。Martin Rüther: *KLV. Erweiterte Kinderlandverschickung 1940-1945. Eine Dokumentation auf 2 DC-Roms*. Köln 2000. 個別事例については次に書かれている。Jost Hermand: *Als Pimpf in Polen. Erweiterte Kinderlandverschickung*. Frankfurt a. M. 1993.

(37) Katrin Greiser: *Die Todesmärsche von Buchenwald. Räumung, Befreiung und Spuren der Erinnerung*. Göttingen 2008.

(38) 日記については、エメンディンゲンにあるドイツ日記文書館 (Deutsche Tagebucharchiv in Emmendingen) の蔵書を参照 (www.tagebucharchiv.de)。

(39) Hans-Burkhardt Sumowski: *„Jetzt war ich ganz allein auf der Welt“. Erinnerungen an eine Kindheit in Königsberg.*

München 2007.

（40） Gisela Eckert: *Hilfs- und Rehabilitierungsmassnahmen der West-Alliierten des Zweiten Weltkrieges für Displaced Persons (DPs) dargestellt am Beispiel Niedersachsens 1945-1952.* Diss. TU-Braunschweig 1995.

（41） Christian Lopau / Benjamin Polzin: Gedenkstätte für die Kinder osteuropäischer Zwangsarbeiterinnen in Mölln. in. *Informationen zur Schleswig-Holsteinischen Zeitgeschichte.* 36, 1999. 約四〇〇ヵ所で約一〇万体に上る子どもの遺体が見つかった（参考：http://www.krieggegenkinder.org/）。強制労働者を親に持つ子どもたちは、数年前から注目されはじめた子どもグループである。彼らを調査するための最重要資料として戸籍簿がある。ニーダーザクセン州リューネブルク郡のダーレンブルクにゲシヒトスターフェルと呼ばれる、このような子どもたちの名前が書かれた短いリストがある。リューネブルクにはかつて六〇〇〇人ほどの強制労働者がいた。「〈外国人児童保護施設〉の状況について証言をしたある女性は次のように述べている。子どもたちの一部は凝乳で育てられた。彼らのほとんどが湿疹に苦しみ、栄養不足で死んでいった。この小さな死体は地元の産婆によって箱に入れられ、自転車カゴに積まれて、ダーレンベルクから墓場へと運ばれた。この墓場奥の角には産婆が掘った穴がある。また同時に産婆は、ダーレンベルクの戸籍役場に、いま起きている子どもの死について伝える役割を負っていた。当時、隣の家に住んでいた農婦の所に、子どもを施設に預けている母親たちがよく訪ねて来ていた。このような訪問は表向きには二週間おきの日曜日にのみ認められており、多くの母親たちはこの訪問時に自分の子どもの死を知り、酷く泣き叫んだのである。農婦が申し出た食べ物の寄付は監督婦によってはねつけられた。また農夫も農場主も施設の状況改善をおこなうことができなかった。この地の児童保護施設の状況は、農婦にとってもっとも酷い戦争体験であり、戦争で死んだ自分の息子の喪失よりも深刻なトラウマとなった。戦後になると母親や両親は施設から子どもを引き取った。しかし農場主の家族は、連合軍の進駐によって追われることはなく、むしろ進駐軍から保護されていた」。

（42） Gunnar Richardson: *Hitler-Jugend i svensk skol- och ungdomspolitik. Beredskapspedagogik och demokratifostran under andra världskriget.* Stockholm 2003.

（43） 一九五三年から現在まで、『季刊現代史』の論文目録には「子ども」という項目はない。

（44） 次を参照。Benjamin Ortmeyer: *Schulzeit unterm Hitlerbild.* Frankfurt 1996 (Fischer Taschenbuch 1690), Thomas

Gatzemann: *Geisteswissenschaftliche Pädagogik, Krieg und Nationalsozialismus. Kritische Fragen nach der Verbindung von Pädagogik, Politik und Militär.* Frankfurt a. M. 2004.

(45) Reinhold Hartmann: *Musik unterm Hakenkreuz. Lieder der Hitlerjugend*（*Rundfunkmitschnitt Hessischer Rundfunk 2 vom 7. 11. 1984. Aufnahme ausleihbar BIS Universität Oldenburg*).

(46) Cordelia A. Endler: *Es war einmal – Im Dritten Reich. Die Märchenfilmproduktion für den nationalsozialistischen Unterricht.* Frankfurt a. M. 2006.

(47) Harald Scholtz: *NS-Ausleseschulen.* Göttingen 1973.

(48) Arno Klönne: *Jugend im Dritten Reich. Die Hitler-Jugend und ihre Gegner. Dokumente und Analysen.* Neuausgabe Düsseldorf 1984.

(49) Uwe-Karsten Heye: *Vom Glück nur ein Schatten. Eine deutsche Familiengeschichte.* Stuttgart 2004.

(50) このことは、ナチス時代から引き継いだ遺産（それは容易には清算されることがなく、そのために歪められてもきた）にも当てはまる。

(51) 次を参照。Harald Welzer: *Das Gedächtnis der Bilder. Ästhetik und Nationalsozialismus.* Tübingen 1995, Harald Welzer (Hrsg.): *Das soziale Gedächtnis. Geschichte, Erinnerung, Tradierung.* Hamburg 2001.

(52) Margarete Dörr: *Der Krieg hat uns geprägt.* Bd. 1, Frankfurt a. M. / New York 2007, S. 7f. デールは同時に、この世代の沈黙をしていなかった人びとについても触れている。目立った反響はなかったものの、一九九〇年までに一〇の包括的な記述があった。この問題に取り組んだ著名なドイツ人作家、ヴォルフガング・ボルシャースの『扉の前で』（一九四七年）という中等学校でも扱われていた作品をデールは指摘している。またハインリッヒ・ベル、ギュンター・グラス、ウーヴェ・ヨーンゾンといったそのほか多くの作家も、ナチズムがもたらした一連の帰結と向き合っていた。

(53) Gisela Miller-Kipp: *„Der Führer braucht mich“. Der Bund Deutscher Mädel*（*BDM*）. *Lebenserinnerungen und Erinnerungsdiskurs.* Weinheim 2007.

(54) Gerhard Kock: *„Der Führer sorgt für unsere Kinder“. Die Kinderlandverschickung im Zweiten Weltkrieg.* Paderborn

1997.

(55) Gerhard Kock: *„Der Führer sorgt für unsere Kinder“*.

(56) Melitta Maschmann: *Mein Weg in die Hitler-Jugend*. 5. Aufl., Stuttgart 1983.

(57) 低地ドイツ語で書かれた次を参照。Hans Otto Meier: *So üm bi 1945. Dat Besinnen an de Kinnertied*. Husum 2006. 子ども言葉は、インタビュー調査の際に用いる高地ドイツ語ではないこと、またナチス期にはドイツのたいていの場所では、高地ドイツ語が第一外国語として学ばれなければならなかったという事実は、ナチズム研究においてはまったく注目されていない。それに加え、ナチ時代の関係者に対して、今日用いられている概念やそれについての一般的理解や解釈を用いて調査することも、暗黙のうちに前提とされてしまっている。当時の人びとがほんとうに理解していたことが何であったのかを明らかにすることが、根本問題ではないのだろうか？　情報操作された国家においては、どこから、またどのようにして、本当のことが確認できたのだろうか？　現在の研究者がしばしば欠落していることは、ナチ期の最初の時点ではまだ教会と結びついた日常的モラルが破壊されずに残っていたことへの理解である。この日常的モラルという事実は、ナチズムに関する研究によってはじめて再発見されなければならなかったものである。次を参照。Martin Broszat（Hrsg.）: *Bayern in der NS-Zeit*. 3. Bde., München 1977-1983. ナチ体制に組み込まれていた殺人システムは、それを「想像もできないこと」と理解する日常的モラルとは隔絶していたのである。

(58) Heinrich Demerer: *Als Kind in NS-Konzentrationslagern*. Aufzeichnungen. Berlin 2009; Feliks Tych: *Kinder über den Holocaust*. 3. Aufl. Berlin 2009; Martin Gilbert: *Sie waren die Boys. Die Geschichte von 732 jungen Holocaust- Überlebenden*. Übers. aus dem Englisch vom Reinhard Brenneke, Berlin 2007.

(59) アムステルダム出身のアンネ・フランクは、ベルゲン・ベルゼン強制収容所で亡くなった。彼女はユダヤ人の子どもが被った悲劇を再検討するためのもっとも典型的な事例である。次を参照（www.annefrank.org; http:annefrank.de; www.geschichtsunterricht-online-de/annefrank）。

(60) Ilany Kogan: *Der stumme Schrei der Kinder. Die zweite Generation der Holocaust-Opfer*. Frankfurt a. M. 1995（1. Neuausgabe mit einem Nachwort von Margarete Mitscherlich. Gießen 2007）.

（61） Children and the Holocaust（Hrsg）: *Vom Center für Advanced Holocaust Studies*. United States Holocaust Memorial Museum 2004.

（62） 次を参照（http://www.fritz-bauer-institut.de/links/gedenkstaetten.htm）。

（63） アロルゼンの国際行方不明者捜索機関の調査による数値である。当機関については次を参照（http://www.its-arolsen.org/de.）。

（64） さらなる情報については次を参照（http://www.pk.lueneburg.de/gedenkstaette/forschung.html）。

（65） Birgit Breiding: *Die Braunen Schwestern. Ideologie, Struktur, Funktion einer nationalsozialistischen Elite*. Stuttgart 1998（Beiträge zur Wirtschafts- und Sozialgeschichte. Bd. 85）; Heide-Marie Lauterer: *Liebestätigkeit für die Volksgemeinschaft. Der Kaiserswerther Verband Deutscher Diakonissenmutterhäuser in den ersten Jahren des NS-Regimes*. Göttingen 1994（Arbeiten zur kirchlichen Zeitgeschichte, Bd. 22）.

（66） Elisabeth Pfeil: *Flüchtlingskinder in neuer Heimat*. Stuttgart 1951.

（67） 加えて、オルデンブルク大学の児童書・青年書研究所によって、二〇〇一年に展覧会が開催された。

（68） Claudia Curio: Die Fürsorgepolitik des Refugee Children's Movement. Ein Instrument der Integration deutsch-jüdischer Flüchtlingskinder in der britischen Gesellschaft. in, *Jahrbuch für Antisemitismusforschung*. Bd. 10, 2001; Krzysztof Ruchniewicz: *Zwischen Zwangsarbeit, Holocaust und Vertreibung. Polnische, jüdische und deutsche Kindheiten im besetzten Polen*. Weinheim 2007（Beitrag zur Tagung „Kriegskinder als historische Erfahrungen und als kollektive Erinnerung", Essen 2006）.

（69） Dieter Krohn（Hrsg.）: *Kindheit und Jugend im Exil. Ein Generationenthema*. München 2006; Salome Lienert: Flüchtlingskinder in der Schweiz. Das Schweizer Hilfswerk für Emigrantenkinder 1933 bis 1947. in, *Exilforschung*. Bd. 24, 2006.

（70） Lothar Bisky: *So viele Träume: Mein Leben*. Berlin 2005. ドイツ連邦大統領のホルスト・ケーラー（当時）の子ども時代については次を参照。ケーラーの家族は、一九五七年まで避難民施設で生活していた（http://de.wikipedia.org/wiki/

Horst_Köhler.)。

(71) イギリス軍占領地区では、このような子ども向けの心理学的治療が体系的に立ち上げられた。次を参考。Klaus Oberborbeck: Anfänge und Ende des „Städtischen Psychologischen Instituts“ in Hannover. Zur Geschichte der Erziehungsberatung in Hannover. in, *Hannoversche Geschichtsblätter*. Bd. 46, 1992.

(72) Heike Möhlen: *Ein psychosoziales Interventionsprogramm für traumatische Flüchtlingskinder. Studienergebnisse und Behandlungsmanual*. Gießen 2005.

(73) ドイツ赤十字の行方不明者捜索機関は、計一六〇〇万人を引き合わせた。

(74) Wlodzimierz Borodziej: *Als der Osten noch Heimat war. Was vor der Vertreibung geschah*. Berlin 2009.

(75) Felicitas von Aretin: *Die Enkel des 20. Juli 1944*. Leipzig 2004.

(76) Matthias Kessler: *„Ich muss doch meinen Vater lieben, oder?“ Die Lebensgeschichte von Monika Göth, Tochter der KZ-Kommandaten aus „Schindlers Liste“*. Frankfurt a. M. / Eichborn 2002; Dan Bar-On: *Die Last des Schweigens. Gespräche mit Kindern von Nazi- Tätern*. Frankfurt a. M. 1993.

(77) Jim G. Tobias / Nicola Schlichting: *Heimat auf Zeit. Jüdische Kinder in Rosenheim 1946-47. Zur Geschichte des „Transient Children's Center“ in Rosenheim und der jüdischen DP-Kinderlager in Aschau, Bayerisch Gmain, Indersdorf, Prien und Pürten*. Nürnberg 2006.

(78) Günther Thiele: Die Ernährungshilfe für Westdeutschland von 1945/46 bis 1952/53. Eine Würdigung von Marshallplan, GARIOS- und sonstigen Hilfslieferungen für die Ernährung der westdeutschen Bevölkerung. in, *Berichte über Landwirtschaft*. Bd. 32, 1954; Yolanda Gambel: *Kinder der Shoah. Die transgenerationelle Weitergabe seelischer Zerstörung. Aus dem Französischen übersetzt von Klaus-Konrad Knopp*. Gießen 2009.

(79) Volker Koop: *„Dem Führer ein Kind schenken“. Die SS-Organisation Lebensborn e. V.* Köln 2007.

(80) Kirsten Lylloff: *Barn eller fjende? Uledsagede tyske flygtningebörn i Danmark 1945-1949*. Kopenhagen 2005 (zugl. Diss. Universität Kopenhagen 2005). Lylloff は「デンマーク現代史上最悪の人道的悲劇」についてのインタビューにも答えている。

これについてはとくに次を参照（http://forum.stirpes.net/nachrichten-neuigkeiten/2567-10-000-deutsche-kinder-nach-dem-2-weltkrieg-daenemark-misshandelt.html）。

(81) この概観については次を参照。Ingvill Mochmann / Sabine Lee / Barbara Stelzt-Marx: The Children of the Occupations Born during the Second World War and Beyond. An Overview. in, *Historical Sozial Research*. vol. 34, Nr. 129, 2009, 3, 263-372.

(82) Ebba D. Drolshagen: *Nicht ungeschoren davongekommen. Das Schicksal der Frauen in den besetzten Ländern die Wehrmachtssoldaten liebten*. Hamburg 1998; Kare Olsen: *Schicksal Lebensborn. Die Kinder der Schande und ihre Mütter*. München 2004（Aus dem Norwegischen von Ebba D. Drolshagen）. Kare Olsen: *Vater Deutscher. Das Schicksal der norwegischen Lebensbornkinder und ihrer Mütter von 1940 bis heute*. Frankfurt a. M. 2002. Erika Fehse: *Deutschenkinder in Norwegen*. Sendung des WDR 2006（Fernsehmitschnitt im BIS der Universität Oldenburg）.

(83) Jürgen Reulecke（Hrsg.）: *Kriegskinder in Ostdeutschland und Polen. Groß Neuendorfer Grenzgespräche 2007*. Berlin 2008.

(84) Gisela Heidenreich: *Das endlose Jahr. Auf der Suche nach der eigenen Identität ein Lebensbornschicksal*. 2. Aufl., Frankfurt 2007（Fischer Taschenbuch, Bd. 16028）.

(85) Gerlinda Swillen: *Koekoekskind*. Antwerpen 2009.

あとがき

本書は、ドイツ戦後史を貫流する「過去の克服」のテーマに教育研究者たちがはじめて取り組んだ研究の成果である。その経緯は「はしがき」に述べたが、編著者がいだいていた課題意識をほかの執筆者たちも共有することで、このようなかたちに結実することができた。もちろん年二回の研究会で各自が構想と原稿を持ち寄り、互いに問題を指摘するなかで論点も深まり、ようやく「これでいこう」という定まった内容になったのは昨年九月の研究会のことである。

ドイツ戦後史の重要テーマに研究として取り組むには、それなりの研究能力が求められるが、幸い執筆者たちはそれぞれの分野で主導的な役割を果たしている。彼らと一緒になって仕事し、一つの成果にまとめあげることができたことは、大きな喜びとなっている。

とはいえ、本書がそうした自負に耐えうるか否かは、読者諸氏の忌憚のない意見と率直な批判をまつほかはない。それにもまして願うのは、われわれのささやかな営為が、今後この種の研究の俎上にのせられることである。願いはこれに尽きる。

二年近く前のことだが、ホロコースト総合研究所として知られるフランクフルト大学構内の「フリッツ・バウアー研究所」を訪れ、教育部門担当のキングレーン女史との間でドイツと日本との「過去の克服」問題をめぐって、論議する機会があった。女史からきびしく指摘されたことがある。そもそも日本にはたとえば歴史家論争や近年のゴールドハーゲン論争などを生むような「知識人社会」がなかったのではないか、ドイツでは知識人はこれまで戦後史の節目となるような時点で発言の影響力を持っていたし、「過去」への対応にその具体例がある、と。この指摘には沈黙するほかなかった。近年目に見えて萎縮する歴史認識をふくめ、総合知としての「教養」の崩壊がすすみ、拠点となるべき大学の課題としてそれの再生の役割が叫ばれているのが、日本の現状なのだから。

しかも人文社会科学系の領域とりわけその基礎的領域は後継者自体の育成が、危殆に瀕している。もっとも近年のドイツも日本ほどではないにしても、事態が深刻になりつつある。

こうした危機的状況に身を置く者として思うのは、いかにして若手を取り込んで共通の問題関心に基づく学際的な研究組織をつくり、彼らを孤立の環境から抜け出させるかについてである。もはや大学の垣根を越えねばどうにもならない。このことはたしかに言い尽くされてきた月並みなことではある。編著者として本書を纏めあげ、大学を去る者として、あらためてその重要性を痛感する。本書に集った執筆者たちに願うことがある。一人でもよいから本物の研究の後継者を育ててほしい。かならずやそうした人びとがいるはずである。

今回も昭和堂の編集部長鈴木了市氏にはお世話になった。氏の学術研究の継承と普及に対する熱い思いと使命感なくして本書は出版されなかったであろう。そしてまた本書の編集に、編集者として情熱を注ぎ、きめ細かな作業にあたられた松尾有希子さんの努力には感謝の言葉以外ない。ありがとうございました。

一月二七日

厳寒の夜

秋田にて記す

編著者　對馬達雄

人名索引

あ

アーント、アドルフ（Arndt, Adolf, 1904-1974）　36
アスマン、アライダ（Assmann, Aleida, 1947-）　286
アスマン、ヤン（Assmann, Jan, 1938-）　270
アデナウアー、コンラート（Adenauer, Konrad, 1876-1967）　4, 10, 13, 15, 158, 178, 209, 212, 218-220, 222, 236, 239, 245
アドルノ、テオドール W.（Adorno, Theodor W., 1903-1969）　150, 243, 282
アルトマイアー、ペーター（Altmeier, Peter, 1899-1977）　28
アルパース、パウル（Alpers, Paul, 1887-1968）　96
アンツ、ヨーゼフ（Antz, Josef, 1880-1960）　100
ヴァイツゼッカー（Weizsäcker, Richard von, 1920-）　161
ヴァッサーマン、ルドルフ（Wassermann, Rudolf, 1925-2008）　206, 236, 239
ヴィルマンス、エルンスト（Wilmanns, Ernst, 1882-1960）　102, 108, 115
ヴェーニガー、エーリッヒ（Weniger, Erich, 1894-1961）　73-75, 77-83, 86-96, 98, 100-102, 107-108, 111-112, 115, 215
エンゲルハルト、エリーザベト（Engelhard, Elisabeth, 1894-1991）　83

か

カイザー、ヤーコプ（Kaiser, Jakob, 1888-1961）　218, 220, 245
ガルベ、デートレフ（Garbe, Detlef, 1956-）　262, 265, 287
ギース、ミープ（Gies, Miep, 1909-2010）　158
クラフキ、ヴォルフガング（Klafki, Wolfgang, 1927-）　92, 96
クリーク（Krieck, Ernst, 1882-1947）　161
グリメ、アドルフ（Grimme, Adolf, 1889-1963）　80-81
ケーニヒ、ルネ（König, René, 1906-1992）　60-61, 68, 165, 177-178
ケーラー、ジークフリート（Kähler, Siegfried, 1885-1963）　81, 96
ケルナー、ヘルマン（Körner, Hermann, 1906-1987）　74, 77, 82, 86-87, 96, 112

さ

サンダース＝ブラームス、ヘルマ（Sanders-Brahms, Helma 1940-）　44, 67
シェルスキー、ヘルムート（Schelsky, Helmut, 1912-1984）　60-62, 165, 177-178, 180
シェルペンベルク（Scherpenberg, Albert-

Hilger van, 1889-1969)　158
ジュスターヘン、アドルフ（Süsterhenn, Adolf, 1905-1974）　4, 13-18, 22, 26, 28-31, 33, 35
シュタウフェンベルク大佐（Stauffenberg, Claus Schenk Graf von, 1907-1944）　209, 226-228, 232, 234, 238
シュテルツァー、テオドア（Steltzer, Theodor, 1885-1967）　210, 219-220, 247-248
シュトュルプナーゲル、カール・ハインリッヒ（Stülpnagel, Karl Heinrich, 1886-1944）　75, 77-78
シュプランガー、エドゥアルト（Spranger, Eduard, 1882-1963）　73
シュミット、カルロ（Schmid, Carlo, 1896-1979）　12-14, 18-22, 25, 28-30, 36

た

ダーレンドルフ（Dahrendorf, Ralf, 1929-2009）　178
ティース、フランク（Thieß, Frank, 1890-1977）　80-81
ディベリウス（Diberius, Friedlich Karl Otto, 1980-1967）　7

な・は

ノール、ヘルマン（Nohl, Herman, 1879-1960）　73, 76-77, 83, 90, 96, 107, 111, 113
ハーバーマス、ユルゲン（Habermas, Jürgen, 1929-)　119, 161, 175, 270
ハイデガー、マルティン（Heidegger, Martin, 1889-1976）　175
ハインペル、ヘルマン（Heimpel, Hermann, 1901-1988）　73, 75, 77, 82, 86-87, 96
バウアー、フリッツ（Bauer, Fritz, 1903-1968）　206-208, 210-212, 214, 216, 222-224, 228, 231-232, 234, 236-239, 242, 244, 247
パラート、ルートヴィヒ（Pallat, Ludwig, 1867-1946）　111
ヒトラー、アドルフ（Hitler, Adolf, 1889-1945）　5, 10, 18, 75, 78, 91, 165-166, 168, 180
ファン・フーゼン、パウルス（van Husen, Paulus, 1891-1971）　226
ブーフハイム、マックス（Buchheim, Max, 1900-1965）　96
フォイクト、リヒャルト（Voigt, Richart, 1895-1970）　104
フォン・ツァーン、ペーター（von Zahn, Peter, 1913-2001）　80
ブメリング、フランツ＝ヨーゼフ（Wuermeling, Franz-Josef, 1900-1986）　65
フランク、アンネ（Frank, Annelies Marie（Anne), 1929-1945）　158
フランク、オットー（Frank, Otto, 1889-1980）　158
ブラント、ヴィリィ（Brandt, Willy, 1913-1992）　210-211, 216
フリーデブルク（Friedeburg, Ludwig von, 1924-2010）　161, 175
フリットナー、ヴィルヘルム（Flitner, Whilhelm, 1889-1990）　73, 76
プレスナー（Plessner, Helmuth, 1892-1985）　180-181
ブロッホマン、エリーザベト（Blochmann, Elisabeth, 1892-1972）　85
ペータース、ハンス（Peters, Hans, 1896-1966）　27, 34
ベッカー（Becker, Helmut, 1913-1993）　193
ヘッペ、ヨアヒム（Heppe, Joachim, 生没年不詳）　224, 230, 234

ヘドラー、ヴォルフガンク（Hedler, Wolfgang, 1899-1986） 219, 246
ホイス、テオドア（Heuss, Theodor, 1884-1963） 13, 30, 32, 218, 220
ポパー（Popper, Karl Raimund, 1902-1994） 178
ホフマン、ディートリッヒ（Hoffmann, Dietrich, 1934-） 92
ホルクハイマー（Horkheimer, Max, 1895-1973） 150, 160, 176-178, 183-187
ボルノー、オットー・フリードリッヒ（Bollnow, Otto Friedrich, 1903-1991） 76, 161, 182
ホルン、クラウス＝ペーター（Horn, Klaus-Peter, 1960-） 291-292
ボンヴェッチュ、ゲルハルト（Bonwetsch, Gerhard, 1885-1956） 87

ま

マイネッケ（Meinecke, Friedrich, 1862-1954） 180
マクロイ、ジョン（McCloy, John, 1895-1989, アメリカ高等弁務官：1949-1952年在任） 220, 222
ミッチャーリッヒ、アレクサンダー（Mitscherlich, Alexander, 1908-1982） 180
ミッチャーリッヒ、マルガレーテ（Mitscherlich, Margarete, 1913-） 180
メッサーシュミット、フェリックス（Messerschmid, Felix, 1904-1981） 101, 108, 115
森昭（1915-1976） 72
モルトケ伯（Moltke, Helmut James Graf von, 1907-1945） 18, 227-228, 248

や・ら

ヤスパース、カール（Jaspers, Karl, 1883-1969） 136
ランゲハイネ、リヒャルト（Langeheine, Richard, 1900-1995） 105
リッター、ゲルハルト（Ritter, Gerhard, 1888-1967） 17, 87
リット、テオドール（Litt, Theoder, 1880-1962） 73, 96, 133
ルーマン、ニクラス（Luhmann, Niklas, 1927-1998） 286, 292
ルカシェク、ハンス（Lukaschek, Hans, 1885-1960） 226, 245
レーア、ロベルト（Lehr, Robert, 1883-1956） 222-224, 245
レーマー、オットー、エルンスト（Remer, Otto, Ernst, 1912-1997） 208, 220-221, 223-224, 227-228, 230, 235-237, 246
レンネベック、ギュンター（Rönnebeck, Günter, 1901-1986） 80, 87

事項索引

あ

アウシュヴィッツ　189, 192, 195, 282
——裁判　207
アレーテイア　126
『アンネの日記』(Het Achterhuis. Dagboekbrieven van 14 juni 1942 tot 1 augustus 1944 / Das Tagebuch der Anne Frank)　158-160
裏の世論（nicht-öffentliche Meinung）164-165, 172

か

懐疑的世代（skeptische Generation）180
過去処理政策（Vergangenheitspolitik）173, 181, 208, 236, 239
過去の克服（Vergangenheitsbewältigung）2-5, 27, 35, 73, 77, 109, 161-163, 172, 177, 179-182, 194-196, 206-208, 211, 254-255, 283, 286
家族政策（Familienpolitik）　62-66
カトリック教会　6, 17
神　2-3, 17-18, 23, 27, 29, 41
——への畏敬の念（Ehrfurcht vor Gott）　3, 25
神に対する責任（Verantwortung vor Gott）　2, 23
記憶　299-301, 303-304, 307, 309-310
文化的——（kulturelles Gedächtnis）269, 275, 290
コミュニケーション的——（kommunikatives Gedächtnis）269, 290
——の道具化（Instrumentalisierung des Gedächtnisses）　275-277
記憶文化（Gedächtniskultur）　207, 240, 255, 264, 267
議会評議会（Parlamentarischer Rat）12, 16, 28-29, 31, 34
基本法(Grundgesetz für Bundesrepublik Deutschland)　2-3, 9, 11-12, 22, 24, 27, 29, 33, 41, 73, 87, 212, 216, 219, 245
キムゼー草案　11, 13, 27
虐殺されたヨーロッパのユダヤ人に捧げる慰霊碑（Denkmal für die ermordeten Juden Europas）　265
『教育』(Die Erziehung)　86, 93
『教育学展望』(Pädagogische Rundeschau) 100
教育的責任（Pädagogische Verantwortung）98
キリスト教的自然法（das christliche Naturrecht）　16, 18, 28
キリスト教の復権　3, 5, 27, 35
キリスト教民主同盟（Christlich-Demokratische Union Deutschlands: CDU）4, 10, 15, 20, 27, 30-32, 35, 64, 209, 212-213, 218-219, 239
キリスト教的学校　3, 25
クライザウ(クライザウ・グループ) 17-18, 209-210, 219-221, 225-228, 245-246, 248

クラッゲス裁判　214
形而上的な罪　136, 138
『啓蒙の弁証法』　150, 282
ゲルデラー・グループ　222, 245
『権威主義的パーソナリティ』(Studies in the Authoritarian Personality)　150, 160, 162-163
『権威と家族に関する研究』(Studien über Autorität und Familie)　162-163
限界状況　137, 139
抗議世代（protestierende Generation）　179-180
構造的欠如（strukturelles Defizit）　275, 277, 292
ゴーデスベルク綱領　20, 22, 36
国際ダッハウ委員会（Internationale Dachau Kommitee）　262
克服されざる過去（unbewältigte Vergangenheit）　161-162, 169-171, 173, 175, 177, 181-182, 188, 195-196
婚外出生率　49-51

さ

再教育（Umerziehung）　77, 80, 107, 236, 306
再キリスト教化（Rechristianisierung）　7
再軍備　218, 246
在郷軍人会　213, 220-221, 246
ザクセンハウゼン（Sachsenhausen KL. 強制収容所）260, 271
『ザムルンク』(Die Sammlung)　76-78, 82, 86, 99
自然法（Naturrecht）　14, 17, 29-30, 36
7月20日事件(1944年7月20日事件)　36, 77-78, 206-207, 210, 215-219, 221, 223, 227, 231, 239-240, 245
7月20日事件救援機関　216, 220, 238
市民家族（Burgerliche Familie）　62
社会研究所（Institut für Sozialforschung）162-163, 171, 176-178, 181, 195
社会主義国家党（Sozialistische Reichspartei, SRP）　208, 213, 219, 222, 224, 227, 237, 247
社会民主党(Sozialdemoktatische Partei Deutschlands: SPD)　20-22, 30-36, 41, 75, 209-210, 212-213, 219, 222, 246-248
宗教教育　2, 20, 32, 76-77, 89
　宗教科(宗教の授業, Religionsunterricht) 2, 24, 30, 32, 41
『集団実験』(Gruppenexperiment)　162-163, 169, 171-172
自由ドイツ国民委員会(Nationalkomitee freies Deutschland)　216, 234
自由民主党(Freie Demokratische Partei: FDP)　30, 32-34, 213
主体への転回（Wendung aufs Subjekt）　160, 175, 195
主婦婚　64-65
少年兵　305
『新ハノーファー・クリアー』　80
政治教育(政治的陶冶, politische Bildung) 74, 92, 94-95, 103-108, 184, 188-189, 206, 208,
政治的責任 (politische Verantwortung)　79-80, 90-91, 94-95, 98, 103, 108
政治的歴史教育（politischer Geschichtsunterricht）　74, 88, 90, 92, 95-96, 98, 100, 102-103, 107-109
精神科学的教育学（Geistswissenschaftliche Pädagogik）　73, 96, 109
成人性(成熟)(Mündigkeit)　185, 189-190, 192, 196, 282
『生徒シュピーゲル』(Schülerspiegel)

183-184, 188
生命の泉協会（Lebensborn） 311, 317
「宣誓破り」(宣誓破棄) 221, 225, 228, 246
戦争っ子 296-301, 306-309, 311-312, 315-318, 320, 323-324
『戦争の罪を問う』 118, 136
総かり立て体制 121, 128
操作的性格（manipulativer Charakter） 163, 192-193
『存在するものへと観入ること』(『ブレーメン講義』) 120, 128
『存在と時間』 122

た

対抗モニュメント（Gegendenkmal） 279, 282
ダッハウ（Dachau KL. 強制収容所） 260, 262, 272
『ツァイト』紙（Die Zeit） 221, 236-237, 247-248, 250
追悼施設教育学（Gedenkstättenpädagogik） 256-257, 268-270, 272-273, 275-276, 279, 283-284, 287, 292
追悼施設教育学者研究チーム（Arbeitsgemeinschaft der Gedenkstättenpädagogen） 269
追放難民（避難民・被追放民） 6, 212, 221, 306, 314, 328
抵抗運動(反ナチ抵抗運動, Widerstandsbewegung) 9, 14-15, 17, 21, 78-79, 105, 107, 206, 210, 214-218, 221, 224-225, 227, 233, 236-239, 254, 261, 315
反ナチ抵抗グループ 18
抵抗権（抵抗する権利） 229, 233-234, 239
テロのトポグラフィ（Topographie des Terrors） 264, 269, 314
ドイツ強制収容所追悼施設研究チーム（Arbeitsgemeinschaft der KZ-Gedenkstätten in der Bundesrepublik Deutschland） 269
『ドイツ古典主義の教育理想と近代労働世界』 135
『ドイツ的大学の自己主張』 123
ドイツの戦争責任 211
ドイツ歴史家連盟（Verband der Historiker Deutschlands） 87
ドイツ歴史教員連盟（Verband der Geschichtslehrer Deutschlands） 87, 101
道徳上の罪 136
トラウマ 302, 304-305, 308, 315, 320, 322

な

ナチ体制被迫害者連盟（Vereinigung der Verfolgten des Naziregimes） 216
ナチ不当判決一括廃棄法 240
『ニーダーザクセン州学校運営雑誌』（Schulverwaltungsblatt für Niedersachsen） 100
二重の過去（Doppelte Vergangenheit） 271
ニュルンベルク裁判 211, 227
『ノイエ・ツァイトゥンク』 234, 246-247
ノイエンガンメ（Neuengamme KL. 強制収容所） 260, 263, 265, 272, 288

は

ハールブルクの反ファシズム警告碑（Harburger Mahnmal gegen Faschis-

mus) 277, 279, 292
バイエルン・キリスト教社会同盟(Christlich-Soziale Union in Bayern e.V.: CSU) 13, 64, 219
反ユダヤ主義 (Antisemitismus) 158-159, 163, 168, 171, 175, 177, 192, 220
ヒトラーユーゲント 213, 220, 302, 307, 309
非ナチ化 7, 111, 212-213, 219, 221, 245, 304, 306, 318
131 条項法 219
『ファッツ』紙 (Frankfurter Allgemeine Zeitung, F.A.Z.) 221, 230, 234, 236-237, 245
ブーヘンヴァルト (Buchenwald KL. 強制収容所) 260, 271
福音派教会 6-7
不法国家 (Unrechtsstaat) 211-212, 231, 233, 235, 237, 239
フランクフルト学派 (Frankfurter Schule) 150, 161-163, 175-178, 180, 195, 270
『フランクフルター・ヘフテ』 221
フリッツ・バウアー研究所 207
ヘドラー裁判 219-220, 223, 247
ベルリン・ユダヤ博物館 (Jüdisches Museum Berlin) 265
ホロコースト (Holocaust) 207, 213, 276, 279, 297, 313
――教育・記憶・研究のための国際共同プロジェクトチーム (Task Force for International Cooperation on Holocaust Education Remembrance and Research) 269

ま・ら

ミュンヘン現代史研究所 296
ラーヴェンスブリュック (Ravensbrück KL. 強制収容所) 260
離婚率 47-49, 51
『理性と実存』 147
レーマー裁判 36, 206-209, 216, 223, 234, 236-240, 242, 244, 280
歴史教育大会 (Geschichtspädagogische Tagung) 79-80
歴史教育 208
『歴史的思惟の道と迷いの道』 133
『歴史の科学と授業』 101
『歴史の起源と目標について』(Geschichte in Wissenschaft und Unterricht) 139
連邦家族省(Bundesfamilienministerium) 64-65
連邦共和国の知的建国 (Die intellektuelle Gründung der Bundesrepublik) 162, 175, 195
連邦政治教育センター (Bundeszentrale für politische Bildung) 259
ローテ・カペレ (Rote Kapelle) 216, 240, 261

特別寄稿　参考文献

〈補足〉注で示した文献以外で、参考とすべきものを以下に挙げておく。

1. Ackermann, Volker: Das Schweigen der Flüchtlingskinder. Psychische Folgen von Krieg, Flucht und Vertreibung bei den Deutschen nach 1945. in, *Geschichte und Gesellschaft*. Bd. 30, 2004, S. 434-464.
2. Bauer, Barbara / Strickhausen, Waltraut (Hrsg.): *„Für ein Kind war das anders." Traumatische Erfahrungen jüdischer Kinder und Jugendlicher im nationalsozialistschen Deutschland*. Berlin 1999.
3. Bamberger, Edgar / Ehmann, Annegret (Hrsg.): *Kinder und Jugendliche als Opfer des Holocaust*. Heidelberg 1995.
4. Bartholi, Silvia (Hrsg.): *Inge David und die anderen. Wie Kinder den Krieg erlebten*. Weinheim 1995.
5. Benad, Matthias / Schmuhl, Hans Walther: Die von Bodelschwinghschen Anstalten Bethel, der Natiionalsozialismus und die Euthanasie. in, *Wissenschaftliche Zeitschrift des Studienkreises Deutscher Widerstand 1933-1945*. Bd. 32, Frankfurt a. M. 2007, 65, S. 4-7.
6. Behnken, Imbke: *Gemeinsam an der Familiengeschichte arbeiten. Texte und Erfahrungen aus Erinnerungswerkstätten*. Weinheim 2008.
7. Benz, Ute: *Sozialisation und Traumatisierung. Kinder in der Zeit des Nationalsozialismus*. Frankfurt a. M. 1993.
8. Bergmann, Martin S.(Hrsg.): *Kinder der Opfer, Kinder der Täter. Psychoanalyse und Holocaust. Aus dem Amerikanischen übersetzt von Elisabeth Vorspohl*. Frankfurt a. M. 1998.
9. Bode, Sabine: *Die vergessene Generation. Die Kriegskinder brechen ihr Schweigen*. 7. Erw. Aufl., Stuttgart 2009.
10. Bohleber, Werner: *Nachkommen von Opfern und Tätern. Hrsg. Von Grünberg, K. und Straub, J.* Tübingen 2001, S. 57-81.
11. Brimberger, Barbara / Mausbach, Hans: *Feinde des Lebens. NS-Verbrechen an Kindern*. Frankfurt a. M. 1979.
12. Bruhns, Wibke: *Meines Vaters Land. Geschichte einer deutschen Familie*. Düsseldorf 2004.
13. Buergenthal, Thomas: *Ein Glückskind. Wie ein kleiner Junge zwei Ghettos, Auschwitz und den Todesmarsch überlebte und ein zweites Leben fand*. 3. Aufl., Frankfurt a. M. 2007.
14. Büttner, Manfred: *Braune Saat in jungen Köpfen. Grundwissen und Konzepte für Unterricht und Erziehung gegen Neonazismus und Rechtsgewalt*. Hohengehren 1999.
15. Chamberlain, Sigrid: *Adolf Hitler, die deutscheMutter und ihr erstes Kind.*

Über zwei NS-Erziehungsbücher. Giessen 1997.

16. Children and the Holocaust. Hrsg. Vom Center für Advanced Holocaust Studies, United States Holocaust Memorial Museum 2004.
17. Delpard, Raphael: *Überleben im Versteck. Jüdische Kinder 1940-1944. Aus dem Französischen übersetzt von Bettina Schäfer*. Bonn 1994.
18. Dill, Gregor: *Nationalsozialistische Säuglingspflege. Eine frühe Erziehung zum Massenmenschen*. Stuttgart 1999.
19. Dwork, Deborah: *Kinder mit dem gelben Stern, Europa 1933-1945. Aus dem Englischen von Gabriele Krüger-Wirrer*. München 1994.
20. Drolshagen, Ebba D.: *Wehrmachtkinder*. München 2005.
21. Ders.: *Der freundliche Feind. Wehrmachtssoldatenim besetzten Europa*. München 2009.
22. Dudek, Peter: *Pädagogik und Nationalsozialismus. Bibliographie pädagogischer Hochschulschriften und Abhandlungen zur NS-Vergangenheit in der BRD und DDR 1945-1990*. Wiesbaden 1995.
23. Eckstaedt, Anita: Vergewaltigung und Flucht während des Zweiten Weltkrieges und die Wiederkehr des Verdrängten bei einer deutschen Frau in der dritten Generation. in, *Unverlierbare Zeit. Psychosoziale Spätfolgen des Nationalsozialismus bei Nachkommen von Opfern und Tätern*. Von K. Grünberg und J. Straub. Tübingen 2001, S. 57-81.
24. Edvardson, Cordelia: *Gebranntes Kind sucht das Feuer*. 4. Aufl. München 1986.
25. Epstein, Helen: *Die Kinder des Holocaust. Gespräche mit Söhnen und Töchtern von Überlebenden*. München 1990.
26. Erickson, Kjersti / Simonsen, Eva: *Children of World War II*. Oxford 2005.
27. Flothow, Dorothea: *Told in galland stories. Erinnerungsbilder des Krieges in britischen Kinder-und Jugendromanen 1870-1939*. Würtwurg 2007.
28. Freundeskreis, Paul Wulf (Hrsg.): *Lebensunwert? Paul Wurf und Paul Brune. NS-Psychiatrie, Zwangssterilisierung und Widerstand*. Nettersheim 2007.
29. Gehrken, Eva: *Nationalsozialistische Erziehung in den Lagernder erweiterten Kinderlandverschickung 1940 bis 1945*. Braunschweig 1996.
30. Gestrich, Cordula: „Kriegskinder aus dem 2. Weltkrieg“. alt. Kriegskinder. de/gestrich.htm
31. Göpfert, Rebecca: *Ich kam allein. Die Rettung von zehntausehd jüdischen Kindern nach England 1938/39. Aus dem Englischen von Susannen Röckel*. München 1994.
32. Dieselbe: *Der jüdische Kindertransport von Deutschland nach England 1938/39*. Frankfurt a. M. 1999.
33. Grill, Michael: *Kinder und Jugendliche im KL Neuengamme*. Heidelberg

1995.
34. Grün, Max von der: *Wie war das eigentlich? Kindheit und Jugend im Dritten Reich.* Darmstadt 1979.
35. Grünberg, Kurt / Staub, J. (Hrsg.): *Unverlierbare Zeit. Psychosoziale Spätfolgen des Nationalsozialismus bei Nachkommen von Opfern und Tätern.* Tübingen 2001.
36. Hannsmann, Margarete: *Der helle Tag bricht an. Ein Kind wird Nazi.* Hamburg 1982.
37. Harten, Hans-Christian: *De-Kulturation und Germanisierung. Die nationalsozialistische Rassen- und Erziehungspolitik in Polen 1939-1945.* Frankfurt a. M. 1996.
38. Harten, Hans-Christian / Neirich, Uwe / Schwerendt, Matthias (Hrsg.): *Rassenhygiene als Erzieungsideologie des Dritten Reichs.* Berlin 2006.
39. Heinemann, Manfred (Hrsg.): *Erziehung undSchulung im Dritten Reich.* 2 Bde., Stuttgart 1980.
40. Heinl, Peter: *Maikäfer flieg, dein Vater ist im Krieg.... Seelische Wunden aus der Kriegskindheit.* München 1994.
41. Heinze, Karsten: *Die Pädagogik an der Universität Leipzig in der Zeit des Nationalsozialismus 1933-1945.* Bad Heilbrunn 2001.
42. Herzka, Heinz Stefan: *Die Kinderder Verfolgten. Die Nachkommen der Naziopfer und Flüchtlingskinder heute.* Göttingen 1989.
43. Hesse, Alexander (Hrsg.): *Die Professoren und Dozenten der preußischen Pädagogischen Akademien (1926-1933) und Hochschulen für Lehrerbildung (1933-1941).* Weinheim 1995.
44. Hirsch, Helga: *Schweres Gepäck. Flucht und Vertreibung als Lebensthema.* Hamburg 2004.
45. Horchem, Hans Josef: *Kinder im Krieg. Kindheit und Jugend im Dritten Reich.* Hamburg 2000.
46. Horn, Klaus-Peter: *Pädagogische Zeitschriften im Nationlsozialismus. Selbstbehauptung, Anpassung, Funktionisierung.* Weinheim 1996.
47. Ders. (Hrsg.): *Pädagogik im Militarismus und im Nationalsozialismus. Japan und Deutschlandim Vergleich.* Bad Heilbrunn 2006.
48. Johr, Barbara / Sander, Helke (Hrsg.): *Befreier und Bfreite. Krieg, Vergewaltigung, Kinder. Neuausagabe.* Frankfurt a. M. 2005.
49. Kempowski, Walter: *Alles umsonst. Roman.* 7. Aufl., München 2007.
50. Keim, Wolfgang: *Erziehungnunter der Nazi-Diktatur.* Darmstadt 1997.
51. Kleindienst, Jürgen: *Gebrannte Kinder. Kindheit in Deutschland 1939-1940.* Neuaufgabe, Berlin 2002.
52. Klose, Werner: *Generation im Greichschritt. Die Hitlerjugend. Ein Dokumentarbericht.* Oldenburg 1982.

53. Küppers, Heinrich: *Der katholische Lehrerverband in der Übergangszeit von der Weimarer Republik zur Hitler-Diktatur. Zugleich ein Beitrag zur Geschichte des Volksschullehrerstandes.* Mainz 1975.
54. Leeb, Johannes (Hrsg.): *„Wir waren Hitlers Eliteschüler". Ehemalige zlglinge der NS-Ausleseschulen brechen ihr Schweigen.* 7. Aufl., München 2005.
55. Lehmann, Albrecht: *Im Fremden ungewollt zuhaus. Flüchtlinge und Vertriebene in Westdeutschland 1945-1990.* München 1991.
56. Leuzinger-Bohleber, Marianne / Schmied-Kowarzik, W. (Hrsg.): *„Gedenk und vergiß-im Abshaum der Geschichte". Trauma und Erinnern. Hans Keilson zu Ehren.* Tübingen 2001.
57. Matthes, Eva: *Geisteswissenschaftliche Pädagogik nach der NS-Zeit. Politische und pädagogische Verarbeitungsversuche.* Bad Heilbrunn 1998.
58. Meseth, Wolfgang / Proske, Matthias / Radtke, Frank-Olaf (Hrsg.): *Schule und Nationalsozialismus. Anspruch und Grenzen des Geschichtsunterrichts.* Frankfurt a. M. 2004.
59. Meyer, Alwyn: *Die Kinder von Auschwitz.* Göttingen 1990.
60. Meyer, Hubert: *Kriegsgeschichte der 12. SS Panzerdivision "Hitlerjugend".* Osnabrück 1982.
61. Mitscherlich, Alexander / Mitscherlich, Margarete: *Die Unfähigkeit zu trauern.* München 1977.
62. Müller, Gerdraud: Auch Kriegskinder werden älter. Von der Relevanz der Kriegskindheit im biographischen Denken und Handeln in der sozialen Arbeit mit alten Menschen. in, *Sozialmagazin.* Bd. 34, 2009, S. 54-57.
63. Muth, Kerstin: *Versteckte Kinder. Trauma und Überleben der "Hidden Children" im Nationalsozialismus.* Gießen 2005.
64. Olsen, Kare: *„Vater". Deutscher. Das Schicksal der norwegischen Lebensbornkinder und ihrer Mutter von 1940 bis heute.* Frankfurt a. M. 2002.
65. Orth, Linda: *Die Transportkinder aus Bonn. „Kindereuthanasie".* Köln 1986.
66. Ortmeyer, Benjamin: *Schicksale jüdischer Schülerinnen und Schüler in der NS- Zeit. Lehrstellen deutscher Erziehungswissenschaft.* Bonn 1998.
67. Ders. *Mythos und Pathos stattLogos und Ethos. Zu den Publikationen führender Erziehungswissenschaftler in der NS-Zeit. Eduard Spranger, Herman Nohl, Eroch Weniger und Peter Petersen.* Weinheim / Basel 2009.
68. Radebold, Hartmut: *Abwesende Väter. Folgen der Kriegskindheit in Psychoanalysen.* Göttingen 2000.
69. Ders.: *Transgenerationale Weitergabe kriegserfahrungen und deren Folgen aus psychohistorischer Perspektive.* 2. Aufl., Weinheim 2009.
70. Ders.: *Die dunklen Schatten unserer Vergangenheit. Hilfen für Kriegskinder*

im Alter. 3. Aufl., Stuttgart 2009.

71. Reiter, Raimund: *Tötungsstätten für ausländische Kinder im Zweiten Weltkrig. Zum Spannungsverhältnis von kriegswirtschaftlichem Einsatz und nationalsozialistischer Rassenpolitik in Niedersachsen*. Hannover 1993.
72. Ders.: *Psychiatrie im Nationalsozialismus und die Bildungs- und Gedenkstätte "Opfer der NS-Pszchiatrie" in Lüneburg*. Marburg 2005.
73. Ders.: *Opfer der NS-Psychiatrie. Gedenken in Niedersachsen und Bremen*. Marburg 2007.
74. Roberts, Ulla: *Spuren der NS-Zeit im Leben der Kinder und Enkel*. München 1998.
75. Dieselbe: *Starke Mutter, ferne Väter. Über Kriegs uns Nachkriegskindheit einer Töchtergeneration*. Gießen Psychosozial Verlag 2003.
76. Sandler, Joseph / Fonagy, Peter (Hrsg.): *Recovered Memories of Abuse. True or False?* London 1999.
77. Schäfer, Horst: *Kinder, Krieg und Kino. Filme über Kinder und Jugendliche in Kriegssituationen und Kriegsgebieten*. Konstanz 2008.
78. Schneider, Barbara: *Die höhere Schule im Nationalsozialismus. Zur Ideologisierung von Bildung und Erziehung*. Köln 2000.
79. Schneider, Christian / Stillke, Cornelia / Leineweber, Bernd: *Das Erbe der Napola. Versuch einer Generationengeschichte des Nationalsozialismus*. Hamburg 1996.
80. Schörken, Rolf: *Jugend 1945. Politisches Denken und Lebensgeschichte. Neuausgabe*. Frankfurt a. M. 2005.
81. Schreiber, Birgit: *Versteckt jüdische Kinder im nationalsozialististchen Deutschland und ihr Leben danach. Interpretationen biographischer Interviews. Mit einem Vorwort von Kurt Grünberg und einem Nachwort von Dan Bar-On*. Frankfurt a. M. 2005.
82. Schulz, Hermann / Radebold, Hartmut / Reulecke, Jürgen (Hrsg.): *Söhne ohne Väter. Erfahrungen der Kriegsgeneration*. 2. Aufl., Berlin 2007.
83. Wolf, Diane L: *Beyond Anne Frank-Hidden Children and Postwar Families in Holland*. Berkeley 2007.
84. Zeder, Eveline: *Ein Zuhause für jüdische Flüchtlingskinder. Lilly Volkart und ihr Kinderheim in Ascona 1934-1947*. Zürich 1998.

章扉図版一覧

第１章扉：1949年5月23日に、議会評議会議長として基本法に署名するアデナウアー（写真：picture alliance／アフロ）

第２章扉：理想の母子のイメージ、雑誌『助言者』の表紙より
出典：*Ratgeber*, 1945, 11号の表紙より。

第３章扉：エーリッヒ・ヴェーニガー（1948年）
出典：Cod.Ms.E.Weniger 5:34, Handschriftabteilung der Niedersächsischen Staats- und Universitätsbibliothek Göttingen.

第４章扉：若き日のハイデガー
出典：木田元編『ハイデガー』（思想読本3）作品社、2001年、101頁。

第５章扉：ベルゲン・ベルゼン強制収容所内のアンネ・フランクの墓碑（2009年對馬達雄撮影）

第６章扉：フリッツ・バウアー（1964年）
出典：Matthias Meusch: *Von der Diktatur zur Demokratie*. Wiesbaden 2001, S.3.

第７章扉：ベルリンの追悼施設「ノイエ・ヴァッヘ」にあるケーテ・コルヴィッツの「ピエタ」（2010年山名淳撮影）。

ベルリンのベーベル広場のミヒャ・ウルマンによるモニュメント「図書館」。地下に埋められた空白の図書室であり、地面に埋め込まれたガラス窓からその空間を眺めることができる（2010年山名淳撮影）。

特別寄稿扉：ベルリンにたどりついた東部地域からの避難民の親子（1945年）
出典：Stefan Aust/Stephan Burgdorff（Hrsg.）: *Die Flucht-Über die Vertreibung der Deutschen aus dem Osten*. Bonn 2005.

1971年)。ハノーファー大学哲学部「教育・科学の現代史センター」教授。ライプニッツ協会正会員。

主な業績として、*Schule im Vorfeld der Verwaltung*, Göttingen 1974(単著). *Umerziehung und Wiederaufbau. Die Bildungspolitik der Besatzungsmächte in Deutschland und Österreich*, Stuttgart 1981(編著). *Süddeutsche Hochschulkonferenzen 1945-1949*, Berlin 1997(編著). *Wissenschaft und Macht. Zur Sowjetisierung der wissenschaft in Osteuropa*, Berlin 2006(編著)などがある。

安藤香織(あんどう・かおり)

1980年東京都生まれ。中央大学大学院文学研究科西洋史学専攻で研究後、現在はドイツ・ハノーファー大学のハイネマン教授の下で博士論文を執筆中。

主な業績として「文部官僚フリードリヒ・アルトホーフの初期中等学校改革構想」(『日本の教育史学』教育史学会紀要』第50巻、2007年)がある。

主な業績として、「田園教育舎運動の史的再構成――『ドイツ自由学校連盟』の創設と活動に着目して」（『教育学研究』第67巻・第3号、2000年）。Erich Weniger als Vorsitzender der deutschen Sektion des 'Weltbundes für Erneuerung der Erziehung', *Jahrbuch für Historische Bildungsforschung*, Bd. 10, 2004などがある。

池田全之（いけだ・たけゆき）

1962年新潟県生まれ。東北大学大学院教育学研究科博士課程単位取得退学。教育学博士（東北大学、1997年）。お茶の水女子大学大学院人間文化創成科学研究科准教授。

主な業績として、『シェリングの人間形成論研究』（単著）福村出版、1998年。『自由の根源的地平――フィヒテ知識学の人間形成論的考察』（単著）日本図書センター、2002年などがある。

今井康雄（いまい・やすお）

1955年岐阜県生まれ。広島大学大学院教育学研究科博士課程単位取得退学。教育学博士（広島大学、1994年）。東京大学大学院教育学研究科教授。

主な業績として、『ヴァルター・ベンヤミンの教育思想――メディアのなかの教育』（単著）世織書房、1998年。『メディアの教育学――「教育」の再定義のために』（単著）東京大学出版会、2004年。*Concepts of Aesthetic Education. Japanese and European Perspective,* Waxmann 2007（クリストフ・ヴルフとの共編著）などがある。

山名淳（やまな・じゅん）

1963年鳥取県生まれ。広島大学大学院教育学研究科博士課程後期単位取得退学。教育学博士（広島大学、1997年）。京都大学教育学研究科准教授。

主な業績として、『ドイツ田園教育舎研究――「田園」型寄宿制学校の秩序』（単著）風間書房、2000年。『夢幻のドイツ田園都市――教育共同体ヘレラウの挑戦』（単著）ミネルヴァ書房、2006年などがある。

マンフレート・ハイネマン（Manfred Heinemann）

1943年リッペシュタット生まれ。ハンブルク大学でヴィルヘルム・フリットナーの指導の下に教育学を学ぶ。歴史学博士（ボッフム大学、

編著者

對馬達雄（つしま・たつお）

1945年青森県生まれ。東北大学大学院教育学研究科博士課程中途退学。教育学博士（東北大学、1984年）。秋田大学教育文化学部長を経て、2008年より秋田大学理事・副学長。

主な業績として、『ディースターヴェーク研究』（単著）創文社、1984年。ウルリヒ・アムルンク『反ナチ・抵抗の教育者――ライヒヴァイン1898-1944』（訳書）昭和堂、1996年。『ナチズム・抵抗運動・戦後教育――「過去の克服」の原風景』（単著）昭和堂、2006年などがある。

執筆者（執筆順）

遠藤孝夫（えんどう・たかお）

1958年福島県生まれ。東北大学大学院教育学研究科博士課程単位取得退学。教育学博士（東北大学、1995年）。岩手大学教育学部教授。

主な業績として、『近代ドイツ公教育体制の再編過程』（単著）創文社、1996年。『管理から自律へ――戦後ドイツの学校改革』（単著）勁草書房、2004年。クリストファー・クラウダー／マーティン・ローソン『シュタイナー教育』（訳書）イザラ書房、2008年などがある。

小玉亮子（こだま・りょうこ）

1960年香川県生まれ。東京大学大学院教育学研究科博士課程単位取得満期退学。教育学修士（東京大学、1986年）。お茶の水女子大学大学院人間文化創成科学研究科准教授。

主な業績として、「ヴァイマル憲法第119条の成立――国制に家族はどう位置づけられたのか」（『比較家族史研究』第21号、2006年）。『現在と性をめぐる9つの試論――言語・社会・文学からのアプローチ』（編著）春風社、2007年などがある。

渡邊隆信（わたなべ・たかのぶ）

1967年兵庫県生まれ。広島大学大学院教育学研究科博士課程後期単位取得退学。教育学博士（広島大学、1997年）。兵庫教育大学教育学部准教授。